ÉTUDES ROMANTIQUES ET DIX-NEUVIÉMISTES
sous la direction de Pierre Glaudes et Éléonore Reverzy
103

Henri de Régnier

Franck Javourez

Henri de Régnier

Érotisme et libertinage

PARIS
CLASSIQUES GARNIER
2021

Franck Javourez, docteur en sciences du littéraire attaché au Centre de recherches sur les arts et le langage de l'EHESS, est membre associé de l'équipe Paul Valéry de l'Institut des textes et manuscrits modernes. Spécialiste d'Henri de Régnier, il travaille notamment à la réédition des auteurs fin de siècle, dont les tomes V et VI des *Œuvres* de Catulle Mendès.

ISBN 978-2-406-10596-1 (livre broché)
ISBN 978-2-406-10597-8 (livre relié)
ISSN 2103-4672

Pour Luna.

INTRODUCTION

LIRE HENRI DE RÉGNIER

Henri de Régnier revient.

Poète symboliste et parnassien, disciple privilégié de Mallarmé et de Heredia, aîné admiré de Louÿs, Gide et Valéry, il passe de la jeunesse bohème décadente à l'Académie française avec un bonheur égal. Romancier à succès durant la Belle Époque, il reste jusqu'à la fin un critique littéraire insatiable. Pour la nouvelle génération, il apparaît tour à tour en mentor, pour Jean-Louis Vaudoyer ou pour Edmond Jaloux, ou en tête de Turc, pour André Breton et les Surréalistes. Après sa mort en 1936, les ventes de ses livres s'effondrent ; sa veuve, Gérard d'Houville, s'en plaint auprès de son éditeur de toujours, le Mercure de France[1]. Les clichés se développent : Régnier est un poète suranné et précieux, un romancier démodé, avec son monocle et sa moustache à la gauloise, le vieil académicien dont quelques odelettes figurent encore dans les manuels scolaires d'après-guerre.

En décembre 1935, quelques mois avant la mort de Régnier, André Malraux publie dans la *N.R.F.* une recension des *Nouvelles Nourritures* : « Pour presque toute la génération de Gide, et pour plusieurs autres, le monde n'a pas été autre chose que le moyen d'expression plus ou moins vaste d'un drame particulier. Le monde de l'artiste moderne est celui de son affirmation[2]. » La génération de Gide est aussi celle de Barrès, celle du *Culte du Moi*, que Malraux admirait. « L'affirmation de l'artiste moderne » : Henri de Régnier s'en est toujours soigneusement tenu

---

1 Voir la lettre de Marie de Régnier à Jacques Bernard, datée du 3 juillet 1942 (lettre citée dans Robert Fleury, *Marie de Régnier*, Paris, Tallandier, 1990, réédition 2008, p. 384.).

2 André Malraux, « "Les Nouvelles Nourritures" par André Gide », *N.R.F.*, no. 267, décembre 1935, dans *Œuvres Complètes*, VI, Paris, Gallimard, « Bibliothèque de la Pléiade », 2010, p. 325.

éloigné. Ou plutôt, il n'aimait pas cette grandiloquence. Cette discrétion et la fidélité à l'esthétique de sa jeunesse l'ont sans doute démodé de ce point de vue. Il n'écrit pas, à l'instar d'André Gide, un *Traité du Narcisse*, mais une « Allusion à Narcisse » en 1895 :

> Je m'entrevis comme quelqu'un qui s'apparaît.
> Était-ce qu'à cette heure, en toi-même, mourait
> D'avoir voulu poser ses lèvres sur les siennes
> L'adolescent aimé des miroirs, ô Fontaine[3] ?

Le poème s'adresse à la fontaine : Régnier vénère les miroirs. Le reflet du miroir régnierien ne met jamais en valeur le moi, il est toujours allusif ou déformant. Régnier n'aime pas les traités didactiques, il fuit les théories trop explicites. Le poète pense en écrivant des poèmes.

Si Régnier n'a jamais dédaigné les honneurs, – il est entré à l'Académie française pour n'y plus penser, – il n'a jamais voulu adopter la posture du *grand écrivain*, qui façonne son image en même temps que son œuvre. En cela, Gide a précédé Sartre. Régnier est toujours resté l'esthète qui écrivait à son ami Vielé-Griffin, le 23 mai 1894 : « Que les sociétés s'arrangent, nous n'en faisons vraiment pas assez partie pour nous en préoccuper[4]. » Il semble que, précisément, ce qui a démodé Henri de Régnier après la Grande Guerre garantit aujourd'hui son retour.

Le vingtième siècle a épuisé la veine des avant-gardes et de leur combat. L'ire incessante et péremptoire des Surréalistes retrouve son aspect d'agitation juvénile. Malraux, adulé par la génération d'après-guerre, peine aujourd'hui à renouveler ses lecteurs. La postérité a toujours tendance à ne faire ressortir que quelques figures : Gide, Valéry, Proust ont fait beaucoup d'ombre à nombre de leurs contemporains, non moins grands. Alors que les études et les publications sur ces figures tutélaires prospèrent, des lecteurs curieux et savants redécouvrent des écrivains dont l'originalité était jusque-là restée masquée. Avec Henri de Régnier, on relit, on réédite, on étudie Pierre Louÿs, Marcel Schwob, Remy de Gourmont, Alfred Jarry…

Originalité : Régnier a très tôt forgé son univers autour de thèmes privilégiés. Le double, le miroir, le rêve, le retour du passé, le corps nu

3 Henri de Régnier, *Les Jeux rustiques et divins*, Paris, Mercure de France, 1897, p. 16.
4 Henri de Régnier-Francis Vielé-Griffin, *Correspondance 1883-1900*, édition de Pierre Lachasse, Paris, Honoré Champion, 2012, p. 850-851.

de la femme : autant de motifs qui rendent Régnier immédiatement reconnaissable. Régnier revient parce qu'il a su se préserver des modes et rester lui-même dans un monde littéraire qu'il n'aimait guère et qui ne le reconnaissait plus. La haute idée qu'il s'est toujours faite de la littérature (synonyme de poésie, comme pour Mallarmé), la quête de l'Idéal des premiers Symbolistes, l'exigence d'une écriture rigoureuse sont toujours restées présentes, sans qu'il ait jamais eu besoin de mettre en avant son propre personnage.

Nous allons en effet découvrir, derrière la *sprezzatura*, un écrivain toujours à la recherche de nouvelles formes, se livrant à toutes sortes d'expériences, pour lequel l'idéal d'écriture conjugue vers et prose. Auteur d'une œuvre exubérante, en marge des Narcisses de son siècle, Régnier est fascinant de modestie.

UN ÉTAT DE LA CRITIQUE

Régnier attire très tôt l'attention des critiques. En 1894, paraissent à la fois une monographie écrite par Camille Mauclair sobrement intitulée « Henri de Régnier » et le texte important d'Albert Mockel, *Propos de littérature*. Mockel, figure éminente du symbolisme belge, rédige un parallèle d'une grande intelligence entre l'œuvre de Régnier et celle de Vielé-Griffin. Ses analyses gardent toute leur force aujourd'hui. Les plaquettes sur Régnier abondent dans les années 1900 ; on retiendra celle de Paul Léautaud en 1904 et celle de Jean de Gourmont en 1908. Tancrède de Visan consacre à Régnier un chapitre pénétrant de *L'Attitude du lyrisme contemporain* de 1911 : « Henri de Régnier ou la vision centrale. » On lit encore de nombreuses critiques dans la presse après la Grande Guerre, mais peu de monographies importantes.

La critique universitaire est restée timide dans les décennies qui ont suivi la mort de Régnier. Entre la fin des années trente et l'an 2000, on compte à peine une demi-douzaine de thèses de doctorat, dont aucune n'a réussi à relancer, sinon à inaugurer, les études régniennes. On notera deux monographies publiées à quelques années de distance : l'essai général d'Emmanuel Buenzod en 1966 et l'étude de

Mario Maurin en 1972, *Henri de Régnier, le labyrinthe et le double*, qui donne une lecture psychanalytique, alors très en vogue, des romans de Régnier.

On compte presque autant de thèses universitaires depuis le début du vingt-et-unième siècle que dans les sept décennies qui ont précédé. Les articles scientifiques et les publications se succèdent. En 2002, celle du volumineux journal, sous le titre des *Cahiers inédits*, travail de longue haleine dû à David J. Niederauer et François Broche, contribue grandement à ce regain d'intérêt. On réédite les récits de voyages (*Escales en Méditerranée* en 2007, *L'Altana ou la Vie vénitienne* en 2009), la première édition critique des contes de *La Canne de Jaspe* en 2011 et les recueils d'aphorismes, *Choses et autres. Par-ci, par-là…* suivi de *Donc…* et de *Demi-Vérités*, richement commentés et annotés. Les éditions de correspondances se multiplient de même : avec Pierre Louÿs et avec Vielé-Griffin la même année 2012, avec Francis Jammes en 2014 et avec Edmond Jaloux en 2019. Le premier colloque consacré entièrement à Régnier a lieu à l'Université de Grenoble en 2013. La publication des actes l'année suivante marque définitivement le renouveau des études régnieriennes, dans lequel la présente étude tâche de s'inscrire.

THÈMES ET VARIATIONS

L'œuvre de Régnier est avant tout constituée de grands motifs. Dans la préface des *Essais critiques* de 1964, Roland Barthes écrit :

> L'écrivain est un expérimentateur public : il varie ce qu'il recommence ; obstiné et infidèle, il ne connaît qu'un art : celui du thème et des variations. Aux variations, les combats, les valeurs, les idéologies, le temps, l'avidité de vivre, de connaître, de participer, de parler, bref les contenus ; mais au thème l'obstination des formes, la grande fonction signifiante de l'imaginaire, c'est-à-dire l'intelligence même du monde. Seulement à l'opposé de ce qui se passe en musique, chacune des variations de l'écrivain est prise elle-même pour un thème solide, dont le sens serait immédiat et définitif[5].

5 Roland Barthes, *Œuvres complètes*, II, édition d'Eric Marty, Paris, Seuil, 2002, p. 274.

Barthes a raison de souligner l'importance de la variation et de sa force de sens. De fait, l'identification d'un thème exige de prendre en compte l'ensemble de l'œuvre d'un auteur. Cette image de l'univers littéraire d'un écrivain comme thème et variations n'est cependant pas tout à fait la même pour tous les écrivains. Si chacun d'entre eux possède bien ses thèmes propres, les variations offrent un contraste plus ou moins grand.

Les variations évoluent en fonction de la cohérence, des expériences, de l'aspect spéculatif d'un univers personnel. Les nombreux thèmes d'*À la recherche du temps perdu* sont traités dans un grand souci de cohérence interne et d'agencement général. Les brouillons en attestent : il importait peu à Proust que les pavés mal équarris ou la madeleine trempée dans l'infusion se trouvassent au début ou à la fin de son grand œuvre ; les deux images illustraient le même phénomène de réminiscence. Chez Régnier, au contraire, la place et le contexte de chaque image sont essentiels. Des thèmes identiques peuvent revenir dans l'œuvre, de manière même obsédante, mais jamais ils ne s'inscrivent dans un système de répétition ou de démonstration. C'est le bon plaisir d'Henri de Régnier que de les faire varier à sa guise. Un peu comme le traumatisme peut revenir en rêve sous mille formes fantastiques, complexes et parfois contradictoires…

Régnier joue par exemple sur l'ambivalence des créatures mythologiques, l'un des thèmes majeurs de son univers : le Faune peut être facétieux ou dévastateur, le Centaure destructeur ou protecteur, la Nymphe farouche ou lascive. Les variations de Régnier ont aussi la particularité de passer d'un genre littéraire à l'autre : les péchés capitaux apparaissent comme personnages de roman dans *Les Rencontres de M. de Bréot* en 1904 ou comme ensemble de sonnets dans *Flamma tenax* en 1928. Le Faune, héros des premiers recueils de poèmes, se retrouve amant sanguinaire dans le conte de « Monsieur d'Amercœur » de 1897 ou libertin musicien dans *La Pécheresse*, roman de 1920.

À côté du vaste bestiaire symboliste, certains lieux constituent des thèmes privilégiés : ainsi Versailles et Venise. Hormis quelques contes et quelques poèmes isolés, Régnier consacre plus particulièrement à Versailles un roman, *Le Bon Plaisir*, et un recueil de poèmes, *La Cité des Eaux*, la même année 1902. Venise est aussi le sujet de nombreux contes et d'une grande étude intitulée *L'Altana ou la Vie vénitienne* (1928). Venise revient également dans plusieurs romans. Versailles et

Venise sont souvent mentionnés dans les *Cahiers* et leur union appelle immanquablement le souvenir de Casanova.

Le motif du double et du miroir, l'un des plus étudiés, ne quitte jamais l'œuvre de Régnier. Le dédoublement est parfois si fort qu'il provoque une mise en abyme, comme deux miroirs placés l'un en face de l'autre. Autre grand thème régnierien, celui de l'amour malheureux ou de l'amour impossible. Les variations sur ce thème sont innombrables et se développent en marge d'une sensualité exubérante. Sensualité qui attise ou compense la détresse amoureuse. Pour quelques mariages, combien d'abandons et de suicides ! Chez Régnier, le rapport sensuel détermine le rapport amoureux, le désir commande l'amour. On peut encore citer le thème du passé, objet de fascination ou de mélancolie. L'évocation du passé magnifie le souvenir ou exacerbe l'ennui, elle permet de fuir une époque détestable ou de faire revenir des tragédies lointaines.

POURQUOI LE LIBERTINAGE ?

Pourquoi aborder l'art d'Henri de Régnier sous l'angle du libertinage ? Tout d'abord, le libertinage n'a simplement jamais été étudié pour lui-même dans son œuvre. Le symbolisme, le classicisme, le fantastique ont été privilégiés. Ce silence s'explique en partie par le fait que le libertinage concerne avant tout la production romanesque et que celle-ci a souvent été négligée au profit des contes et des poèmes en vers.

D'un point de vue thématique, le libertinage réinventé de Régnier conjugue deux motifs centraux : la sensualité et le retour du passé. Sur les quinze romans publiés, Régnier situe l'action de six d'entre eux[6] sous l'Ancien Régime. *Le Mariage de Minuit* de 1903 et *Le Passé vivant* de 1905 se déroulent à l'époque contemporaine mais le premier rêve du siècle de Louis XIV et le second de celui de Casanova. Dans les romans d'Ancien Régime, le lecteur est projeté directement dans le passé ; dans ceux de 1903 et de 1905, ce sont les personnages eux-mêmes qui sont confrontés au passé qui revient. Régnier tend à confondre passé et présent et, ce

6 *La Double Maîtresse* de 1900, *Le Bon Plaisir* de 1902, *Les Rencontres de M. de Bréot* de 1904, *L'Illusion héroïque de Tito Bassi* de 1916, *La Pécheresse* de 1920 et *L'Escapade* de 1926.

faisant, nous invite à une réflexion profonde sur le temps. Régnier n'écrit pas de romans libertins : il met en scène des personnages libertins et se plaît à créer une atmosphère et un décor adaptés à leur sensualité. Cette sensualité se retrouve dans toutes les œuvres de Régnier, des poèmes aux contes, ainsi que dans les romans contemporains.

Le libertinage invite donc à découvrir la dimension éminemment érotique de l'œuvre en son entier. Cette sensualité singulière et irradiante l'emporte à bien des égards sur l'aspect mélancolique, si souvent mis en avant. Le désir tend à se fondre avec l'élan poétique et devient omniprésent.

LE SONGE LIBERTIN

Le songe et le temps, l'espace du rêve et la distorsion temporelle, sont indissociables dans tout l'œuvre de Régnier : son écriture trouve sa place au sein de cette union indéfectible. La réinvention du libertinage prend consistance dans cette rêverie incessante. L'ouvrage du Dr Vaschide[7], *Le Sommeil et les Rêves*, publié en 1911, offre un excellent résumé des nouvelles théories sur le rêve élaborées au cours du demi-siècle écoulé. S'il ne fait pas directement le lien entre rêve et poésie, il offre néanmoins, reprenant les travaux du marquis d'Hervey de Saint-Denis, des réflexions qui le soutiendraient :

> L'imagination humaine qui court, qui plane, qui invente (dans la mesure de cette création du nouveau), de l'inconnu, l'y [la vie] trouve continuellement dans le rêve. [...] Entre rêver et penser, il n'y a qu'une seule différence, la confirmation par la vie réelle. L'hallucination proprement dite n'est que le songe d'un homme éveillé. Le rêve nous présente tout l'échafaudage de la construction mentale qu'on n'aperçoit que rarement dans la vie réelle, la vie de la pensée consciente, éveillée pour traduire exactement la pensée de cet auteur[8].

---

7 Régnier côtoyait Vaschide et avait donc très certainement connaissance de ses travaux commencés dès 1898. Pour l'anecdote, il note, le 3 janvier 1904 : « J'ai connu Vaschide sale, mal rasé, avec cet air domestique et fréquent aux Roumains, et je le retrouve propre, bien vêtu, soigné et ressemblant vaguement à Bonaparte. Les femmes ! » (*Les Cahiers inédits 1887-1936*, édition établie par David J. Niederauer et François Broche, Paris, Pygmalion, 2002, p. 516 – toutes les citations extraites de cette édition ont été verifiées, et corrigées le cas échéant, d'après le manuscrit original.)

8 Nicolas Vaschide, *Le Sommeil et les Rêves*, Paris, Flammarion, 1911, p. 143-144.

Le phénomène devient moins net cependant, si cet auteur est poète. Régnier compose des rêves éveillés et incarnés par le verbe. Sont-ce pour autant des hallucinations ? Ce seraient plutôt des rêves contagieux qui s'emparent du lecteur. Le poème peut nous révéler de même « l'échafaudage de la construction mentale ». L'œuvre d'un Valéry ne cherche pas autre chose. Pour Régnier, la « vie de la pensée consciente » passe d'abord par l'art : le songe commande le temps.

Le jeune Régnier, qui note seulement depuis quelques mois ses impressions dans ce que nous appelons désormais ses *Cahiers*, offre deux réflexions significatives la même journée de mai 1887 : « Ces nuits-ci des rêves, d'horribles rêves, et, au réveil le souvenir d'avoir participé à d'érotiques actions, et la sensation d'avoir contribué à des pratiques qui mènent à la cour d'assise et c'est ce qu'on appelle le Printemps ! » Il continue, une phrase plus loin : « La prostitution et la littérature exercées à un certain point peuvent être un bon et sortable métier – mais à coup sûr ce qu'il y a de désespérant c'est la littérature et la prostitution anonyme[9]. » Rêve et érotisme, littérature et prostitution, il est étonnant de constater qu'à vingt-deux ans, Régnier avait déjà posé les bases de son œuvre, en découvrant le lien qui se tisse entre songe, sensualité et poésie. L'écrivain pratique la littérature et la courtisane rentabilise ses charmes. Les activités semblent parallèles mais Régnier ne pousse pas plus loin la réflexion. Il y a là plus de sentiment que de théorie. De même que dans ses romans, Régnier s'amuse.

Le libertinage représente l'aspect pratique, actif, de la sensualité ; le songe en figure l'aspect contemplatif. D'où peut-être le paradoxe apparent d'un songe libertin. En vérité, les deux aspects se nourrissent l'un de l'autre sans discontinuer. Les libertins suivent ce que leur dicte le songe.

Ainsi procède l'écrivain : Régnier rêve le libertinage, ou plutôt il rêve de le retrouver. Fidèle à une tradition du XVIIIe siècle, qui va de l'abbé Prévost à Potocki, Régnier ne cesse de « retrouver » des manuscrits. Le motif courant d'alors devient un singulier procédé au début du XXe siècle ; Régnier en use, en abuse, des *Contes à soi-même* (1893) aux *Lettres diverses et curieuses écrites par plusieurs à l'un d'entre eux* (1933). Le conte dédié à Pierre Louÿs, « Manuscrit trouvé dans une armoire », nous donne le texte à l'état brut, sans avertissement préalable du narrateur. L'épigraphe[10] seule

9 Henri de Régnier, *Les Cahiers inédits*, *op. cit.*, p. 84.

10 Henri de Régnier, *Contes à soi-même*, Paris, Librairie de l'Art indépendant, 1894, p. 31.

oriente ce titre : il s'agit des premières lignes du *Manuscrit trouvé dans une bouteille*, tirées des *Histoires extraordinaires* de Poe, dans la traduction de Baudelaire. « On m'a souvent reproché l'aridité de mon génie » : le texte revisite le mythe d'Orphée, dont les yeux becquetés se retrouvent sur les plumes de ses tortionnaires, les paons. Si, hors de la référence à Poe, le titre apparaît comme une fantaisie gratuite de l'auteur, celui-ci se justifie davantage dans le conte qui ouvre *Les Bonheurs perdus* (1924) : « Manuscrit trouvé dans une gondole ». Tandis qu'il voyage en gondole, le narrateur fait une découverte en voulant déplacer les coussins :

> C'était un cahier couvert de maroquin rouge. La reliure en était ancienne et assez usée. Il contenait, parmi pas mal de pages blanches, un certain nombre de feuillets chargés d'une écriture jaunie par le temps. [...] Ces mémoires avaient dû être rédigés dans les premières années du XIXe siècle. Le cahier n'en contenait que le commencement, une vingtaine de pages. Le reste en est-il perdu ou enfoui dans quelques archives. Je ne sais[11].

Suit l'histoire interrompue du comte Pastinati. Le narrateur qui retrouve le manuscrit garde une présence tout à fait singulière ; c'est pour acheter un beau miroir ancien qu'il emprunte cette gondole. L'objet se révèle sans valeur et cet abandon du miroir marque la consécration du manuscrit. Cette place du narrateur et de sa découverte atteint son point culminant dans les *Lettres diverses et curieuses*. Régnier se moque de lui-même autant qu'il prend goût à la machination. Il clame sa liberté de romancier qui s'entend presque comme un « bon plaisir ». Il commence par une justification paradoxale :

> J'aurais pu, tout comme un autre, inventer assez facilement des circonstances romanesques qui m'eussent mis en possession du manuscrit que l'on va lire. Je pouvais prétendre l'avoir trouvé dans une bouteille, comme celui qu'Edgar Poe nous transcrit en l'une de ses *Histoires extraordinaires*, ou l'avoir découvert au fond d'une armoire, ainsi que je l'ai feint jadis pour un de mes *Contes à soi-même*[12].

Régnier continue d'exposer des situations toujours plus invraisemblables avant d'ajouter : « C'est pourquoi je n'ai éprouvé aucun besoin d'inventer, au sujet du manuscrit qui est l'objet de ces lignes, quelqu'une de ces

11 Henri de Régnier, *Les Bonheurs perdus*, Paris, Mercure de France, 1924, p. 6-7.

12 Henri de Régnier, *Lettres diverses et curieuses écrites par plusieurs à l'un d'entre eux*, Paris, Mercure de France, 1933, p. 9-10.

circonstances romanesques auxquelles je faisais allusion plus haut[13]. » Il écrit alors une dizaine de pages pour nous décrire sa découverte ! En faisant un pied-de-nez au lecteur, Régnier, non seulement ne renonce pas à ses habitudes, mais encore entend bien le faire savoir avec la malice la plus accomplie.

Tout devient jeu de références : il commence avec Poe, en le citant presque doublement, avec l'épigraphe du « Manuscrit trouvé dans une armoire » à laquelle il ne fait pas allusion ici. Il découvre la manuscrit chez un libraire nommé Gorju – Gorju est le nom si significatif de l'homme à tout faire, excentrique et revêche, de *Bouvard et Pécuchet*. La librairie est située rue de l'Échaudé à Paris, c'est-à-dire à l'adresse initiale du Mercure de France, éditeur de Régnier, devenue, grâce à la chanson du père Ubu, un haut lieu du décervelage. Régnier achète donc à Gorju un beau portefeuille de maroquin rouge (le même que celui de la gondole ?) dans lequel il découvre, secrètement caché, le fameux manuscrit anonyme. Il se perd alors en conjectures avant de conclure : « L'unité de ton et la conformité de style de ces lettres, de signataires différents, fournissent un argument pour les faire attribuer à une seule et même plume qui se serait exercée à cette supercherie épistolaire. Le rédacteur en serait donc le même sous des masques divers[14]. » Régnier parle de lui sous les espèces d'un autre. Tout l'avertissement prend l'aspect d'un miroir déformant. Le lecteur, qui ne croit pas une seconde ce qu'écrit Régnier, le lit en sachant exactement où le situer. En continuant de feindre à son tour, il entre tout entier dans le jeu romanesque. Cet avertissement de vingt-cinq pages, – le plus long précédant un roman de Régnier, – prélude à une histoire étrange : les personnages ne sont connus que par leur prénom ; aucune indication de lieu ni d'époque. Le lecteur comprend vite que chacun des épistoliers représente un des sept péchés capitaux. Le texte prend une allure de fantaisie allégorique, – œuvre singulière et étrange, volontairement hors du temps et des modes littéraires, à la fois anachronique et moderne, publiée la même année que *La Condition humaine* d'André Malraux.

Le songe libertin de Régnier se nourrit d'abord de ses lectures. Il y trouve la manière de composer ses figures autant que son écriture elle-même. Le libertinage régnierien se définit avant tout par les figures qui

13 *Ibid.*, p. 11-12.
14 *Ibid.*, p. 23.

l'incarnent. Régnier offre à plusieurs reprises une définition du libertin, qui permet d'étudier la teneur de ses personnages. Ces personnages peuvent être fictifs, héros libertins de son cru, comme MM. de Bréot et de La Péjaudie, ou consacrés par la tradition comme Don Juan. Casanova reste une figure exceptionnelle, l'archétype qui incarne à la fois l'écrivain et le libertin. Si les figures assoient l'essentiel des romans de Régnier, la sensualité de son univers poétique les dépasse très largement. La musique participe à la fois du libertinage et de la sensualité et permet de passer facilement aux grands motifs des fruits et de la nudité féminine. Ce panorama de l'érotisme régnierien ne serait pas complet sans l'inventaire des coïts, rêvés, effectifs ou impossibles, qui parsèment l'œuvre.

Mes remerciements vont à MM. Yves Hersant, Philippe Roger et Bertrand Vibert, dont la science m'a sans cesse enrichi et dont l'amitié et l'attention m'ont toujours été d'un grand soutien. Je remercie Adeline Leguy pour ses précieux renseignements. Enfin toute ma gratitude va à M. Jean-Louis Backès, maître et ami fidèle, qui m'a transmis il y a bien des années sa passion pour Henri de Régnier.

LE SONGE LIBERTIN

AUX ORIGINES DU SONGE : LECTURES CLASSIQUES ET LIBERTINES

Avant de pénétrer dans l'univers romanesque libertin de Régnier, il semble important d'en retrouver les sources. Régnier invente en grande partie sa manière en prose à partir de ses lointains prédécesseurs. Comme toute sa génération, il a toujours été un grand lecteur et nous retrouvons souvent les mêmes références. Son activité de critique littéraire l'amène à des lectures diverses et variées mais ses affinités se limitent à quelques noms. Il déclare, dans ses *Cahiers*, le 5 janvier 1921 : « À mon métier de critique, j'ai réappris à lire[1]. » De fait, il ne cesse, depuis sa jeunesse, de publier des textes critiques, dont les plus importants sont repris en recueil, et tient un feuilleton littéraire dans *Le Figaro* durant plus de trente ans. Ses articles hebdomadaires traitent de l'actualité littéraire immédiate, ce qui n'empêche pas Régnier d'écrire sur les auteurs consacrés du passé.

Esquisser un Régnier lecteur implique nécessairement de côtoyer le critique. Une étude exhaustive dépasserait vite le cadre de ce chapitre pour devenir une trop ample monographie. Il s'agira plutôt ici de retrouver auprès de quels auteurs Régnier puise son songe libertin. Ce choix peut paraître arbitraire : la manière en prose de Régnier résulte à la fois de multiples influences et d'une recherche spéculative très personnelle. Il élabore avec soin le style de ses romans dont l'action se situe sous l'Ancien Régime mais il n'est pas dit que Stendhal, Hugo ou Flaubert jouent un moindre rôle dans cette élaboration que Laclos ou que Saint-Simon. Le choix restreint imposé par les dimensions de ce

1 Henri de Régnier, *Les Cahiers inédits*, *op. cit.*, p. 773.

chapitre suit celui de Régnier lui-même : nous nous en tiendrons aux influences « revendiquées ». Ce parti-pris perd en vérité de son aspect arbitraire dans la mesure où cette dimension sélective même contribue à élaborer son univers poétique. Il permet, du reste, d'annoncer un certain nombre de motifs et d'interrogations qui feront l'objet d'une étude plus approfondie dans les chapitres suivants.

Si Régnier réapprend à lire avec son métier de critique, ses goûts personnels ne varient pourtant guère avec le temps. Il s'amuse à dresser des bilans « pour lui-même ». Ainsi le 5 septembre 1902 :

> Les livres que j'ai le mieux aimés : Ronsard. Je l'ai bien lu. Au XVIIe siècle La Rochefoucauld, La Bruyère et Saint-Simon, Racine mais moins, Corneille par endroits. Au XVIIIe Candide et le Neveu de Rameau. Crébillon fils, ses deux Dialogues. Laclos. J'ai lu une dizaine de fois les Liaisons dangereuses. Au XIXe. Les premières années des Mémoires d'Outre-Tombe, la masse de Hugo, Balzac, la Chartreuse de Parme, une dizaine de fois. Les vers de Vigny, Baudelaire, tout ; Mallarmé[2].

La liste change peu, concernant le Grand Siècle, le 23 juin 1914 :

> Les trois auteurs du XVIIe siècle que j'ai vraiment pratiqués et aimés sont Molière, La Bruyère et Saint-Simon. Certes, j'ai admiré Corneille, mais Bossuet, les prédicateurs, Pascal lui-même, me sont restés étrangers. Avouerai-je même n'avoir goûté Racine que médiocrement, fors quelques vers délicieux. Molière, La Bruyère, Saint-Simon, seuls, je les vois vivre, et surtout Molière et Saint-Simon[3].

Douze ans plus tard, Molière remplace dans le trio de tête La Rochefoucauld qui n'est plus mentionné. Entre temps, Régnier a écrit *Les Scrupules de Sganarelle* (1908), pièce de théâtre aux nombreuses références moliéresques. Ce choix semble se confirmer avec, dix-neuf ans plus tard, la liste du 30 janvier 1933 : « Pourquoi ne plus faire de vers ? Relu du Hugo – Livres à relire *encore une fois* : Racine, Molière, La Bruyère, Saint-Simon, Laclos, Chénier, *La Chartreuse* etc.[4]. » La valorisation de Molière n'explique pas le détachement vis-à-vis de La Rochefoucauld. L'auteur des *Maximes* n'apparaît que peu de fois dans les *Cahiers* et ceux-ci nous indiquent que Régnier se détache de lui

2 *Ibid.*, p. 484.
3 *Ibid.*, p. 703.
4 *Ibid.*, p. 860.

dans les années 1910. On peut toutefois deviner cette prise de distance à venir dès les premières occurrences, ainsi celle de mars 1894 : « L'homme qui n'imagine pas et se disserte se formule en maximes ; l'homme qui s'imagine et se gourmande s'exprime en poèmes. Baudelaire – Larochefoucauld[5]. » Régnier se révèle d'abord comme poète, même s'il a toujours existé en lui une tentation, sinon une tendance, moraliste et aphoristique. La lecture de La Rochefoucauld prête à conséquence à une époque où Régnier élabore sa manière en prose, où le texte est pour lui un matériau à exploiter. Cela apparaît bien dans cette remarque du 26 octobre 1900 :

> Maximes de La Rochefoucauld. Il faudrait les reclasser, mettre à part, précieusement, celles qui sont des vérités d'expérience, les vraies, les profondes, séparées de celles qui sont Jeux d'esprit de moraliste, pointes philosophiques, mais malgré tout quel fin et subtil livre de pensée, que ces strophes de prose, concises, aiguisées où s'est plu ce haut seigneur de lettres[6].

Malgré l'admiration qu'il exprime dans la dernière phrase, cette volonté de sélection et de classement témoigne de ses réticences. Le primat de l'expérience par rapport aux « jeux d'esprit » rejoint des préoccupations de poète. Dans la note de 1894, il opposait La Rochefoucauld à Baudelaire et en 1900, il aimerait ôter au moraliste ce qui fait sa spécificité.

Une décennie plus tard, il explicite ce qui n'était alors que pressenti, dans la remarque du 8 octobre 1912 : « Je relis La Rochefoucauld. Les pensées d'un moraliste sont le résultat, le point d'aboutissement d'une série d'expériences, de réflexions. Le jeu consiste à ce qu'elles nous fassent faire le chemin inverse. Je n'aime pas beaucoup ce jeu[7]. » De nouveau le rejet du « jeu » : auparavant, Régnier rejetait les artifices de l'art du moraliste tandis qu'ici il élargit le reproche au genre lui-même qui impose au lecteur un cheminement qu'il refuse. Régnier cherche-t-il là quelque excuse ? Son attachement fidèle à La Bruyère, qui œuvre dans un registre très proche, peut le suggérer. Il finit en effet par livrer un jugement sans équivoque, et définitif, le 11 juin 1914 : « Relu La Rochefoucauld avec l'excellent commentaire de Georges Grappe. Malgré tout, l'auteur des *Maximes* me reste mystérieux. Je ne l'approche pas, je

---

5 *Ibid.*, p. 382.
6 *Ibid.*, p. 462.
7 *Ibid.*, p. 654.

ne le vois pas, il m'échappe[8]. » L'édition des *Textes* de La Rochefoucauld, choisis et commentés par Georges Grappe (1879-1947) vient de paraître chez Plon-Nourrit cette année 1914. Cette nouvelle lecture semble avoir achevé de détacher Régnier de La Rochefoucauld, dont le nom ne revient plus dans les *Cahiers* après cette date.

Par cette lecture, Régnier s'imprègne un peu plus de l'époque, sans développer une relation plus personnelle avec l'auteur de *Maximes*. Quelques mois après la parution de son deuxième roman, *Le Bon Plaisir*[9], dont l'action se situe au début du règne de Louis XIV, Régnier nous livre pourtant une belle image de La Rochefoucauld, le 21 juillet 1902 :

> Avant-hier chez Blanchard. Il me montre une photographie de la miniature de Petitot qui appartient à la reine de Hollande et qui représente La Rochefoucauld. Le visage de l'auteur des Maximes est rond avec le front un peu bas, la bouche délicate et les yeux beaux. Les cheveux naturels sont ondés et semblent fins. Un air de douceur aiguë. Il doit porter la tête un peu en arrière et avoir le buste bombé et les épaules hautes[10].

Ce portrait semble venir s'ajouter à ceux des figures qu'il s'amuse à dessiner tout au long de ce roman du *Bon Plaisir*. On pourrait cependant voir, dans la simplicité de cette *ekphrasis*, une certaine froideur. La description s'en tient à la justesse et l'« air de douceur aiguë » qu'il mentionne ne suffit pas à créer l'empathie. « Je ne le vois pas, il m'échappe » confie Régnier en 1914. Ce portrait ressemble à une tentative d'appropriation : Régnier transforme La Rochefoucauld en l'une de ses figures. En l'intégrant à sa poétique, il n'a plus à se soucier de la personne réelle, auteur des *Maximes*.

Ces quelques notes sur La Rochefoucauld l'inscrivent donc dans un ensemble, à défaut de le mettre en valeur pour lui-même. La Bruyère, au contraire, accompagne Régnier jusqu'à la fin de sa vie. On pressent l'importance de son rôle, malgré la brièveté des mentions dont il fait l'objet. Régnier lui emprunte le titre de son livre pour son premier recueil de textes critiques, paru au Mercure de France en 1901 : *Figures et Caractères*. La notion même de *caractère* joue un grand rôle dans l'univers romanesque de Régnier. Plus qu'un titre occasionnel, *Figures et Caractères* définit une grande partie de la conception que l'écrivain peut se faire

---

8 *Ibid.*, p. 702.

9 Paris, Mercure de France, 1902.

10 Henri de Régnier, *Les Cahiers inédits*, *op. cit.*, p. 481.

de ses personnages. Les auteurs dont il s'empare rejoignent les personnages de fiction dans une même qualité de dessin. Figure littéraire ou figure romanesque, Régnier apporte un soin identique à esquisser leur silhouette. Cette manière de les concevoir, qui peut paraître rapide, veut pourtant se nourrir d'une grande profondeur. *Les Caractères* eux-mêmes relèvent de celle-ci, comme il l'affirme en juin 1892 :

> Au XVIIe siècle la littérature emprunte beaucoup sa force à ceci que les plus beaux livres sont le résultat d'une contention d'âme, d'une longue portée, d'une méditation suivie. Pensez aux Caractères de La Bruyère que l'auteur mit vingt ans à sécréter, aux Maximes, aux Mémoires de StSimon qui sont l'expression de cinquante années de vie et de silence.
>
> Maintenant dès qu'on a la moindre chose à dire on la dit, immédiatement, sur le coup d'une façon [empressée] qui remplace mal la lente préparation d'autrefois[11].

Nostalgie de la lenteur, du silence et de la profondeur : Régnier déplore l'urgence de l'écriture moderne et la faiblesse qui en découle. Lui-même s'astreint aux deux mouvements. Il fournit aux revues des critiques ou des poèmes réguliers, ce qui ne l'empêche pas de méditer des projets de roman, des années avant leur écriture effective (c'est le cas de *La Pécheresse* de 1920).

À côté de cette profondeur, c'est la manière même de La Bruyère qu'admire Régnier, – Heredia fournit le prétexte de la réflexion en décembre 1934 : « Heredia aimait beaucoup La Bruyère. La Bruyère n'est-il pas le plus "Sonnettiste" des moralistes ? Ses paragraphes finissent par un trait, comme le dernier vers du dernier tercet d'un sonnet[12]. » En 1894, Régnier opposait La Rochefoucauld à Baudelaire mais avec La Bruyère, le moraliste paraît se réconcilier avec le poète. *Les Caractères* lui apparaissent d'un genre hybride, créant ainsi leur manière propre. Régnier aime les œuvres inclassables. Un peu plus d'un an avant sa mort il note encore, le 6 janvier 1935 : « Je continue de lire un peu de La Bruyère[13]. » La constance de sa lecture est frappante. La Bruyère reste toujours un modèle et une véritable source d'inspiration stylistique.

Le 23 août 1893, Régnier achève de lire les *Mémoires* du duc de Saint-Simon, parus dans la toute récente édition de Chéruel et Ad. Régnier,

11 *Ibid.*, p. 295.
12 *Ibid.*, p. 871.
13 *Ibid.*, p. 873.

publiée par Hachette entre 1881 et 1893. Il passe alors le reste de la journée à Versailles et les impressions qu'il recueille seront fidèlement restituées dans le conte du « Ménechme ». Il en avait entamé la lecture deux ans auparavant et confiait alors à son ami le poète Vielé-Griffin :

> Je lis les *Mémoires* du célèbre duc. C'est inouï et d'une tournure si hautaine, si abondante, si précise que cela ravit. L'écrivain est remarquable d'ailleurs, un peu de jargon çà et là, mais une syntaxe étonnamment elliptique avec des grâces soudaines d'expression dans la matière abrupte de la phrase. Il y a 22 volumes à lire. J'en suis au second[14].

Ces deux années de lecture vont marquer Régnier de manière indélébile.

Il continue, durant sa lecture, à noter ses impressions, ainsi le 2 janvier 1892 :

> Si on s'occupe de ses contemporains on ne peut guère être que Saint-Simon ou Chamfort.
>
> ———
>
> Saint-Simon donne l'idée de longs jours travail amer et patient et furieux. C'est d'un écrivain scrupuleux et emporté, avec de la bonne foi, de la colère et de la haine[15].

Ou encore en avril 1892 : « Le récit de Saint-Simon se meut avec ampleur, complication ; il fait penser à ces hautes plantes qui, arrachées du sol, viennent avec de la terre en les longues fibres de leurs racines[16]. » Il n'épuise pas la matière des *Mémoires* à la première lecture ; il déclare encore, le 5 janvier 1919 « Relu du Saint-Simon[17]. » Toutes ces notes dévoilent une admiration sincère, non seulement pour l'œuvre, mais pour l'écrivain même. Il le « voit vivre » en effet, comme il le déclare en 1914, et cette vie de l'œuvre se retrouve dans l'attention aux anecdotes. Quelques mois avant d'achever sa première lecture complète, Régnier écrit, en février 1893 : « Baschet rapporte qu'en inventoriant le château de La Ferté après la mort de Saint-Simon on trouva dans un retrait où était la chaise percée, appendu au mur le portrait du Cardinal

---

14 Lettre du 18 novembre 1891 dans Henri de Régnier, Francis Vielé-Griffin, *Correspondance 1883-1900*, édition de Pierre Lachasse, Paris, Honoré Champion, 2012, p. 647.

15 Henri de Régnier, *Les Cahiers inédits*, *op. cit.*, p. 276.

16 *Ibid.*, p. 288.

17 *Ibid.*, p. 751.

Dubois[18]. » Trait merveilleux légué à la postérité, cette image de l'abbé Dubois, tant détesté par l'illustre duc, présidant au lieu d'aisance, paraît une sorte d'appendice miniature et posthume aux *Mémoires*. Régnier la relève avec délice, sinon avec complaisance, dans l'ironie et le penchant uro-scatophile qui le caractérisent.

Régnier semble confondre Saint-Simon avec son œuvre et cela de différentes manières. Il note, le 21 avril 1904 : « S'il avait voulu être imprimé de son temps Saint-Simon aurait été forcé d'être La Bruyère. Saint-Simon croyait contribuer par ses mémoires à l'histoire de son temps et il en faisait le roman. Il est le grand romancier de caractère du XVIIe siècle[19]. » Saint-Simon romancier, – n'est-ce pas la vision même que Régnier peut avoir du roman ? Saint-Simon se révèle un modèle de romancier pour un Régnier poète, conscient de ne pouvoir produire une œuvre identique à celle de M. de Rouvroy en 1900. Modèle ou inspiration ? Régnier ne cherche pas à reproduire le même type d'œuvre mais plutôt, à partir des *Mémoires*, il tente de créer un genre éminemment personnel. Les *Mémoires* de Saint-Simon, nonobstant le plaisir incontestable de lecture qu'ils apportent, forment une sorte de point de départ de la réflexion de Régnier sur le roman. Dans ce processus de création, ou de recréation, Régnier peut bien être perçu lui-même comme un « grand romancier de caractère » du début du XXe siècle.

Régnier écrit six romans dont l'action se situe sous l'Ancien Régime et deux autres qui y font fréquemment allusion. Les mémoires forment une matière première dans laquelle il va abondamment puiser. Il le confirme dans un article daté d'avril 1914, intitulé « Précaution posthume » :

> Il est bien évident que, parmi les rédacteurs de mémoires, les Retz et les Saint-Simon demeurent exceptionnels, mais il faut reconnaître aussi que le désir de se raconter et de raconter produit de curieux effets. Il y a dans ce besoin une espèce de grâce d'état qui profite aux narrateurs et leur donne le pouvoir de s'exprimer presque toujours avec force et pittoresque. [...] N'est-ce pas, en effet, par la lecture des mémoires que nous pouvons le mieux saisir ce que fut le langage d'une époque[20] ?

La lecture des mémoires propose une immersion dans le passé que Régnier tâche de restituer. Ce langage qu'il perçoit est le garant de la

18 Bibl. nat. N.A.F. 14976 f. 77 v°.

19 *Ibid.*, p. 520.

20 « Précaution posthume » dans *Proses datées*, Paris, Mercure de France, 1925, p. 172-173.

« vie » qu'il ressent avec autant d'intensité dans Saint-Simon ou dans Molière. Il y a dans cet appel, ou plutôt ce rappel, du passé par le langage une force de présence très proche de la parole poétique. Un certain rapport à la poésie sépare La Bruyère de La Rochefoucauld, ce même rapport semble rapprocher celui-là de Saint-Simon, – rapprochement que Régnier fait lui-même dans la note d'avril 1904.

Du reste, si Saint-Simon demeure une lecture renouvelée et privilégiée, Régnier lit également le *Journal* de Dangeau[21], dont l'édition complète avait paru en 1854. Ou, moins connu, Bachaumont, dont les *Mémoires secrets* font l'objet de plusieurs éditions au XIXe siècle, et dont la plus récente est, datée de 1912, celle d'Adolphe van Bever. Régnier rend compte de cette découverte le 27 mai 1916 :

> Lu les très curieux fragments des *Mémoires* de Bachaumont que je ne connaissais pas. C'est écrit avec agrément et cynisme. Passages sur sa naissance et sur les amours de sa mère avec une jeune novice et un comédien italien. Cela aurait amusé Stendhal. Qui, de nos jours, oserait écrire, même pour soi-même, un pareil récit[22] ?

Coïncidence ? Au moment de cette lecture paraît au Mercure de France *L'Illusion héroïque de Tito Bassi*, qui met en scène, à Vicence, un comédien raté qui rêve de gloire sur les planches et le roman ne manque pas d'aventures truculentes.

Les mémoires à l'origine de la « vie » des romans de Régnier ? À l'instar de la lecture de Saint-Simon, celle de Molière se vivifie aussi avec le temps. *Les Scrupules de Sganarelle* de 1908, pièce de théâtre dans l'esprit de Molière, ne sont pas le produit d'un caprice du moment mais, on le sent bien, à la fois d'une longue imprégnation et d'une juste appropriation. Cet esprit de Molière correspond en effet aux tendances ironiques, sinon burlesques, de Régnier. Ce dernier nous livre son sentiment en juillet-août 1891 :

> *L'Avare* me semble la meilleure pièce de Molière. Toutes ses qualités y sont. Tournure grasse et riche de la plaisanterie, carrure bourgeoise et générale du personnage principal ; [...] Le ridicule y va jusqu'au grotesque. À railler des choses aussi évidentes, aussi communes, aussi sues de tous on a l'appui du publique et Molière l'a compris si bien que le public, il le fait intervenir

21 Il est fait mention du tome XV en novembre 1900 dans les *Cahiers*.
22 Henri de Régnier, *Les Cahiers inédits*, *op. cit.*, p. 714.

> dans la pièce au monologue de la cassette. C'est le même système qu'il suit pour faire un Don Juan, mais la réussite y est médiocre[23].

Les Scrupules de Sganarelle tentent-ils, à leur manière, de pallier la médiocrité que perçoit Régnier ? Nous verrons que l'ambivalence, sinon la valorisation, du Don Juan de Régnier s'éloigne de la représentation habituelle du personnage, en le rapprochant du poète lui-même. En 1924, Valéry écrit dans ses *Cahiers* : « Molière [...] *a mis les rieurs*, c'est-à-dire la moyenne, contre l'exception – ou plutôt il s'est mis soi-même avec cette moyenne. Grâce à lui, le théâtre profond a été rendu impossible en France. Grand artiste du naturel *bourgeois*[24]. » Et de conclure en 1929 : « Molière est un grand homme que je me peins par une figure que je ne puis aimer[25]. » Sans aller aussi loin que Valéry, Régnier relève cependant le conformisme de Molière et, *a contrario*, défend son propre Don Juan, dans les *Scrupules* de 1908. Régnier observe encore, toujours en juillet-août 1891 :

> On voit dans Molière combien l'âme française fut alourdie et solidifiée au XVIIe siècle. Elle eut à cette époque un idéal de juste milieu, un même soin de modération préoccupe la façon de penser et la manière d'écrire. La représentation des objets par les mots n'est accompagnée d'aucun déterminatif sinon très simple, les choses sont qualifiées d'admirables ou de dégouttantes [*sic*] avec peu de nuances intermédiaires et toujours générales. [...] Molière a un idéal de vie bourgeoise, de paix, de ménage, d'ordre dans les passions, avec des gaietés scatologiques ou gaillardes[26].

Au-delà de l'hommage théâtral explicite des *Scrupules de Sganarelle*, Régnier va puiser dans Molière une manière de composer ses figures romanesques. De la médiocrité bourgeoise à la parfaite excentricité, Molière offre un éventail qui nourrit son imagination. Régnier y trouve des caractères on ne peut plus vivants. Corvisot, le médecin charlatan du *Bon Plaisir* de 1902 entre indéniablement dans cette catégorie. Son opinion sur Molière ne change guère de la note d'octobre 1894 : « Les belles pièces de Molière ce sont le Bourgeois gentilhomme, Le Malade Imaginaire et cet étonnant Pourceaugnac, grandes farces, hyperboliques

23 *Ibid.*, p. 262.
24 Paul Valéry, *Cahiers*, tome II, édition de Judith Robinson, Paris, Gallimard, « Bibliothèque de la Pléiade », 1974, p. 1193.
25 *Ibid.*, p. 1214.
26 Henri de Régnier, *Les Cahiers inédits*, *op. cit.*, p. 261.

et ornementales, apothéose de la mascarade et du clystère[27] » à celle du 5 mars 1933 : « Relu du Molière, *Le Malade imaginaire.* C'est le grand poète de la farce[28]. » L'œuvre de Régnier ne manque pas non plus de mascarades et de clystères. Si la manière des mémoires du Grand Siècle influe sur Régnier en profondeur, les farces de Molière lui fournissent des motifs et des sujets qui s'accordent avec un humour qui n'a pas peur des contrastes. *Les Rencontres de M. de Bréot*, de 1904, font alterner ainsi l'humour et le burlesque, la rêverie poétique et la mélancolie.

Ces lectures ne sont pas de simples divertissements tirés du passé. Régnier voit les auteurs qu'il aime comme des contemporains. Au-delà des différences de style, de mœurs et d'époque, l'univers intérieur de Régnier les assemble en un tout. Aussi Crébillon peut-il être comparé à Balzac, comme en avril 1894 : « Dans les Égarements du Cœur et de l'Esprit de Crébillon fils il y a une conversation de Verlac et de Meilcour, sur la société et les moyens de parvenir, qui vaut à sa façon, en miniature, le discours de Vautrin à Rastignac dans le père Goriot[29]. » Régnier apprend de Crébillon l'art de faire parler le libertin, la séduction par la parole. Crébillon devient pour lui le précurseur de Balzac. Si le second reste une référence du siècle en matière romanesque, le premier s'accorde davantage à la sensualité aristocratique de Régnier. L'érotisme léger, sans « mot », de Crébillon correspond en tout point à celui auquel aspire Régnier.

À la fin des années 1880, Régnier cherche sa manière en prose. Il ignore encore quelle forme peut prendre un travail d'envergure dans ce registre. Il pressent cependant que Crébillon a, dans cette quête, un rôle à jouer. Il note, le 2 août 1888 : « Faire de la prose qui sort réellement de la prose.. sans rien de poétique quelque chose de finement simple, et un emploi stricte [*sic*] du mot sans l'embellir dans la tradition de Crébillon Fils un des seuls prosateurs au vrai sens du mot[30]. » 1888 est l'année de la première série des *Soirs intimes et mondains*, proses poétiques à la fois symbolistes et labyrinthiques, dans lesquelles les émotions et les paysages se mêlent très étroitement. Tout l'opposé, en fait, de « quelque chose de finement simple. » Si Régnier imagine déjà intégrer les apports

27 *Ibid.*, p. 405.
28 *Ibid.*, p. 862.
29 *Ibid.*, p. 383.
30 *Ibid.*, p. 136.

de Crébillon à sa propre manière, il ignore encore la forme à obtenir. Il s'interroge toujours, en avril 1894, écrivant : « On pourrait tirer des écrits de Crébillon fils un recueil de Maximes et de réflexions morales qui étonneraient par leur tour, leur esprit, leur justesse[31]. » Régnier aime métamorphoser les auteurs qu'il lit : le mémorialiste devient romancier et le romancier libertin, moraliste.

Ces réflexions, ou ces projets, autour de la prose de Crébillon, se prolongent jusqu'en juillet 1913 ; Régnier note alors : « Faire quelques petits dialogues à la manière de Crébillon[32]. » Le conteur s'y essaie en effet. On songe à l'étrange dialogue qui conclut le recueil du *Voyage d'Amour* de 1930, intitulé « Entre elles », dialogue improbable autour du thème amoureux entre deux figures féminines issues des deux précédents contes du recueil, « le Veuvage de Schéhérazade » et « le Vrai Bonheur ». Régnier les réunit par-delà les époques et les lieux de leurs contes respectifs, pour une discussion galante qui accomplit le « finement simple » rêvé quatre décennies auparavant.

En octobre 1888, Régnier vient de relire *Les Liaisons dangereuses* :

> En lisant les efforts, les ruses, la conduite privée de Valmont avec madame de Tourvel – on a l'impression qu'en somme toute cette adresse est inutile et de pure perte – et que l'issue est fatale et ne dépend de rien autre sinon de ce que madame de Tourvel l'aima dès le premier soir – aimer à travers ce dédale réapparaît, la primordiale force d'un instinct d'une occulte force d'amour, mystérieuse et toute puissante et inexpliquée[33].

Ce sentiment d'inéluctabilité que relève Régnier est important : il se retrouve très souvent dans ses propres romans, dans lesquels l'originalité des figures et les moments de contemplation poétique priment sur l'intrigue elle-même. Ce n'est pas le jeu d'intelligence qu'admire Régnier, mais plutôt le destin que l'écrivain impose à ses personnages. Il ajoute un peu plus loin : « Dans les Liaisons dangereuses, c'est singulier que Valmont ne comprenne pas que Mme de Merteuil se joue de lui – car à la lecture des lettres on a la prévision très nette qu'une fois madame de Tourvel quittée elle le plantera là[34]. » Le roman de Laclos fait partie des livres de chevet de Régnier, qui dit en 1902 l'avoir lu plus d'une

31 *Ibid.*, p. 384.
32 *Ibid.*, p. 686.
33 *Ibid.*, p. 144.
34 *Ibid.*, p. 145.

dizaine de fois. Il écrit une préface au roman, que le manuscrit date du 1er janvier 1904[35], mais qui ne sera pas publiée en tant que telle. Le texte ouvre le recueil de 1913, *Portraits et Souvenirs*, et Régnier l'intitule alors simplement « Laclos ». Il commence par une *ekphrasis* du pastel de Boilly figurant Laclos. Après quelques brefs éléments biographiques, Régnier en arrive vite au roman lui-même. Il voit dans celui-ci une force littéraire qui sort de son cadre habituel : « Il semble que la société, qui se sent atteinte dans ses petits mystères et ses coutumes clandestines par ces sortes de livres, ait l'instinct assez naturel de s'en défendre en en faisant ce qu'on appelle des livres à clé[36]. » Régnier devine là tout un jeu de masques qui ne sert qu'à neutraliser la puissance romanesque au profit d'une simple transposition. Si Laclos s'appuie sur des personnes réelles, la référence n'est qu'un point de départ à partir duquel il pousse au plus loin le caractère « même jusqu'à une certaine exagération systématique[37]. »

La référence à Crébillon n'étonne pas le lecteur des romans de Régnier mais celle à Laclos surprend davantage, tant leurs univers paraissent éloignés. L'intelligence intrigante des *Liaisons*, l'un de ses attraits les plus évidents, ne se retrouve nulle part chez Régnier. Il faut donc comprendre la leçon de Laclos dans la composition des figures, telle que Régnier la perçoit. De fait, on trouve beaucoup de figures outrancières et extrêmes dans ses propres romans. En évoquant celles de Laclos, il les redessine légèrement. Les appropriations de Régnier l'amènent à confondre les univers. Ainsi dit-il de Valmont :

> Voyez-le au château de Mme de Rosemonde, comme il arrête les correspondances, fouille les secrétaires, retourne les poches, dérobe les clefs et en fait fabriquer de fausses ! Il y a en lui de l'escamoteur et du voleur. Il a de l'un la dextérité, de l'autre l'audace. Il rôde, la nuit, dans les corridors, en déshabillé, furtif et hardi, ombre redoutable, Éros nocturne qui a pris la lampe de Psyché pour s'en faire une lanterne sourde[38].

La lampe de Psyché, depuis la conférence du *Bosquet de Psyché* de 1894, incarne l'image régnierienne de l'invocation poétique. Les lignes de Régnier elles-mêmes font montre d'un lyrisme qui apparente sa critique

35 Bibliothèque de l'Institut Ms. 6302-1.
36 Henri de Régnier, *Portraits et Souvenirs*, Paris, Mercure de France, 1913, p. 13.
37 *Ibid.*, p. 15.
38 *Ibid.*, p. 17.

au poème en prose. En parlant de l'œuvre de Laclos, il transpose les personnages dans son propre imaginaire poétique. Le texte critique cherche moins ici à analyser les *Liaisons* qu'à mettre en avant la rêverie du lecteur. Celle-ci se prolonge dans une suite hypothétique du roman :

> Y aurions-nous revu aussi les autres personnages des *Liaisons*? On ne sait. Leur réunion n'a pas eu lieu et c'est à nous de leur inventer des destinées. Celle de Laclos était de n'écrire qu'un seul roman. [...] Mme de Volanges allait bientôt, sans doute, monter sur l'échafaud. Les portes du couvent qui renfermait sa fille allaient s'ouvrir au nom de la loi. Le Chevalier Danceny, revenu de Malte, pouvait rencontrer sur les bords du Rhin M. de Prévan et M. de Gercourt émigrés[39].

La lecture du roman met en branle l'imagination de Régnier, qui semble dès lors le continuer très naturellement. Aussi la référence à ses lectures libertines pour élaborer ses propres romans peut-elle se comprendre de cette manière : plus que le produit d'une influence directe, les romans libertins de Régnier deviennent le prolongement du songe déclenché par ses lectures. Sa lecture très subjective soumet les auteurs qu'il lit à son propre univers poétique.

Régnier a également rendu compte de l'ouvrage d'Émile Dard (1871-1947) intitulé *Un Acteur caché du drame révolutionnaire. Le général Choderlos de Laclos, auteur des* Liaisons Dangereuses, *1741-1803. D'après des documents inédits*, paru aux éditions Perrin en 1905, dans un article intitulé « Une Fiche », recueilli dans *Sujets et Paysages* (1906). Le texte se concentre sur le personnage de Laclos et l'écriture du roman attise l'imagination de Régnier :

> J'aime à me représenter Laclos à ce moment décisif de sa vie. Il a choisi son sujet. Ils sont là, devant lui, les héros de la sombre histoire qu'il va conter. Chacun emprunte sa main pour s'exprimer. Il écrit sous leur dictée ces lettres redoutables où ils rusent, s'avouent, s'expliquent, s'agitent et ajoutent une touche au tableau où ils apparaîtront vivants. Et lui, il les voit, les écoute, leur obéit[40]...

Régnier insiste sur la prégnance des figures ; Laclos semble victime de quelque possession. Du reste, la notoriété ne lui évite pas le piège de l'identification : « Partout où il allait, il traînait derrière lui l'ombre

39 *Ibid.*, p. 21.
40 Henri de Régnier, *Sujets et Paysages*, Paris, Mercure de France, 1906, p. 181.

de Valmont[41]. » Régnier donne un résumé rapide de la biographie de Laclos et renvoie à l'ouvrage de Dard pour le détail.

« Il y avait en lui un moraliste et un satiriste. Il y avait un observateur profond de son temps et un profond connaisseur d'âmes[42]. » Il apparente ainsi Laclos à La Rochefoucauld et à La Bruyère. Si l'épithète de moraliste est communément appliquée à l'auteur des *Liaisons*, elle prend toutefois un sens particulier sous la plume de Régnier. Ce dernier aime voir ses auteurs au-delà de leur genre littéraire traditionnel et joue avec les étiquettes : La Bruyère poète, Saint-Simon romancier, Crébillon et Laclos moralistes. Il nous précise ainsi ce qu'il tente de reprendre à son compte dans l'œuvre de chacun de ces auteurs.

On pourrait aisément allonger la liste. Si Régnier cite volontiers La Rochefoucauld ou La Bruyère, il est un autre moraliste qui exerce sur lui une influence tout aussi grande : Chamfort. Il note en juillet 1889 :

> La Rochefoucauld et La Bruyère, tous deux moralistes illustrent leurs maximes de semblables images. Chamfort apparaît enrichi, assourdi, avec de l'imprévu, sans rien du pittoresque bourru de La Bruyère, et de l'image vague de La Rochefoucauld, il y a en lui une aile légère de fantaisie, une petite senteur de poésie unique au XVIIIe siècle[43].

Régnier trouve dans La Bruyère de quoi concevoir le caractère de certaines figures romanesques. En revanche, lorsqu'il s'attelle lui-même à écrire un recueil de maximes, l'influence de Chamfort semble prédominante. Le recueil *« Donc »*, publié chez Kra en 1927, et repris au Mercure de France en 1929 sous le titre *Donc*[44]…, paraît tardivement dans l'œuvre de Régnier. Les *Cahiers* fournissent l'essentiel de la matière première mais l'ombre de Chamfort plane sur l'agencement même du recueil[45]. Fantaisie et poésie de Chamfort ? Il n'en faut guère plus pour séduire Régnier. Ce recueil suit les conseils de maturation lente énoncés en juin 1892, qui privilégient « la vie et le silence » à l'origine de toute écriture qui compte. *« Donc »* arrive après quatre décennies d'intense vie littéraire.

---

41 *Ibid.*, p. 183.
42 *Ibid.*, p. 181.
43 Henri de Régnier, *Les Cahiers inédits*, *op. cit.*, p. 190.
44 À la suite de *Lui ou les femmes et l'amour* et précédant *Paray-le-Monial.*
45 On peut lire la riche histoire de ce recueil dans la présentation de l'édition critique de Bernard Roukhomovsky mentionnée plus haut (Classiques Garnier, 2018).

Régnier nous laisse des notes éparses sur les auteurs des XVIIe et XVIIIe siècles qu'il fréquente. Voltaire apparaît peu, même si la note du 29 septembre 1910 : « J'ai lu *Zadig* de Voltaire. Il y a là une façon d'écrire légère, plaisante, rapide, philosophique, qui semble bien s'être perdue, un tour d'esprit unique qu'on n'a plus retrouvé[46] » et son admiration pour *Candide* laissent transparaître quelque affinité. On décèle aussi quelque ambivalence dans la réflexion du 6 avril 1927 : « Armoiries de Voltaire : d'azur à 3 flammes d'or. On peut y voir les flammes de l'enfer ou les feux de l'esprit[47]. » Régnier lui consacre également la moitié de la présentation de *Casanova chez Voltaire*, qui paraît chez Plon en 1929. Nous verrons le détail de ce texte dans le chapitre consacré plus spécifiquement à Casanova.

Le lecteur de Régnier peut s'étonner de la rare présence de Diderot. D'autant que Régnier écrit en octobre 1890 : « Diderot est un des morts du XVIIIe siècle dont on se sent le plus proche[48]. » Régnier ne s'étend guère sur cette proximité, qui peut s'entendre à la fois comme humaine et littéraire. *Le Neveu de Rameau* figure, en 1902, parmi les livres qu'il a « le mieux aimés ». Plus rayonnante encore que dans Crébillon, la sensualité de Diderot qui perce à travers son écriture s'apparente à celle, pourtant plus onirique, de Régnier. Du reste, l'un des textes les plus célèbres de Diderot, *Le Rêve de d'Alembert*, ne met-il pas en dialogue un songe ? La sensualité et l'extraordinaire liberté de ton et de parole de Diderot explique sans peine la « proximité » ressentie par Régnier.

Régnier trouve dans les ouvrages de ses deux siècles favoris une diversité d'impressions qu'il prélève avec délice. Il qualifie ainsi le chef-d'œuvre de l'abbé Prévost, *Manon Lescaut*, en décembre 1889, de « livre de fatalité galante[49]. » Même plaisir, en octobre 1888, à la lecture de Marivaux : « Je feuillette en de vieux volumes quelques comédies de Marivaux vraiment délectable – un charme, un détail d'expression toujours varié – des gestes entrevus dans le dialogue de fines et légères voix, un peu aiguës timbrées d'argent et des échanges de paroles précises[50]. » Ou encore Tallemant des Réaux en novembre 1890 : « De vieux livres copieux, détaillés, tels que par exemple les Historiettes de Tallemant

46 Henri de Régnier, *Les Cahiers inédits*, *op. cit.*, p. 626.
47 *Ibid.*, p. 808.
48 *Ibid.*, p. 229.
49 *Ibid.*, p. 206.
50 *Ibid.*, p. 144.

me remplacent très bien Balzac. Il y a là, autant de variété humaine et le jeu des passions y est en raccourcis sans digressions inutiles[51]. » On note l'image des « vieux livres » : Régnier sent Tallemant plus proche de lui que Balzac et déplace la nostalgie qui se porte non sur le texte mais sur l'objet qui le contient. L'œuvre est toujours présente, même si le livre surgit du passé.

« Comment ont-ils bien pu passer tant que cela pour frivoles et légers ces gens du XVIIIe siècle qui ont souscrit L'Encyclopédie et qui ont supporté et acclamé la lourdeur et le sérieux de l'assommant Rousseau[52] ? » écrit Régnier en novembre 1903. Rousseau est l'un des rares écrivains du siècle qu'il n'aime pas. Sans doute ne retrouve-t-il pas le style qui l'aiderait à former la langue idéale à laquelle il aspire dans ses romans. Cette attention à la langue explique une grande part de ses affinités électives. On le constate avec ce qu'il dit, *a contrario*, de celle du XVIe siècle, le 6 septembre 1932 : « Je n'ai jamais pu goûter ni les folies de Rabelais, ni les sagesses de Montaigne[53] » et plus encore en janvier 1933 : « Je n'ai jamais beaucoup aimé la langue du XVIe siècle, pas plus dans Rabelais que dans Montaigne ou Brantôme. Elle m'a souvent gâté les plus belles choses de Ronsard et de du Bellay[54]. » Ronsard figure dans le panthéon poétique de Régnier, qui l'aime en tâchant de l'extraire au mieux de la langue de son temps.

Que retenir de ces quelques impressions de lecture ? Il est difficile, au fond, de distinguer ses affinités de ses aspirations. Régnier n'apparaît presque jamais dans ses notes, ou même dans ses textes critiques plus composés, comme un lecteur sans arrière-pensées. On identifie un double phénomène. D'une part, Régnier lit en songeant à ses propres œuvres à venir. À côté du pur plaisir de lecture, l'auteur qu'il lit lui propose certaines voies d'écriture. Voies d'écriture qui sont exploitables ou non à son propre profit. D'autre part, il se défait difficilement de son univers poétique intérieur pour pénétrer pleinement dans celui de l'autre. Il prélève chez les auteurs qu'il fréquente des éléments qu'il finit par intégrer à sa poétique personnelle, – c'est ainsi que Valmont devient l'amant de Psyché.

51 *Ibid.*, p. 230.
52 *Ibid.*, p. 514.
53 *Ibid.*, p. 856.
54 *Ibid.*, p. 858.

LE LIBERTIN RÉGNIERIEN

« Le libertinage obstiné des romans du XVIIIe siècle avait pour excuse, pour prétexte ou pour raison d'être les mœurs du temps qu'ils représentent (si tant est qu'il n'ait pas contribué à les faire) ; mais je ne vois pas ce qu'il "représente" ici[55] » écrit André Gide en 1900, à propos de *La Double Maîtresse*. L'article, qui refroidit considérablement l'amitié unissant jusque-là les deux écrivains, dépasse le cadre d'une simple incompréhension momentanée. Gide l'affirme lui-même dans *Si le grain ne meurt* : « Au demeurant, n'eût été cet article, nous eussions bientôt rencontré d'autres raisons de brouille ; nos goûts différaient trop[56]. » Au-delà de l'anecdote biographique, cette divergence de fond révèle deux esthétiques de la sensualité bien différentes.

La Double Maîtresse (1900), le premier roman de Régnier, conte les mésaventures de Nicolas de Galandot, gentilhomme français du XVIIIe siècle, un peu benêt, qui finit sa vie à Rome. La section centrale du roman évoque les prouesses du fils de la cousine de Nicolas, François de Portebize, lors de son arrivée dans le Paris galant de l'époque. Nicolas grandit avec sa mère, bigote et autoritaire, au château de Pont-aux-Belles et mène une vie paisible sous l'égide de son précepteur, l'abbé Hubertet. L'arrivée de sa jeune cousine Julie de Mausseuil, orpheline depuis la mort de son père libertin et ivrogne, bouleverse cette vie tranquille et médiocre. Tout le roman se construit autour de la scène durant laquelle Julie séduit Nicolas, dont les entreprises sont violemment interrompues par l'intrusion de sa mère. Le traumatisme de Nicolas se concentre alors autour du « sonore, vigoureux et solide soufflet maternel[57] ». Des années plus tard, il se retrouve à Rome et devient, à l'occasion d'une funeste réminiscence, l'esclave d'Olympia, courtisane vulgaire et crapuleuse. Plus encore que dans le titre, le motif du double est omniprésent dans l'œuvre : chaque personnage semble le reflet déformé d'un autre. La

55 André Gide, « Henri de Régnier : "La Double Maîtresse" », *La Revue Blanche*, 1er mars 1900, dans *Essais critiques*, édition de Pierre Masson, Paris, Gallimard, « Bibliothèque de la Pléiade », 1999, p. 88-89.

56 André Gide, *Si le grain ne meurt*, première partie, chapitre X dans *Souvenirs et voyages*, édition de Pierre Masson, Paris, Gallimard, « Bibliothèque de la Pléiade », 2001, p. 259.

57 Henri de Régnier, *La Double Maîtresse*, Paris, Mercure de France, 1900, p. 157.

sensualité du roman l'apparenterait volontiers au récit poétique, fort de riches images qui dépassent le destin tragique et grotesque de Nicolas de Galandot.

Gide ne voit pas ce que « représente » le libertinage dans le roman de Régnier. Précisément, il ne semble pas certain que le libertinage de Régnier représente quoi que ce soit. Gide, qui ne peut qu'avoir en horreur la légèreté du libertinage exempt du tourment puritain, n'imagine pas qu'il puisse être un pur plaisir. Le libertinage de Régnier révèle idéalement à la fois la sensibilité et la sensualité de son œuvre.

Ne nous trompons pas cependant : s'il y a du libertinage dans les romans de Régnier, il n'écrit pas pour autant des romans libertins. Plus encore, tout comme le XVIIIe siècle a connu des formes de libertinage très diverses, Régnier en multiplie les formes à travers la variété de ses figures. Nous en admirerons l'éventail dans le chapitre suivant, après en avoir aperçu ici le contour commun.

Avant tout, il faut souligner le statut des différents personnages libertins dans l'univers romanesque. Hormis l'exception notable de M. de Bréot et de M. de la Péjaudie, héros respectifs des *Rencontres de M. de Bréot* (1904) et de *La Pécheresse* (1920), les libertins sont essentiellement représentés par des personnages secondaires. Ces derniers débordent très largement le cadre des seuls romans dont l'action se situe sous l'Ancien Régime. Ils contribuent, par leur délicatesse ou par leur crudité, à créer un lien fort entre ces proses narratives et les poèmes à la sensualité onirique, parfois exubérante, du jeune Régnier. Ce qui était rêve chez le poète devient fantasme chez le libertin ; rêve et fantasme autour de figures strictement féminines. Les rares sodomites, réels ou supposés, présents chez Régnier, sans faire office de repoussoirs, agrémentent souvent les imbroglios amoureux par leur cocasserie. Il est encore moins question de pédérastie, – ce qui le sépare définitivement de Gide.

S'il ne s'agissait que d'une sensualité, sinon d'une érotique, irradiant toute l'œuvre, Régnier avait-il pour cela besoin de recréer des figures libertines inspirées du XVIIIe siècle ? Pierre Louÿs, si proche à maints égards de Régnier, préfère les figures antiques. Une anecdote, notée par un Régnier de vingt-deux ans, peut nous inspirer des éléments de réponse. Il écrit, de retour du bordel, le 11 juin 1887 : « L'entretien fut d'une courtoisie parfaite, coupé de comment donc, de si tu veux, ça m'est égal, et après la traditionnelle mise à l'aise, je m'efforçai, dans les entractes de l'ébat de maintenir ce ton à l'ancienne cour, cadrant bien, je le sentais avec ce décor faux Pompadour et capitons de l'ameublement[58]. » Nous décelons ici à la fois la tenue et la pudeur qu'il attend de la sensualité. Si Régnier et Louÿs savent chacun tirer du plaisir de leur fréquentation des femmes, jamais Régnier ne se serait amusé à tenir un journal évoquant le détail de ses sodomies féminines[59]. Au bordel, Régnier relève le toc du décor qui l'incite au jeu. Est-ce une simple question d'atmosphère du moment ? « Je le sentais » : Régnier privilégie, quel que soit le contexte de l'évocation, – poétique ou biographique, – son sentiment dans l'instant.

Comment rendre fidèlement ces instants de plaisir ? En utilisant une certaine langue, en pratiquant l'encadrement par le dialogue. Régnier a trouvé dans la langue même du XVIIIe siècle, et plus particulièrement dans la parole du libertin, un moyen adapté à ce qu'il veut exprimer de sa sensualité. Il reste d'une grande lucidité quant à la difficulté d'y parvenir :

> En littérature, il me semble que l'on n'est guère allé loin dans la description du plaisir physique. Les pornographes mêmes sont, sur ce point, extrêmement timides et réservés. On n'a jamais exprimé tout cela qu'avec du jargon ou de l'argot. Il y a, sur cette matière, une curieuse réserve universelle[60].

Régnier laisse la pornographie à son beau-frère Louÿs[61]. Ce dernier, dans sa graphomanie compulsive, dépasse la simple outrance d'écriture dans l'exposition du vice. Nous sentons bien chez lui ce qu'évoque Régnier : il cherche, par l'écriture, à obtenir la plus fidèle restitution du plaisir physique. Régnier, de son côté, même s'il n'est pas insensible à la jouissance du pur plaisir, travaille davantage autour d'un état sensuel général, autour d'un sentiment riche et subtil qui risquerait d'être restreint par une trop stricte génitalité. Toujours Crébillon plutôt que Sade.

Régnier souligne ainsi cette « curieuse réserve universelle » sans jamais chercher à la surmonter. Sa poétique œuvre dans le fantasme et dans le songe et la crudité du propos renvoie à une invariable ironie.

58 Henri de Régnier, *Les Cahiers inédits*, *op. cit.*, p. 89.

59 Voir Pierre Louÿs, *Enculées* dans *Œuvre érotique*, édition de Jean-Paul Goujon, Paris, Robert Laffont, 2012, p. 898-908.

60 Henri de Régnier, *Les Cahiers inédits*, *op. cit.*, p. 663.

61 L'essentiel des textes érotiques de Régnier, tous inédits, sont donnés en annexe.

Entre le raffinement et la crudité, nous trouvons cependant la simplicité, si brillamment illustrée dans *Les Rencontres de M. de Bréot* (1904), avec la vision de l'amour selon M. de Bercaillé :

> Il disait, pour s'en excuser, que, l'amour étant un besoin comme un autre, les servantes, qui sont pour veiller à ceux que nous pouvons avoir, peuvent bien fournir aussi à celui-là. [...] Ainsi il y a chance de rencontrer parmi elles des filles serviables, robustes, qui sont bien aises, après tout, une fois la besogne accomplie, qui leur fait gagner le pain, d'en trouver une autre qui les change un peu de la première. Joignez à cela que, simples d'esprits assez communément, elles conviennent parfaitement à cet exercice, avec ce qu'il faut pour le rendre sain et agréable, c'est-à-dire avec une sorte de naïveté qui n'est bien que dans le petit peuple d'où elles sortent[62].

Ici, aucune réserve de langage et nulle pornographie. Le privilège aristocratique, allié aux inévitables hiérarchies, semble très éloigné de la violence souvent scélérate d'un Sade ou d'un Richelieu. Simplicité des esprits et simplicité des rapports. M. Floreau de Bercaillé, dont la langue ne paraît nullement contrainte, abandonne volontiers les ornements du discours pour le plaisir tout pur. Il nous apprend que le libertinage peut se passer de la parole : nul besoin de parler pour obtenir pleine satisfaction.

M. Floreau de Bercaillé est un des personnages hauts en couleur des *Rencontres de M. de Bréot*. Le cinquième roman de Régnier ne présente pas d'intrigue à proprement parler, mais n'en est pas pour autant, malgré son titre, une galerie de portraits. On se prend plutôt à suivre des lignes, tracées le plus souvent par les personnages eux-mêmes. La principale serait liée au désir que M. de Bréot a de Mme de Blionne, qui va de la rêverie jusqu'à la possession. M. Floreau de Bercaillé et M. Le Varlon de Verrigny sont les libertins secondaires du roman ; le premier jouit sans entraves et sans remords tandis que le second, qui trouve souvent son plaisir dans l'agression, reste tourmenté par l'idée de son péché et part en quête de rédemption. Fidèle à l'esthétique du siècle de Louis XV, Régnier inclut un récit enchâssé qui conte les débauches de la duchesse de Grigny. Les tourments des personnages, grotesques chez Le Varlon, tragiques dans le cas de Mme de Grigny, s'opposent à la simplicité et à la pure jouissance de M. de Bréot ou de M. de Bercaillé.

---

62 Henri de Régnier, *Les Rencontres de M. de Bréot*, Paris, Mercure de France, 1904, p. 50-51.

Régnier retrouve la même simplicité dans le personnage d'Emma Bovary, l'une des trois héroïnes évoquées dans *Lui ou les femmes et l'amour* (1928) :

> Emma la désirée ! Je vous retrouvais dans cette chambre de l'*Hôtel de Bourgogne* où il y avait un grand lit d'acajou en forme de nacelle, sous des rideaux en levantine rouge. Rien n'était beau comme votre tête brune et votre peau blanche, se détachant sur cette couleur pourpre, quand, par un geste de pudeur, vous fermiez, vos deux bras nus en vous cachant la figure dans vos mains. J'entendais votre rire sonore et libertin[63].

Dans un même paragraphe, en un même personnage, Régnier unit la pudeur au libertinage. Ce court texte célèbre sans condition l'héroïne de Flaubert tout en détournant le personnage. Le désir qui entoure Emma Bovary est dépourvu de toute forme de perversité. Là encore, les gestes évoqués échappent au langage. La parole libertine cède la place au rire.

À l'opposé du plaisir pur des servantes et du rire d'Emma Bovary, Régnier prend plaisir à animer les crapules. Le marquis de Bocquincourt, personnage du *Mariage de Minuit* (1903), montre que le libertinage entendu par Régnier s'étend sans ambiguïté aux années 1900, dans lesquelles se situe l'action du roman. Après *La Double Maîtresse* et *Le Bon Plaisir*, *Le Mariage de Minuit* est le premier roman « contemporain » de Régnier. L'héroïne, Françoise de Cléré, est la fille d'un aventurier ruinée. Entourée par une kyrielle de soupirants, et après bien des atermoiements, elle finit par épouser son ami Philippe Le Hardois. Dans cette chronique de la vie mondaine, Régnier met en scène beaucoup de personnages excentriques, dont un céramiste peu scrupuleux, M. de Serpigny, et un libertin aguerri, M. de Bocquincourt. Lisons le portrait de Fulgence de Bocquincourt dans ses jeunes années :

> Il devint libertin, par vanité et parti pris. Au lieu de ne demander aux femmes qu'un divertissement passager, il fit d'elles son occupation principale [...] Il s'attaqua donc à elles indistinctement, par principe et par calcul. Pas une à qui il ne glissât à l'oreille, à tout hasard, quelque obscénité et quelque ordure, car si c'est la voie naturelle à se faire entendre de celles qui peuvent tout écouter, souvent aussi les plus difficiles et les plus délicates ne sont pas insensibles aux propos les plus grossiers[64].

---

63 Henri de Régnier, *Lui ou les femmes et l'amour*, Paris, Kra éditeur, 1928, p. 51.
64 Henri de Régnier, *Le Mariage de Minuit*, Paris, Mercure de France, 1903, réédition Hachette, 1928, p. 68-69.

Suivant l'étymologie de son prénom, le marquis brille et éclaire, mais Régnier nous indique qu'il brille en effet comme un coquin, et comme un coquin un peu court. Le B majuscule initial adoucit à peine le c du coquin qui renforce au contraire la vélaire immédiatement suivante. Toujours l'ordure à la bouche : nous retrouvons la parole du libertin, essentielle dans le processus de séduction. « Séduction » peut paraître un bien grand mot devant une telle absence de raffinement. La grossièreté de Bocquincourt accentue plutôt le pouvoir du verbe, la contagion sensuelle de la parole. « Il devint libertin, par vanité et parti-pris » : l'on n'est pas libertin de nature, suivant un élan ou une pulsion qui provoquent tel ou tel comportement. Le libertin de Régnier se donne une mission et entend bien la remplir. Il retrouve là un prosélytisme déjà présent au XVIIIe siècle.

Si la parole libertine ou ordurière sert la séduction, elle joue de même avec la perversion de celui qui l'écoute. La parole excite les sens, même si Régnier n'entend pas qu'on lise ses livres d'une seule main. Ses personnages ne montrent guère la même réserve, tant s'en faut. Ils comptent sur l'efficacité des textes : ainsi le gros Portebize, dans *La Double Maîtresse* (1900) se plaît à corrompre la pupille de ses hôtes :

> Gros-Ami y allait franchement et cyniquement et, en peu de temps, en fut assez loin pour qu'il pût aider son enseignement oral de contes grivois et libertins qu'il glissait en cachette à Julie et dont il possédait, en son portemanteau, tout un assortiment. [...] Entre temps, Julie feuilletait d'un doigt agile les brochures dont la fournissait Gros-Ami. Le soir, dans son lit, elle en tournait les pages furtives. La bougie brûlait tard dans la nuit et elle s'endormait l'esprit caressé d'images voluptueuses[65].

Michel Delon consacre un chapitre du *Savoir-vivre libertin* à un motif très régnierien : « Le Miroir et le Roman ». Il évoque avec justesse cette contagion livresque : « Ces lectures ou non-lectures en couple sont autant de "mises en abyme" par lesquelles le livre érotique joue sur l'identification des lecteurs et des personnages de la fiction[66]. » Régnier n'œuvre pas tout à fait dans le même registre. Dressant une sorte de liste thématique, il ne détaille pas le contenu des lectures et montre une gradation qui va de l'oral à l'écrit. La phrase orale initie, le livre métamorphose.

65 Henri de Régnier, *La Double Maîtresse*, *op. cit.*, p. 131-132.
66 Michel Delon, *Le savoir-vivre libertin*, *op. cit.*, p. 240-241.

La lecture ne prélude cependant à aucun ébat et Portebize ne tire pas un profit immédiat de sa corruption. Le mariage avec Julie aura lieu plus tard. Régnier n'écrit pas *Thérèse philosophe*[67]. La petite Julie ne s'adonne pas non plus à des plaisirs solitaires. Ces lectures de chevet, si elles ne guident pas sa main sous les draps, nourrissent l'activité onirique. Comme Emma Bovary revisitée, la voilà tour à tour hilare ou rêveuse.

« *Aucune suite désagréable, sans conséquence* : tel est, aux antipodes de l'héroïsme militant, l'idéal du libertinage[68] » écrit Michel Delon à propos de *Thérèse philosophe*, dont l'idéal se rapporte strictement à cette œuvre. Idéal qui, loin de Sade ou de Laclos, correspond bien à celui de Régnier. La fréquentation du gros Portebize ne constitue pas tout à fait un modèle d'éducation sentimentale. En revanche, Régnier nous livre tous les aspects que l'imagination déploie autour de ce libertinage idéalisé, presque un libertinage de théâtre (déguisement, mascarade, intrigue, etc.). Régnier emploie un peu plus haut, à deux reprises[69], le terme *badinage*. La suite du roman montre pourtant que ce badinage ne se révèle pas si inconséquent. Il s'agit plutôt d'un travail en profondeur et cette simple scène d'apparente, – et presque innocente, – corruption, est à l'origine du comportement qui fera basculer la vie du héros, Nicolas de Galandot.

Régnier propose un étonnant contraste entre cette scène prise pour elle-même, placée dans le contexte du chapitre consacré au séjour du gros Portebize à la demeure du Fresnay, et sa mise en perspective dramatique pour l'ensemble du roman. Une même corruption est à l'œuvre, à travers le comportement de Julie, dans la scène-clef avec Nicolas de Galandot et dans la scène finale du roman, tant aimée de Proust, où François de Portebize apprend les ébats amoureux de sa mère, non seulement avec ses deux camarades, mais aussi avec le tout jeune valet de Bas-le-Pré.

---

67 « Je dévorai des yeux, ou pour mieux dire, je parcourus tour à tour pendant les quatre premiers jours l'histoire du *Portier des chartreux*, celle de *La Tourière des carmélites*, *L'Académie des dames*, *Les Lauriers ecclésiastiques*, *Thémidore*, *Frétillon*, etc., et nombre d'autres de cette espèce, que je ne quittai que pour examiner avec avidité des tableaux où les postures les plus lascives étaient rendues avec un coloris et une expression qui portaient un feu brûlant dans mes veines. Le cinquième jour, après une heure de lecture, je tombai dans une espèce d'extase. » (Boyer d'Argens, *Thérèse philosophe*, dans *Romanciers libertins du* XVIII*e* *siècle*, I, édition de Patrick Wald Lasowski, Paris, Gallimard « Bibliothèque de la Pléiade », 2000, p. 964).

68 Michel Delon, *Le principe de délicatesse, Libertinage et mélancolie au* XVIII*e* *siècle*, Paris, Albin Michel, 2011, p. 72.

69 Henri de Régnier, *La Double Maîtresse*, *op. cit.*, p. 128 et p. 129.

Ses effets diffèrent cependant. La première scène scelle la névrose de Nicolas, la seconde, exempte de mélancolie, dévoile la puissance ironique du badinage. Julie de Mausseuil incarne l'ambivalence de la figure libertine féminine.

Julie hérite-t-elle des inclinations de son père, Hubert de Mausseuil ? Si le gros Portebize, malgré son prosélytisme libertin, apparaît pour le moins « bonhomme », il n'en est pas de même pour le frère de Mme de Galandot :

> Dès son jeune âge, Hubert de Mausseuil s'était montré paillard et ivrogne et par suite brutal, car le vin et le désir portent l'homme au mépris de soi-même et des autres. M. de Mausseuil se méprisa beaucoup, car il ne cessa de boire et de forniquer. Son existence fut toute de basses ripailles et d'amours ordurières, prises n'importe où et sans aucun choix ni aucune retenue. Viveur débraillé et cynique, il portait beau la crapule de sa vie[70].

Nous quittons le pouvoir de suggestion de la parole et des livres pour trouver un motif que Régnier affectionne particulièrement : la *crapule*, – terme sous les auspices duquel il place *Le Bon Plaisir* (1902), à travers l'épigraphe empruntée à Mme de Maintenon : « Un peu de crapule se pardonne en ce temps-ci[71] ». Régnier utilise là le substantif dans son plus bel emploi, c'est-à-dire qu'il désigne l'état et non la personne. À côté des raffinements de séduction, et des songes de nudités féminines, sévit le libertinage crapuleux, c'est-à-dire la débauche.

La mère de Julie de Mausseuil meurt du choc d'avoir surpris son époux besognant sous sa fenêtre une malheureuse petite gardienne de chèvres infirme. Hélas, le libertin crapuleux n'aime pas la solitude et son entourage en paie souvent le prix. De ce point de vue, les personnages de Régnier semblent partager, d'un roman à l'autre, une fraternité suspecte. Ainsi M. de Chaumusy, sinistre larron de *L'Escapade* (1926). L'action du roman se déroule sous le règne de Louis XV. M. de Verdelot découvre à la mort de son frère libertin l'existence d'une nièce placée dans un couvent. Il décide de parachever son éducation en la gardant près de lui au château familial des Espignolles. Aussi suit-on le quotidien d'Anne-Claude de Fréval, qui monte à cheval, s'exerce au fleuret, tire au pistolet et… découvre son corps. Celle-ci finit par s'enfuir du

70 *Ibid.*, p. 70.

71 La citation apparaît en première page de couverture de l'édition du Mercure de France.

château pour rejoindre le redoutable bandit Ducordal, dit le capitaine Cent Visages, objet de sa fascination. Après une intense nuit d'amour, elle tue d'un coup de poignard cet homme qui l'aimait, comme il avait aimé passionnément sa mère avant elle.

À l'instar d'Hubert de Mausseuil, M. de Chaumusy laisse sa fille Anne-Claude orpheline et confiée aux soins de parents, on peut le comprendre, inquiets et récalcitrants. La mère de Nicolas de Galandot avait coupé tout lien avec son frère Hubert. Le frère de M. de Chaumusy, M. de Verdelot, n'apparaît guère plus enthousiaste :

> Rien qu'à toucher la main de ce débauché, il semblait à M. de Verdelot qu'un froid mortel lui en monterait jusqu'au cœur. M. de Chaumusy n'était-il pas tout imprégné d'amour et de luxure et n'en portait-il pas avec lui la contagion ? Ne donnait-il pas à l'amour toutes ses forces et n'était-il pas l'humble esclave de ses désirs, quels qu'en fussent la fréquence et la grossièreté ? Il les satisfaisait, où qu'ils le conduisissent, avec un monstrueux cynisme et un complet mépris de leur bassesse[72].

M. de Chaumusy n'a pas besoin de proférer des ordures comme M. de Bocquincourt, ni de distribuer des livres libertins comme le gros Portebize : il est lui-même élément de contagion. La description de Régnier pourrait correspondre à celle d'un ouvrage aux effets ravageurs. La présence de Chaumusy agit non plus seulement sur le lecteur, mais aussi sur les autres personnages. Verdelot décrit des images explicites. Chaumusy devient l'équivalent vivant d'un livre ou d'un tableau libertin, sinon d'un livre illustré. Le personnage retrouve à lui seul la puissance de l'appartement galant et tentateur de la fin de *Thérèse philosophe*. Hélas, cette puissance doit tout à la crapule. Mademoiselle Thérèse, ivre et extatique au bout de cinq jours, s'abandonne au comte dans une douce volupté. Chaumusy, loin de séduire, suscite une profonde répulsion. La crapule se montre envahissante mais non voluptueuse. À sa fréquentation, Verdelot ne devient pas libertin, tant s'en faut. Il préfère faire dire des messes pour sauver l'insensé. Régnier aime ces couples fraternels qui allient débauche et bigoterie. M. Le Varlon, l'avocat urophile et impénitent des *Rencontres de M. de Bréot* (1904), mortifie par le scandale de son comportement sa sœur, impitoyable religieuse de Port-Royal-des-Champs. Mme de Galandot se confit de même dans la bigoterie à mesure que son

72 Henri de Régnier, *L'Escapade*, *op. cit.*, p. 49-50.

frère Hubert de Mausseuil sombre dans l'ivrognerie. Ces couples donnent l'exemple de la démesure, quel que soit le parti. Les vertueux veulent le bon droit pour eux, les autres dussent-ils en mourir. Les libertins cherchent leur plaisir, sans aucune forme de honte. Grièvement blessé par des malfaiteurs, M. de Chaumusy meurt chez son second frère, le marquis de Morambert. La marquise en informe elle-même son beau-frère Verdelot et lui fait part d'un sentiment partagé par tous :

> M. de Chaumusy était, il faut bien le dire, une constante menace d'esclandre et de scandale et nous causait des transes trop justifiées par le désordre de ses mœurs et la bassesse de ses amours. Comment un homme de cette qualité en était-il arrivé à ce point de débauche et de crapule, et cela avec tant d'esprit et de dons naturels ? [...] Il y devait être poussé par quelque force irrésistible et secrète qui siégeait dans les plus obscures parties de lui-même et y corrompait les meilleures dispositions[73].

Comment peut-on être libertin ? se demande Mme de Morambert. M. de Bocquincourt répondait, nous l'avons vu : « par vanité et parti-pris ». Le cas de Chaumusy renvoie à la question, si commune au XVIIIe siècle, de la nature. Il y aurait une nature du libertin, comme on convenait d'une nature humaine. La marquise suggère plutôt qu'il y a une double nature et que l'une corrompt l'autre. Les dons naturels sont dépassés par « quelque force irrésistible et secrète ». Une fois de plus, Régnier adapte son discours aux circonstances et n'émet aucun jugement définitif.

La petite Julie hérite-t-elle de la crapule de son père Hubert de Mausseuil ou bien le gros Portebize a-t-il détourné la jeune fille du droit chemin ? Régnier ne cherche pas à répondre. Plus encore, il aime voir ses libertins possédés par leur désir devenu « besoin aveugle et despotique » ou « furieux empire ». Il force au mieux le trait de ses figures, comme si leur statut de libertin se révélait dans cette assomption de leur sort. Pour le meilleur ou pour le pire, comme en témoignent les malheurs du héros de *La Pécheresse* (1920), M. de la Péjaudie :

> Il ne fréquentait pas les offices et regardait d'un air narquois défiler les processions qui parcouraient les rues de la ville papale, à grand renfort de bannières et de dais, dans une presse de clergé et de confréries. Celle des Pénitents, surtout, exerçait la satire de M. de la Péjaudie, qui se riait fort des cierges, des chapelets et des cagoules et se répandait en propos intempestifs

73 *Ibid.*, p. 65-66.

> qui sentaient son libertin. M. de la Péjaudie, en effet, était l'un de ces hommes dont l'esprit est non seulement affranchi de toutes superstitions, mais encore libéré de toute croyance[74].

La crapule va de pair avec l'impiété. M. de la Péjaudie, que Régnier présente avec tant de sympathie, est, parmi ses héros, celui qui inspire à son entourage les sentiments les plus ambivalents. Les dévots s'acharnent mais Régnier s'attache tant à présenter leurs ridicules qu'il est difficile de les prendre au sérieux. Dans ce portrait introductif, Régnier rend au libertin son étymologie d'affranchi. Là encore, il n'a qu'à suivre la nature mais il n'est nulle question d'excès. Le narrateur[75] de *La Pécheresse* n'emploie pas le même ton que la marquise de Morambert. On troquerait presque la crapule contre la raison. « M. de Bercaillé ne pensait pas que notre âme fût différente de notre corps et durât plus que lui. L'assemblage de nos atomes n'est qu'un des jeux du vaste univers. Nous restons assez pareils aux choses qui nous entourent, quoi que nous fassions pour nous duper là-dessus[76]. » Le matérialisme et le triomphe de la raison n'ont pas nécessairement partie liée avec la débauche. Cet usage de la raison invite au contraire le libertin à éviter le trouble engendré par son bouillonnement intérieur. Mais certaines idées finissent par s'apparenter, en leur force corrosive, aux corruptions de la chair :

> Ces libertins, car c'est de ce nom que l'on désigne leur secte, ne sont pas rares malgré les efforts que l'on a faits pour extirper les dangereuses semences de leur doctrine, et M. de la Péjaudie tomba sur quelques-uns des plus redoutables d'entre eux. À leur école, il apprit à mettre en doute les vérités les plus saintes et les mieux prouvées et à les attaquer de ses railleries impies. Comme eux, M. de la Péjaudie en arriva à nier les morales les plus révérées et les dogmes les plus certains[77].

Régnier se fait, si l'on peut dire, l'avocat du diable et force le trait des pieuses gens qui feront la perte du bon La Péjaudie. Les libertins et les penseurs impies se confondent. Saint-Évremond, qui fournit à Régnier l'épigraphe de *La Pécheresse*[78], ne paraît guère plus fréquentable que le gros Portebize.

---

74 Henri de Régnier, *La Pécheresse*, Paris, Mercure de France, 1920, p. 39-40.
75 Parent de M. de Larcefigue, personnage qui a côtoyé de près les protagonistes du roman.
76 Henri de Régnier, *Les Rencontres de M. de Bréot*, *op. cit.*, p. 54.
77 Henri de Régnier, *La Pécheresse*, *op. cit.*, p. 47.
78 « Il y a des temps où l'on pleure les plaisirs perdus, des temps où l'on pleure les péchés commis. » : la citation est extraite des « Pensées, sentiments, maximes », dans la section

Notons dès à présent que Régnier n'a cure des anachronismes concernant le libertinage. Ses romans d'Ancien Régime qui s'étendent chronologiquement du début du règne de Louis XIV, avec *Le Bon Plaisir* (1902), à la fin de celui de Louis XV, avec *L'Escapade* (1926), présentent des libertinages qui, s'ils peuvent être sensiblement différents, renverraient plutôt dans leur forme à l'âge d'or de la Régence. Saint-Évremond n'est pas Crébillon, tant s'en faut. De même, c'est Ninon de Lenclos qui a les honneurs de l'*Avertissement* des *Rencontres de M. de Bréot* (1904) : « Ce sont eux que le XVIIe siècle appelait du nom de Libertins et qui pensaient, avec leur Ninon de Lenclos, "qu'on est bien à plaindre, quand on a besoin de la religion pour se conduire, car c'est une preuve qu'on a l'esprit bien borné ou le cœur bien corrompu[79]" ». Il est là question de mœurs et non de plaisir. Le personnage d'Armand de Bréot fait toujours preuve de mesure tout en exaltant la douceur du plaisir. Le libertinage imaginaire de Régnier prête plus d'attention au personnage et à son rôle dramatique qu'au contexte historique dans lequel il le fait évoluer.

Les « railleries impies » de Marc-Antoine de la Péjaudie font songer à l'ironie voltairienne… déplacée sous le règne du Roi-Soleil ! Le narrateur de Régnier, tout empreint de pudeur, n'offre pas le détail des paroles prononcées :

> Le libertin avait reparu en M. de la Péjaudie et il ne cherchait pas à le cacher. On le découvrait aisément sous l'assaisonnement de plaisanteries qu'il donnait volontiers à ses opinions les plus condamnables, mais la faveur dont il jouissait était si bien établie qu'on lui passait ses incartades et que nul ne semblait lui en vouloir, même des plus piquantes et des plus osées[80].

La généralité des assertions permet aussi celle des condamnations. L'impiété, comme la séduction, passe par la parole. Le libertin aime la volupté du blasphème. Le personnage compte précisément sur l'ambivalence du propos. Celui-ci se retourne en sa faveur, ou non, en fonction du contexte. « Ceux [les propos] qu'il avait tenus trop souvent et où il se révélait délibérément impie et libertin bourdonnaient

intitulée « Sur la dévotion ». Régnier tronque volontairement le texte pour le décontextualiser. Il omet ce qui précède : « Le doute a ses heures dans le couvent ; la persuasion les siennes. » (Voir Saint-Évremond, *Œuvres mêlées*, notice de Remy de Gourmont, Paris, Mercure de France, « Collection des plus belles pages », 1909, p. 133.)

79 Henri de Régnier, *Les Rencontres de M. de Bréot*, *op. cit.*, p. 8.

80 Henri de Régnier, *La Pécheresse*, *op. cit.*, p. 59-60.

maintenant autour de lui comme des mouches venimeuses[81]. » Régnier joue d'autant plus sur ces ambivalences, qu'il utilise comme atout la musique et le silence.

La Péjaudie, joueur de flûte, séduit par son jeu même les plus récalcitrants. Abandonnant la trop pieuse ville d'Avignon, il est accueilli par la bonne société d'Aix, au point de se lier à l'austère Mme de Séguiran. Une nuit, il transperce de son épée M. Palamède d'Escandot, venu séduire et contraindre la belle adultère jusque dans sa chambre. Le silence de M. de La Péjaudie, accusé du crime par l'amant de la victime, M. de Maumoron, lui vaut sa chute et les galères du Roi mais lui permet de sauver l'honneur de sa maîtresse. L'impie se perd de la même manière, par ses paroles ou par son silence. Mme de Séguiran n'a pas un geste, pas une parole pour le sauver. La femme apparemment vertueuse, par son silence, fait montre de plus de dureté que le libertin le plus crapuleux. Par contamination, les « mouches venimeuses » ne sont pas tant les propos de l'infortuné flûtiste que ceux qui les entendent et les reçoivent comme tels.

M. de La Péjaudie, sans renoncer tout à fait à la crapule, avait privilégié l'impiété. Autre modèle, M. de Bréot, exempt de crapule, garde quant à lui un peu d'impiété. Libertin régnierien par excellence, il paraît dans toute sa pudeur et toute sa sagesse :

> Pour être vrai, M. de Bréot pensait tout bonnement que l'impiété la mieux établie n'oblige pas à manger goulûment et à boire outre mesure, non plus qu'à fumer des pipes de tabac en poussant des jurements licencieux et en adressant au ciel des bravades fanfaronnes, ni à coucher avec la première venue, ce que font aussi bien les dévots que les libertins. M. de Bréot concluait donc de ce raisonnement que l'impie le plus déterminé peut l'être sans parade et sans fracas et demeurer, en toutes ses façons, dans une réserve qui convient mieux à l'honnête homme que de montrer par trop ouvertement qu'il ne partage point les idées du commun[82].

Nous retrouvons donc la pudeur et la simplicité. Le comportement et l'opinion de M. de Bréot semblent une réponse anticipée à ceux qui condamnent M. de la Péjaudie. Plus encore, il montre que le libertin peut être « honnête homme ». Les autres libertins, secondaires, qui entourent M. de Bréot, MM. Floreau de Bercaillé et Le Varlon de Verrigny forment, par leurs outrances, des références qui mettent en valeur le héros.

---

81 *Ibid.*, p. 277.

82 Henri de Régnier, *Les Rencontres de M. de Bréot*, *op. cit.*, p. 56-57.

Sans aucune ressemblance biographique, nous sentons cependant qu'Armand de Bréot reste l'un des personnages les plus chers à Régnier. Celui dans lequel il place ses songes les plus précieux, sinon ses fantasmes, confiés avec une réserve et une noblesse de cœur caractéristiques. Il introduit, dans la polémique impie que nous avons suivie jusqu'alors, un extraordinaire apaisement :

> Enfin, pour être bref, je me suis borné à l'idée de ne vivre qu'une fois, et je m'y tiens. Ce sentiment, loin de m'attrister, m'a donné un grand désir d'être heureux et de bien employer le temps d'une existence qui doit être toute terrestre. J'aime le plaisir et j'en ai goûté quelques-uns. L'un de ceux que je préfère est de chanter sur le luth. Je sais en accompagner agréablement une voix qui n'est pas vilaine. Je trouve une volupté singulière à joindre mon corps à un corps de femme[83].

Aimer le plaisir : voilà une profession de foi qui diminue l'angoisse mortelle et repousse un peu la mélancolie. Ce plaisir n'est pas le « bon plaisir ». Celui qui est évoqué dans le roman de 1902, et auquel il a donné son titre, demeure avant tout celui du Roi et, par extension, un jeu de relations et de sentiments ambivalents et complexes. Le « bon plaisir », avant d'être le caprice du monarque, représente d'abord l'obligation de plaire, la contrainte du courtisan, et, dans le cadre de l'intrigue, l'impossibilité pour M. de Pocancy de plaire à la Cour. M. de Bréot ne courtise aucun roi et a à peine besoin de courtiser les femmes pour les séduire. Le plaisir simple, le pur plaisir. Régnier le dit dans l'avertissement, à propos de l'écriture même de son roman : il recherche « le plaisir délicieux et toujours nouveau d'une occupation inutile[84] ». Jouer du luth, joindre les corps, écrire un roman : pur plaisir de l'inutile. *Les Rencontres de M. de Bréot* offrent de nombreux spectacles burlesques, souvent contrebalancés par une poésie qui magnifie la jeunesse et la volupté : la figure de Mme de Blionne. Au-delà des contrastes et des excès qui parsèment le roman, la simplicité dans le plaisir de M. de Bréot reste la ligne conductrice, le constant point d'équilibre de l'œuvre. M. de Bréot, s'il apprécie le silence et la musique, ne dédaigne pas la parole et son discours lui vaudra bien des satisfactions et l'assouvissement de son désir.

---

83 *Ibid.*, p. 59.
84 *Ibid.*, p. 9.

M. de Bréot et Mme de Blionne, dans la dernière scène du roman, ressemblent-ils pour autant à Clitandre et Cidalise dialoguant dans *La Nuit et le Moment* de Crébillon ? M. Herbou, le partisan, nous met sur une autre voie :

> On dit en effet que monsieur de Bréot est esprit fort, ce qui peut bien être, mais ne trouverait-on pas plutôt en lui quelque chose d'un païen que d'un athéiste raisonneur ? Je le soupçonne moins de ne pas croire en Dieu que de vénérer des divinités plus secrètes. Il aime les fables des Poètes et il tire du luth des accents qui doivent flatter l'oreille d'Apollon. N'est-il point dévot aux Démons champêtres et rustiques, aux Naïades et aux Nymphes qui habitent les ruisseaux et les fontaines[85] ?

Plus que les personnages, les décors tendent à se confondre. La première scène du roman nous montre quatre Sylvains dansant autour d'une Nymphe. Deux ans avant les *Rencontres*, Régnier consacre toute une section de *La Cité des Eaux* (1902) à la joute entre Apollon et Marsyas. M. de Bréot joue du luth et M. de la Péjaudie, comme M. Herbou, joue de la flûte : nous reviendrons sur la spécificité de ces libertins musiciens dans un prochain chapitre. Disons ici que Régnier donne à ses libertins des patrons symboliques et ambivalents. Car si le luth rapproche M. de Bréot d'Apollon, comme le souligne M. Herbou, son désir de Mme de Blionne et son déguisement de Sylvain le rapprocheraient tout autant de Marsyas[86].

Païen plutôt qu'impie : M. de Bréot devient une figure d'un autre temps que le sien. Un autre point commun, peut-être, avec l'auteur lui-même, poète à multiples facettes qui rêve des songes d'autres siècles. Un personnage de *La Canne de Jaspe* (1897) éclaire sans doute davantage ce paganisme du libertin. Monsieur d'Amercœur, aventurier galant, nous conte les étranges circonstances qui entourent la mort de M. de Nouâtre et de Madame de Ferlinde. Il rencontre tour à tour ces deux personnages solitaires. Adalbert de Nouâtre, éphémère compagnon de voyage de M. d'Amercœur, l'entretient de Faunes, de Satyres et de Centaures :

> L'homme et l'animal vivent assez proches pour que se fassent entre eux des échanges consanguins. Le temps a dispersé des formes jadis conjointes.

85 *Ibid.*, p. 110-111.
86 Marsyas semble, pour Régnier, le satyre par excellence. Il est encore question de lui dans « Le Satyre lié » (Henri de Régnier, *Flamma tenax*, Paris, Mercure de France, 1928, p. 145).

> L'homme s'isola de ce qui l'environne et se retira dans son infirmité solitaire. Il a rétrogradé croyant se parfaire. [...] Des êtres intermédiaires participèrent à cette faculté divine ; elle dort en nous, notre passion y crée un satyre intermittent, que ne sommes-nous incorporés aux désirs qui nous cabrent ! Il faut devenir ce que l'on est ; il faut que la nature se complète et retrouve les degrés qu'elle a perdus[87].

M. de Nouâtre possède un riche cabinet où se bousculent ces figures mythologiques, comme si Régnier avait matérialisé les héros de ces recueils de poèmes pour les disposer là. Non moins importants, les ouvrages de la bibliothèque contiennent « les recettes des philtres thessaliens par lesquels les sorcières de Lucien ou d'Apulée changeaient un homme en hibou ou le transformaient en âne[88]. » Toujours épris de beauté, M. d'Amercœur côtoie au même moment une séduisante veuve nommée Madame[89] de Ferlinde. Sorte de pendant féminin du personnage précédent, elle possède « l'air et le port d'une Nymphe guerrière[90] ».

Après plusieurs jours de galantes mondanités, M. d'Amercœur surprend une scène fantastique, en se rendant un soir dans le vieil hôtel de Madame de Ferlinde. Confiné dans le silence qui suit une pluie automnale, tout se conjugue pour créer une atmosphère de rêve. Arrive alors le spectacle terrifiant : « Madame de Ferlinde gisait à demi-nue sur le parquet, ses cheveux se répandaient en une longue flaque d'or et, accroupie sur sa poitrine, une sorte de bête velue, informe et hargneuse, l'étreignait et lui dévorait les lèvres[91]. » M. d'Amercœur chasse la bête, en la blessant au ventre avec son épée. Il finit par s'enfuir d'épouvante devant le cadavre égorgé de Madame de Ferlinde. Son errance le mène devant la maison de M. de Nouâtre. Il découvre de même son compagnon gisant inanimé sur le sol, mort des suites d'un profond coup d'épée reçu au ventre. Régnier laisse le lecteur sur ce double mystère et, sans tenter aucune explicitation, l'invite à suivre M. d'Amercœur dans d'autres aventures[92].

---

87 Henri de Régnier, *La Canne de Jaspe*, *op. cit.*, p. 67-68.

88 *Ibid.*, p. 73.

89 Je respecte scrupuleusement les usages de Régnier qui emploie le terme *Madame* en son entier ou l'abréviation *Mme* selon le personnage.

90 Henri de Régnier, *La Canne de Jaspe*, *op. cit.*, p. 71.

91 *Ibid.*, p. 76.

92 Bertrand Vibert commente ces mêmes passages, suivant la perspective plus large des figures de faune dans *Poète, même en prose*, *op. cit.*, p. 183-185. Ainsi écrit-il : « Ce qui

Le conte fantastique autorise la métamorphose que le roman d'Ancien Régime ne permet guère. M. de Nouâtre parle de l'antique consanguinité entre l'homme et l'animal et, ce faisant, se livre à un éloge de l'hybride. Presque trente ans séparent les textes de *La Canne de Jaspe* de *L'Escapade* et cependant M. de Chaumusy reste, nous l'avons vu plus haut, « poussé par quelque force irrésistible et secrète qui siégeait dans les plus obscures parties de lui-même. » Le libertin devient celui qui retrouve un état perdu. Cette force secrète ne révèle pas la bête, mais l'hybride. Le libertin figurerait une sorte d'hybride à la puissance deux. Le Satyre, le Faune, le Centaure sont des hybrides qui mélangent hommes et bêtes. Le libertin associe, quant à lui, l'homme et l'hybride. À moins justement qu'il ne conserve, de son association avec l'hybride, que le caractère bestial, sauvage. M. de Nouâtre se métamorphose en être sanguinaire et meurtrier. Ce surgissement témoigne d'un excès et d'une démesure. C'est l'état même de M. Le Varlon de Verrigny se jetant sur Mme du Tronquoy, la jolie pisseuse qu'il chevauche devant la grotte, ou violant la malheureuse Annette Courboin, fillette de quinze ans honteusement prostituée par ses parents. M. Le Varlon regardait danser la Nymphe et les Sylvains aux côtés de M. de Bréot dans la première scène. Ils étaient animés du même désir de Mme de Blionne. Leur conduite après cela s'oppose en tout point. Le Varlon, frustré, s'abandonne de plus en plus à la sauvagerie, tandis que M. de Bréot se laisse aller à une rêverie sensuelle et poétique qui le mène à la scène finale, où il apparaît déguisé en Sylvain devant l'objet de son amour.

Loin de céder à la bête, le libertin retrouve tout l'art de la parole :

> Toujours, nos pareils n'ont-ils point hanté les bois et les forêts, et leur aspect, tout farouche qu'il puisse être, n'offre aux yeux rien d'effrayant ? Notre destin n'est pas de nuire. C'est à faux que la fable nous a prêté certaines malices. [...] Nous aimons l'odeur des feuillages et le miroir des fontaines. C'est pourquoi, au lieu de fuir, soyez favorable à l'un de nous et, s'il n'a aucun présent à vous offrir, ni grappes douces au goût, ni guirlandes fleuries, ni rien de ce qui fait d'ordinaire bien accueillir les inconnus, n'en agréez pas moins son hommage

---

cherche à se dire ici, c'est le fond pulsionnel et inconscient de l'individu, caché sous les dehors apprivoisés de l'être social, dont la psychanalyse développera la théorie. » (p. 184) À cela s'ajoute néanmoins la perspective poétique de Régnier qui fait que le personnage mythologique gît toujours au fond du personnage moderne. Le contexte narratif appelant ou non son surgissement. Dans le contexte du libertinage, il paraît toujours l'effet d'une démesure.

> et ne lui donnez pas le déplaisir de voir une beauté qu'il admire lui témoigner une horreur qu'il ne mérite point et dont il ne se consolerait pas[93].

Régnier s'abandonne lui-même à sa veine poétique. Le Sylvain déguisé ne ressemble pas au Satyre métamorphosé. Le monstre qui terrassa Madame de Ferlinde gardait un silence de bête. M. de Bréot, au contraire, compte sur la parole pour transformer, aux yeux de Mme de Blionne, l'image du Sylvain. Sylvain, Faune, Satyre : tous peuplent l'univers poétique de Régnier, qui ne les différencie qu'à l'occasion. Dans le cas de M. de Bréot, le Sylvain veut s'opposer au Faune. « Le faune mallarméen migre avec force dans nos contes symbolistes – en particulier chez Régnier et Gourmont – mais curieusement, il n'y représente plus du tout la figure du poète. C'est alors bien plutôt une image du désir sexuel brut, violent[94]. » M. de Bréot proteste contre cette image de violence, devançant en cela Remy de Gourmont qui légitime de même le Satyre :

> Vous voyez mon innocence. Je proteste donc de toutes mes forces de Satyre honnête, quoique libertin, contre la qualification de « satyre » donnée par vos journaux à des hommes (oui, par Jupiter, des hommes !) qui enlèvent les petites filles pour les violer, leur ouvrir le ventre, les couper en morceaux ! Jamais un Satyre ne se livra à de telles idioties[95].

Le Satyre de Gourmont, Antiphilos, montre que l'on peut être à la fois honnête et libertin. La séduction du Sylvain et du Satyre, contre l'agression du Faune, exige un retour à la nature c'est-à-dire, pour un Régnier ou pour un Gourmont, un retour à la poésie elle-même. Le Sylvain de Régnier tient de grands discours, le Satyre de Gourmont écrit des lettres. Le Faune violente.

Autre héritier indirect de Mallarmé, Albert Samain en fait le personnage d'un de ses plus beaux contes, « Xanthis », dont l'intrigue se passe tout entière dans une vitrine Louis XV. Cette histoire de figurines pourrait être de Régnier. Le conte prend fin brutalement, avec la « mort » de Xanthis : « Un rugissement se fit entendre, dont frémirent les vitres, le faune leva son poing de bronze, et paff !… la petite danseuse de Tanagra, sans même jeter un cri, se cassa en mille

93 Henri de Régnier, *Les Rencontres de M. de Bréot*, *op. cit.*, p. 299-300.
94 Bertrand Vibert, *Poète même en prose*, *op. cit.*, p. 181.
95 Remy de Gourmont, *Lettres d'un Satyre*, Paris Crès, 1913, réédition Rennes, UBACS, 1989, p. 26.

morceaux[96]. » Le Faune de métal vaut la bête au poil jaune qui égorgea Madame de Ferlinde. Le Faune de Samain détruit la statuette trop volage. Sa brutalité fait horreur à son propriétaire qui finit par se débarrasser de lui.

Régnier écrit en 1908 un conte qui pourrait être l'écho de celui, posthume, de Samain. Les dix pages de « L'Hésitation sentimentale » évoquent la soudaine passion du narrateur, Paul, pour Mme de Morège. Malgré de quotidiennes visites, Paul se rend compte, pris d'une timidité inexplicable et inaccoutumée, qu'il se trouve incapable de lui déclarer ses sentiments. Un jour, tandis que Mme de Morège doit revenir d'un voyage à Nantes et que le domestique fait attendre Paul dans le salon, il se produit un événement des plus singuliers :

> Soudain, mon attention fut attirée par un objet que je ne connaissais pas. C'était, posée sur le marbre d'une console, une figure de Faune en terre cuite. [...] Le petit dieu dansait. Son corps, modelé dans la terre sanguine, se cambrait, gai et brutal, élégant, quoique presque trapu en sa force musculeuse. Sa face camuse, à la bouche large, aux yeux obliques, aux oreilles pointues, riait cyniquement. Ardent et vif, il dansait, haussant une grappe de raisins à son poing. [...] Comme ses lèvres étaient faites pour le baiser et ses bras pour l'étreinte ! Comme ses jambes devaient le porter où l'appelait son plaisir ! Ah ! que ne me communiquait-il un peu de sa force et de son ardeur[97] ?

C'est alors qu'un bruit de porte signale le retour de la dame tant désirée :

> Derrière moi, je croyais entendre le souffle haletant du Faunin dont les sabots frappaient le marbre, comme pour prendre son élan. Ma vue se troublait. Mme de Morège avait refermé la porte. Elle s'avançait vers moi. Je voyais son visage souriant et doux, tandis qu'à travers sa robe, devenue miraculeusement transparente, il me semblait voir aussi son corps, son corps souple, son corps charmant, son corps nu qui venait à moi et pour lequel j'avais maintenant des bras hardis et des mains audacieuses[98]...

L'habituelle brutalité du Faune trouve ici un emploi inattendu. Paul se voit possédé par la figurine de terre, pour un dénouement des plus heureux. Le geste audacieux parle plus que bien des discours. Tandis que, d'ordinaire, le surgissement du Faune dans le libertin le laisse hors de

---

96 Albert Samain, « Xanthis » dans *Contes*, Paris, Mercure de France, 1902, réédition dans *Œuvres* III, Mercure de France, 1921, p. 35-36.

97 Henri de Régnier, *Couleur du Temps*, Paris, Mercure de France, 1909, p. 216.

98 *Ibid.*, p. 217.

contrôle, Paul accueille cette intrusion avec bienveillance. Mais l'influence en paraît tout extérieure : Paul agit par mimétisme inconscient en répondant au fantôme qu'il entend derrière lui. Régnier transforme l'élan qui avait fait de M. de Nouâtre un monstre sauvage en geste naturel et bienveillant de l'hybride qui se déclare à la Nymphe. Dans une confusion significative, il conclut ainsi le conte : « Et nous regardions en riant le petit Sylvain hilare et vineux dont la mystérieuse intervention avait uni dans l'ombre nos lèvres ardentes et silencieuses[99]. » Paul séduit Mme de Morège comme M. de Bréot Mme de Blionne ; l'impulsion brutale finit en tendre étreinte et le Faune devient Sylvain.

À ce désir incontrôlé du Faune s'oppose la mesure de M. de Bréot. Le libertin de plaisir obtient satisfaction tandis que le libertin sauvage et débridé détruit l'objet de son désir. Cette satisfaction ouvre l'univers poétique du songe et du fantasme. Le Faune achève brutalement et prématurément l'histoire alors que le Sylvain invite à un nouveau commencement.

Contemporain des textes de *La Canne de Jaspe*, « Le Faune au miroir », recueilli dans *Aréthuse* (1895), fait montre de la même méfiance envers le Faune :

> Tristesse, j'ai bâti ta maison, et les arbres
> Mélangent leur jaspure aux taches de tes marbres ;
> […]
> Plus loin, c'est le Satyre et plus loin le Sylvain
> Et la Nymphe qui, nue, habite les fontaines
> […]
> Et j'ai peur, lorsque j'entre, et du seuil de la porte,
> De voir, monstre rieur et fantôme venu
> De l'ombre, avec l'odeur des bois dans son poil nu,
> De la boue et de l'herbe et des feuilles encore,
> Et, dans la chambre taciturne, de le voir
> Danser sur le parquet et se rire aux miroirs[100] !

Le Satyre et le Sylvain s'ébattent librement dans les forêts, seul le Faune, inquiétant, a l'arrogance de s'approcher de la civilisation, de pénétrer l'antre des hommes. Tel M. de Nouâtre, le Faune cherche sa proie alors que le Sylvain se rencontre par hasard : il garde le naturel de la surprise

99 *Ibid.*
100 Henri de Régnier, *Les Jeux rustiques et divins*, Paris, Mercure de France, 1897, p. 27-29.

et celle-ci se doit d'être heureuse : « Le Sylvain étendait les bras vers elle, mais comme Mme de Blionne faisait le mouvement de fuir, au lieu de s'élancer sur sa proie, le Forestier tomba à genoux[101]. » M. de Bréot connaît l'audace des Faunes et sait s'en préserver. Le « monstre rieur » de Régnier rappelle le vers de « l'Après-midi d'un Faune » : « Rieur, j'élève au ciel la grappe vide[102]. » Mais, contrairement au Faune de Mallarmé, la créature de Régnier n'est pas poète. Le Faune effrayant dansant dans la chambre constitue un nouveau détournement mallarméen[103] et annonce « Le Récit de la Dame des Sept Miroirs. »

Autre détail important : dans sa modération et sa simplicité, Armand de Bréot ne pousse pas l'identification jusqu'à la métamorphose. M. de Nouâtre ne s'est pas pris pour un Faune et ne s'est point costumé : il est devenu la créature hybride. M. de Bréot se livre à une facétie. Il n'a pas besoin de se laisser pousser des cornes sur la tête, une perruque suffit. Le rapport à l'hybridité se complique donc. M. de Bréot, s'il révèle la force secrète qui sommeille dans le libertin, la camoufle par un déguisement supplémentaire. Un surplus qui révèle le caché. La puissance de l'artifice contrôlé rend la métamorphose inutile. M. de Bréot n'est pas à la fois homme et bête : il est homme qui contrefait l'hybride.

Aussi est-il difficile de souscrire au parti de Mario Maurin qui associe toutes ces créatures à la même espèce : « Faunesque, charmants, sensibles et finalement tout humains s'avèreront M. de Bréot et M. de la Péjaudie dans deux des meilleurs récits de l'écrivain. Homme et animal, amoureux et musicien, le Faune ne sera plus désormais que la créature de l'imprévu, de la modulation et de la danse[104] [...]. » Si M. de la Péjaudie, flûtiste, peut évoquer la figure du Faune, M. de Bréot reste incontestablement lié au Sylvain, avec toutes les conséquences que nous venons de voir[105]. Cet exemple montre comment Régnier réussit

101 Henri de Régnier, *Les Rencontres de M. de Bréot*, *op. cit.*, p. 299.

102 Stéphane Mallarmé, « L'Après-midi d'un Faune », vers 59, dans *Œuvres complètes*, I, édition de Bertrand Marchal, Paris, Gallimard, « Bibliothèque de la Pléiade », 1998, p. 24.

103 Voir encore à ce propos Bertrand Vibert, *Poète, même en prose*, *op. cit.*, p. 187 et suivantes.

104 Mario Maurin, *Henri de Régnier, le labyrinthe et le double*, Québec, Les Presses de l'université de Montréal, 1972, p. 92.

105 Pascal Caron consacre quelques pages à cette confusion des hybrides : « Des profondeurs de la conscience à l'érotisme grivois, en passant par une dilatation à la mesure du Tout, aucune équivalence ni aucune séparation absolue ne distingue faune, satyre, Pan. Ce qui n'empêche pas cette famille de donner corps aux états non verbaux et inconscients.

à affiner ses figures selon les circonstances, sans jamais se soucier d'une recherche systématique.

Ce rapport subtil qui unit le libertin et l'hybride appartient certes en propre à Régnier mais il hérite également d'un certain libertinage du XVIIIe siècle. *Le Sylphe* de Crébillon en fournit un parfait exemple. La comtesse de R*** fait le récit de la visite nocturne qu'elle a reçue d'un sylphe. Au terme d'un long dialogue, une métamorphose se produit :

> Je ne répondis moi-même que par un soupir. En ce moment une lueur extraordinaire remplit ma chambre, et je vis au chevet de mon lit le plus bel homme qu'il soit possible d'imaginer, des traits majestueux, et l'ajustement le plus galant et le plus noble. Sa vue m'étonna, mais ne m'effraya pas[106].

La scène annonce l'apparition de M. de Bréot en Sylvain dans la cour du château de Mme de Blionne mais le texte de Crébillon paraît encore plus régnierien que *Les Rencontres de M. de Bréot*, car cette visite du sylphe à la comtesse est en vérité un songe. M. de Bréot se contente d'enlever son masque pour passer du Sylvain au gentilhomme, tandis que Crébillon se sert de la seule fantaisie onirique. Le Sylvain n'en hérite pas moins du sylphe. Dans un autre contexte de songe, on retrouve aussi l'hybride, en l'occurrence le chèvre-pied, à la fin du *Rêve de d'Alembert* de Diderot. Des multiples libertinages du XVIIIe siècle, Régnier se rapproche donc une fois de plus de Crébillon. Fort de cet héritage, il modèle son libertin hybride, qui change de nature selon qu'il est Faune ou Sylvain. Aussi ce libertin régnierien s'avère proprement *libertin symboliste*.

D'une part, nous constatons donc que le type de libertin varie en fonction de l'hybride dont il est rapproché[107], – de même varie le mode d'identification (analogie sémantique, costume ou métamorphose). D'autre part, Régnier incorpore son imaginaire poétique au contexte du libertinage où il situe ses personnages. Entendons-nous bien, il ne s'agit pas d'une fête costumée dans les bosquets de Versailles mais

---

Autrement dit, le domaine de l'art et les épisodes mythologiques, si prodigues ou avares soient-ils respectivement en matière de définition, éparpillent les indices qui servent à identifier un faune. » (*Faunes. Poésie, corps, danse, de Mallarmé à Nijinski*, Paris, Honoré Champion, 2006, p. 38 et suivantes)

106 Claude de Crébillon, *Le Sylphe*, dans *Romans libertins du XVIIIe siècle*, I, *op. cit.*, p. 66-67.

107 D'où le symbole, qui propose, en suivant Albert Mockel qui l'oppose à l'allégorie, une « analogie intrinsèque et naturelle » ; voir Albert Mockel, *Propos de littérature*, Paris, Librairie de l'Art indépendant, 1894, réédition de Paul Gorceix, Paris, Honoré Champion, 2009, p. 120.

davantage d'une aventure imprévisible dans le réservoir poétique de Régnier. Si Régnier n'exclut pas la mascarade, – la ronde des Sylvains et de la Nymphe au début des *Rencontres* l'atteste, – il préfère la surprise et le surgissement inopiné. « Créature de l'imprévu » écrivait Mario Maurin : cette imprévisibilité renvoie non pas à une nature qui déterminerait le personnage mais au contraire à l'inattendu de l'apparition de l'hybride en lui. Il s'agit aussi, au sein de la narration, de laisser s'épanouir l'instant poétique. Le discours lyrique du Sylvain à Mme de Blionne remplit la même fonction qu'un air d'opéra : l'aria suspend pour un moment l'intrigue afin que l'émotion se forme et grandisse du côté de l'auditeur, – les récitatifs seuls font avancer l'action. Le poème d'*Aréthuse* mentionné plus haut ressemble de même à un écrin qui enserre la danse du Faune devant le miroir. Cette force de présence de l'hybride dépasse de très loin une simple astuce, ou un leitmotiv, de romancier, elle révèle au contraire profondément la marque du poète. En ce sens, le libertin symboliste s'oppose radicalement au libertin des romans lus « d'une seule main » : l'émotion s'oppose à l'excitation.

La sauvagerie du Faune ou de l'hybride est-elle pour autant pleinement représentative ? La fureur du désir prend souvent chez Régnier une forme burlesque, brillamment illustrée par le personnage de M. Le Varlon dans les *Rencontres.* Il est cependant des scènes plus retorses quant à l'interprétation. Ainsi en va-t-il de la « rêverie bizarre » du narrateur du *Divertissement provincial* (1923). Le narrateur, quadragénaire mélancolique ruiné par sa dernière maîtresse, se définit lui-même comme une épave. Il décide de quitter Paris pour la petite ville de P. et demeure chez sa tante Chaltray, son unique parente. Le narrateur découvre l'ennui et la médiocrité de la vie de province. Sa servante, la vieille Mariette, lui parle un jour des débauches qui ont lieu dans le château tout proche de Villoine. Ces récits agitent l'esprit du narrateur et donnent lieu à ce qu'il appelle une « rêverie bizarre » :

> La salle est pleine d'un savoureux et capiteux parfum de mets, de vins, de femmes, car il y a des femmes attablées. Elles sont assises nues ; leurs corps ambrés ou rosés se détachent sur le fond de la tenture. La clarté ruisselle sur les nuques, les épaules, les dos, les seins. Des chevelures se tordent ou s'épandent, avec des éclats fauves ou de sombres lueurs. [...] Tout à coup, dans le silence, des rires fusent ; des têtes se retournent ; je vois des visages, mais je n'en reconnais aucun. Ces visages sont beaux, les narines palpitent,

> les lèvres s'épanouissent, les yeux regardent. Tout, dans cette salle somptueuse, ces lumières, ces mets, ces vins, ces fruits, ces fleurs, ces femmes, tout dit la joie de la vie, tout y proclame les plaisirs de la chair. [...] À quoi bon vivre sans la volupté ? À quoi bon la puissance, la richesse, si elles ne nous donnent pas, avec l'illusion de l'amour, la possession de la femme ? À quoi bon tout[108] ?

Le récit continue ainsi dans une ivresse croissante. Le narrateur est gagné peu à peu par un vertige dont le paroxysme provoque le sursaut du réveil. Rêve ou rêverie ? Régnier emploie les deux termes : le premier à la fin du récit et le second au début. Qu'importe qu'il y ait eu assoupissement ou non : en passant de la rêverie au rêve, les sensations gagnent en profondeur et leur pénétration les rend plus durables. Le personnage part de la vision des femmes nues pour arriver à la férocité et à la frénésie libertine. Il n'est pas question d'hybride : le rêve s'enivre de discours. Parole libertine ? « À quoi bon tout ? » : la frénésie sexuelle malheureuse semble contracter ici une dette plus grande envers Huysmans qu'envers le XVIIIe siècle. Le titre doublement pascalien du roman dissimule mal une mélancolie plus typique : « Jésus dans l'ennui »... *fin de siècle*[109]. Le ton même n'est plus celui du conte ou du poème. La sensualité se retrouve naturellement dans les romans « contemporains » de Régnier mais elle ne possède pas toujours la couleur que lui donne le libertinage. Cette scène de rêve constitue un moment unique dans le roman et pratiquement sans équivalent dans les romans d'Ancien Régime, elle demeure d'autant plus difficile à mettre en perspective.

Le désir du narrateur du *Divertissement provincial* ne ressemble donc pas à celui du libertin. Sa vision de rêve, malgré sa profusion, paraît dépourvue de plaisir. Du reste, l'exigence de sensualité du libertin ne se limite pas à un désir cru et exclusif :

> Il savait d'instinct parler aux femmes et se faire écouter d'elles, de façon à ce qu'elles lui confiassent ce qu'elles ont en elles de plus précieux, je veux dire certains lieux secrets et doux de leur personne. M. de la Péjaudie avait grand plaisir à ces intimités corporelles, mais il n'était pas insensible non plus à d'autres agréments que ceux que procure le physique[110].

---

108 Henri de Régnier, *Le Divertissement provincial*, Paris, Albin Michel, 1925, p. 168-169.

109 Régnier écrit pourtant son roman et en situe l'action dans les années 1920, sans se soucier des modes, comme à son habitude. Du reste, ce texte est aussi un « manuscrit retrouvé ».

110 Henri de Régnier, *La Pécheresse*, *op. cit.*, p. 45-46.

Régnier aime l'élégance et se plaît à la montrer : M. de la Péjaudie, impie à plus d'une occasion, ne se prive nullement des raffinements de la sociabilité. Régnier soigne de même sa phrase dans l'équilibre rythmique des propositions.

« Certains lieux secrets et doux » : la volupté féminine se révèle à celui qui sait chérir les atours et l'écrin. Au-delà des détails anatomiques, le libertinage possède au XVIIIe siècle ses lieux privilégiés. On connaît, dans le cadre de cet imaginaire, l'importance du boudoir ou de la petite maison[111]. Régnier, qui ne cesse tout au long de son œuvre de célébrer les lieux, se garde pourtant de reproduire le cadre des romans libertins. La scène-clef de *La Double Maîtresse* paraît emblématique à cet égard. Les seules minutes de libertinage, dans le naturel et dans l'interdit, connues par Nicolas de Galandot avec son affriolante petite cousine, se sont entièrement déroulées dans la bibliothèque de la demeure familiale. « La bibliothèque où ils entrèrent était, en effet, fraîche et sombre à cause des volets clos. Il y avait juste au milieu une grande table de marbre florentin où l'on voyait représentés en mosaïque des fleurs et des fruits[112]. » La chaleur étouffante de l'été a fait de la bibliothèque le lieu idéal des ébats impromptus. Après les remontrances maternelles, Nicolas y demeure enfermé durant trois jours. Le lieu de la tentation est devenu le lieu de la punition. Au milieu des livres, Nicolas s'est abandonné à l'une puis à l'autre. La pièce fut longuement fréquentée par son père, puis plus tard par son tuteur l'abbé Hubertet. Elle était déjà, avant la scène fatale, et pour reprendre l'expression de Balthazar Aldramin, un « pays de roman ». Ici se concentre la rêverie, élément indispensable à toute composition poétique régnierienne.

Il l'utilise dans son premier roman comme le lieu pivot de l'action. Cet exemple reste à peu près unique dans toute son œuvre romanesque. Les lieux encouragent la rêverie et leur mise en valeur suspend l'intrigue. Ainsi les scènes des *Rencontres de M. de Bréot* se déroulent indifféremment dans des jardins de château, dans des hôtels particuliers, devant des grottes artificielles. Le château de Valnancé dans le *Passé vivant* (1905) ou bien le singulier Palazzo Altinengo où se déroule « L'Entrevue », première des *Histoires incertaines* (1919) ont une vie à part entière et

---

111 Voir à ce propos Michel Delon, *L'Invention du boudoir* et « Lieux et décors » dans *Le savoir-vivre libertin*, p. 115 et suiv.

112 Henri de Régnier, *La Double Maîtresse*, *op. cit.*, p. 155.

ne peuvent nullement être identifiés seulement comme des lieux de libertinage.

Si Régnier ne s'empare pas du boudoir, il retrouve en revanche un accessoire richement exploité au XVIIIe siècle : le miroir. Michel Delon propose une synthèse sur ce motif :

> Le miroir est d'abord solitaire, c'est celui des premiers apprêts au lever du lit et d'un minimum indispensable de toilette loin des regards. C'est éventuellement aussi celui de la répétition d'une scène de séduction : le libertin ou la libertine apprend son rôle, essaie des mimiques. Le miroir peut alors devenir duel ou pluriel, lorsque la toilette devient un moment de réception pour les intimes et un rituel social. [...] Le reflet dédouble le point de vue et peut, comme l'éventail dans la soirée mondaine, laisser voir ce qu'on prétend ne pas montrer. Dans l'alcôve du lit enfin, les glaces entourent le couple, en multiplient les images, en révèlent tous les gestes et en prolongent les ébats[113].

Dans *La Double Maîtresse*, la scène de séduction de Nicolas par sa jolie cousine Julie peut paraître le miroir de celle qu'il vivra avec Olympia. C'est une répétition sans finalité, sans assouvissement. Ou plutôt la scène est répétée avec Olympia dans le même inachèvement, dans la même interruption. Plus conforme au modèle libertin présenté ci-dessus, cette scène de *L'Escapade*, dans laquelle l'héroïne, Anne-Claude de Fréval, après une autre épuisante journée d'équitation, d'escrime et de tir au pistolet, se lasse du bavardage de son importune femme de chambre :

> Parfois aussi elle la congédiait et achevait seule de se dévêtir. Il arrivait qu'elle le fît au point de se mettre entièrement nue. Alors elle s'approchait du miroir, caressait ses bras, soupesait ses jeunes seins, en touchait la douceur et la fermeté. Elle restait ainsi un moment à se contempler, puis une soudaine rougeur la parcourait toute, comme si une flamme secrète se fût allumée en elle qui la brûlait à la fois d'ardeur et de honte, tandis qu'elle sentait son cœur se déchirer, comme si l'on y eût planté le poignard qui, dans le tiroir fermé de la coiffeuse, dormait, en sa gaine de galuchat, le sommeil aigu de sa lame plus affilée que la langue tentatrice de l'antique serpent[114].

Anne-Claude est la fille de ce Chaumusy si brutal dont il a été question plus haut. Elle tient de son père comme Julie de Mausseuil pouvait tenir du sien. La sensualité de nouveau alliée à la violence. La « flamme

113 Michel Delon, *Le savoir-vivre libertin*, *op. cit.*, p. 231.
114 Henri de Régnier, *L'Escapade*, *op. cit.*, p. 165.

secrète » rappelle la « force irrésistible et secrète » que la marquise de Morambert avait précisément identifiée chez le père d'Anne-Claude et que nous avons assimilée au surgissement de l'hybride. La suite du roman ne dément ni la férocité ni la sensualité que la jeune femme découvre grâce à son reflet dans le miroir. Il fait apparaître le poignard qui restait tranquillement rangé dans le tiroir, dont le danger dépasse l'ancestrale terreur biblique. L'« antique serpent » pousse l'impiété vers le diabolique. Plus qu'un outil de démultiplication, le miroir participe aussi, dans le cas de Régnier, à la révélation maligne du libertin.

« Le Récit de la Dame des Sept Miroirs » évoque le deuil d'une jeune femme qui vient de perdre son père. Hiver, solitude et mélancolie s'emparent du château et de ses jardins. Tout un peuple mythologique, – Centaures, Faunes, Satyres, Nymphes, – commence à prendre vie. Le deuil laisse le songe envahir les lieux. L'héroïne finit par se retrouver seule dans la salle heptagonale, aux murs faits de miroirs :

> Je croyais sentir sur mes mains les langues rugueuses du vent ; je me sentais saisie par les ongles invisibles de la bise ; il me semblait, suffocant en ma robe de satin glauque, devenir à son contact, une de ces nymphes fluides et fugitives que j'avais vues ondoyer sous les herbes vertes, dans la transparence des eaux. Instinctivement, dans une lutte intérieure j'arrachai le tissu insinueux pour me défendre d'une pénétration mystérieuse qui m'alanguissait toute [...] Je regardai autour de moi ma statue subite et fabuleuse, debout, sept fois autour de moi, dans le silence des glaces animées de mon reflet[115].

Le songe dépouille la femme de ses vêtements et la métamorphose en Nymphe. Loin du contexte romanesque libertin, le conte nous restitue le même objet de désir. Objet du désir qui engendre une fureur désormais familière. La meute mythologique cerne la pièce de l'extérieur, en s'amassant autour des fenêtres. Ainsi s'achève le récit :

> Tout à coup les fenêtres craquèrent sous la monstrueuse poussée ; cornes et sabots firent voler les vitres en éclats ; une fauve odeur envahit violemment la salle et entra avec le vent et la pluie, et je vis, au crépitement du lustre à demi éteint, la tourbe apparue, faunes, satyres et centaures se ruer sur les miroirs pour y étreindre chacun l'allusion de ma beauté, et, dans un fracas de glaces effondrées et sanglantes, les mains étendues pour exorciser l'horreur de ce songe terrifiant, je tombai à la renverse sur le parquet[116].

115 Henri de Régnier, *La Canne de Jaspe*, *op. cit.*, p. 282-283.
116 *Ibid.*, p. 284-285.

Dans ce conte, Bertrand Vibert invoque à juste raison la référence mallarméenne : « la Dame des Sept Miroirs est une Hérodiade dont Régnier récrit le destin à sa façon[117]. » Tandis qu'Hérodiade se recueille en son intériorité, – celle de la poésie, – avec Régnier, « c'est la vie elle-même qui ressurgit avec l'apparition du Faune, comme une sorte de pression croissante du dehors[118]. » Mis en perspective avec le contexte libertin imaginé par Régnier, ce conte prend aussitôt une toute autre dimension. Ou plutôt, il semble que, comme il a été avancé plus haut, le Faune qui ressurgit dans le libertin trouve sa pulsion en plein épanouissement dans ce conte. Celui-ci ferait presque figure d'inéluctable réminiscence qui se retrouverait dans la brutalité et la lubricité d'un Chaumusy ou d'un Le Varlon. On relève la confusion des espèces : les Satyres se mélangent aux Faunes et même les Nymphes sont gagnées par la fureur. Ici, ce n'est plus la répétition d'une scène de séduction qui s'opère devant le miroir mais au contraire la révélation d'une frénésie autour de l'illusion qui démultiplie l'objet du désir. Les miroirs attirent et fascinent les Faunes en rut. Ils ne dansent plus en se regardant, comme dans le poème d'*Aréthuse*, ils suivent la meute et brisent sans discernement, achevant ainsi le conte, à l'instar de « Xanthis » de Samain.

Le Faune se situe, pour ainsi dire, en amont du libertin, à la fois thématiquement et poétiquement. Il peuplait les premiers recueils de poèmes avant de gagner les contes et les romans, tout comme il hantait les jardins de Versailles avant de se retrouver dans le panthéon symboliste. Régnier n'écrit pas que des romans d'Ancien Régime : c'est là que nous trouvons, en aval cette fois, un autre type de libertin, celui des romans contemporains. Régnier effectue, pour ainsi dire, une double réinvention. Il réinvente les libertins du XVIIIe siècle et ceux-ci servent à leur tour de modèle pour les libertins 1900. Nous examinerons ces singulières allées et venues plus en détail avec Casanova, et les suiveurs inspirés du *Passé vivant*, dans un développement spécifique. Nous avons aperçu l'intéressant Bocquincourt, toujours l'ordure à la bouche, devenu libertin « par vanité et parti pris ». L'anachronisme et le décalage servent ici de mise en valeur. Ces mœurs ne sont plus à la mode et leur intrusion détonne au milieu des conventions de la bourgeoisie. Le libertin se rapproche de l'excentrique :

117 Bertrand Vibert, *Poète, même en prose*, *op. cit.*, p. 187.
118 *Ibid.*

> Mme la baronne de Vitry, avec son admirable sens des gens, tenait en haute estime M. de Bocquincourt. [...] C'était, à ses yeux, un gentilhomme parfait, à l'ancienne mode. La crudité de ses propos, qu'elle lui passait, venait en lui d'une sorte d'innocence qui ne voyait de mal à rien. Aussi, chaque année, invitait-elle M. de Bocquincourt à venir quelque temps chez elle, dans son château de Vitry-sur-Oise, où elle allait l'été. [...] Ainsi il ne montait jamais le large escalier de pierre sans regretter le temps où l'on faisait ses besoins sur les marches. Il s'y voyait, en perruque et en grand habit, accroupi à l'aise, s'y soulager les entrailles. Il prétendait trouver à ces vieilles mœurs quelque chose de grandiose et de familier, bien supérieur à l'usage moderne[119].

Bocquincourt semble jouir des même faveurs, et des mêmes indulgences que M. de La Péjaudie lorsqu'il se trouvait en grâce. Être libertin en 1900, c'est répondre à un appel du passé. Cette réponse prend la forme d'une évocation, et d'une évocation seulement : le marquis de Bocquincourt ne se déculotte pas pour faire sur les marches. Les « vieilles mœurs » et « l'ancienne mode » amusent mais restent à leur place. À la teneur scatologique très réelle d'un certain XVIIIe siècle s'ajoute celle, délicieusement complaisante, de la décadence fin-de-siècle[120]. Chez Régnier, on aime la sueur, l'urine et les clystères, quand un Bocquincourt n'offre pas matière plus consistante. S'agit-il de l'innocence soupçonnée par la baronne de Vitry ? Nous y verrions plutôt une certaine connivence entre l'esprit ironique de Régnier et la crudité amusée de son épouse Marie et de son beau-frère Pierre Louÿs. Entre goût du potache et goût du naturel, Régnier s'amuse du contraste et son sens de la formule rend la crudité distinguée et jamais vulgaire.

Bocquincourt apprécie le grandiose et le familier des vieilles mœurs et se plaît à les faire revivre : n'est-ce pas ce que fait le romancier Régnier ? Son écriture un peu canaille l'apparente aux libertins qu'il prétend ressusciter. Bocquincourt n'est pas pour autant, tant s'en faut, un double romanesque de Régnier. Mais précisément, Régnier ne donne-t-il pas à ses personnages des traits qui l'enchantent, sans avoir à les vivre lui-même ? En décrivant des libertins contemporains, mais nostalgiques, Régnier s'offre une complicité qui contribue à faire s'épanouir la force de son œuvre. Le lecteur des romans d'Ancien Régime rêve autour des personnages de libertins et, de ce fait, les libertins contemporains vivent de la même rêverie. Le personnage rêve autant que le lecteur.

---

119 Henri de Régnier, *Le Mariage de Minuit*, *op. cit.*, p. 158-159.

120 Voir notamment Jean de Palacio, « Quorum Venter rex est » dans *La Décadence, Le mot et la chose*, Paris, Les Belles Lettres, 2011, p. 257 et suiv.

Que seraient donc les libertins de Régnier ? D'un côté des êtres mêlés, *symbolistes*, qui voient surgir en eux les hybrides du temps passé (en opposant Faunes et Sylvains) en concomitance avec un motif poétique, des hybrides à la puissance deux ; d'un autre des rêveurs qui voudraient être ces hybrides superlatifs mais qui restent gagnés à la fois par le scepticisme et par le songe du lecteur moderne.

La façon dont Régnier conçoit le libertinage a-t-elle évolué durant ces quelques trois décennies d'écriture romanesque ? La réponse ne paraît ni simple ni évidente. La question pourrait se poser de même, et presque en parallèle, pour la sensualité, – il faudrait compter une décennie supplémentaire en incluant les poèmes en vers. En effet, un premier regard sur l'ensemble donne une étrange impression de cohérence. Ou plutôt de fidélité à des motifs en métamorphoses. Les thèmes de Régnier ne varient guère en ce domaine, mais leur traitement diffère en fonction de la situation des personnages, de leur force poétique ou même du genre littéraire dans lequel ils apparaissent. À cet égard, l'exploration précise de certaines figures libertines se révèle très instructive.

FIGURES DU LIBERTINAGE

FIGURES ROMANESQUES

Armand de Bréot

Après avoir vu les définitions du libertin qui encadraient M. de Bréot, il est temps, afin d'en mieux saisir les contours, de le voir en action. Ou plutôt de le voir tomber en rêverie. Libertin régnierien par excellence, il est aussi un personnage habité par le songe et la contemplation, ressemblant étrangement à une figure de poète :

> M. de Bréot, pourtant, ne riait point. Les quatre Sylvains dansants ne parvenaient pas à le distraire de sa contemplation. Au lieu de suivre leurs jeux, il continuait à observer Mme de Blionne. Sa vue donnait à ses pensées un tour particulier et y éveillait une humeur de volupté[121].

121 Henri de Régnier, *Les Rencontres de M. de Bréot*, *op. cit.*, p. 14.

M. de Bréot s'abandonne au spectacle mythologique et se met à rêver au parfum et au corps nu de Mme de Blionne. Le roman s'ouvre sur une fête nocturne donnée au château du Verduron. La nuit de rêverie et d'errance s'est achevée pour M. de Bréot par la longue confession de M. Le Varlon. M. de Bréot regagne alors la demeure endormie : « Ce fut ainsi qu'il passa devant l'appartement clos de Mme de Blionne. La belle Nymphe s'y reposait sans doute des gracieuses fatigues de la danse. M. de Bréot soupira doucement à cette pensée[122]. » M. de Bréot s'abyme dans sa rêverie avec délectation ; avant toute chose, il rêve et soupire.

Après de nouvelles et riches conversations avec MM. de Bercaillé et Le Varlon, M. de Bréot songe de nouveau à Mme de Blionne :

> Depuis cette nuit-là, M. de Bréot avait pensé souvent à Mme de Blionne, aussi ne quitta-t-il point le Cours La Reine avant d'être assuré que son carrosse n'y était pas. Il ne l'avait rencontrée qu'une fois après le soir du Verduron, et encore avec sur le visage un masque de velours, ce qui ne l'avait point empêché de la reconnaître à son port et à sa démarche[123].

M. de Bréot continue de soupirer et de s'abandonner à son « amoureuse mélancolie[124] ». Cette mélancolie du libertin n'est pas une mélancolie générale ou ontologique : elle trouve son origine dans l'inassouvissement du désir. Mme de Blionne tend à entretenir le fantasme et l'image de rêve : une première fois déguisée en Nymphe, il ne la revoit ensuite que le visage masqué. La rêverie du libertin devient contagieuse : le lecteur ne dispose pas d'autres éléments pour se faire une image de Mme de Blionne, il peut à son tour l'idéaliser et la transformer en objet de désir. M. de Bréot aime cependant trop la vie pour rester dans un état de prostration et jette rapidement son dévolu sur Marguerite Géraud, la femme du luthier :

> Ce n'était point que M. de Bréot éprouvât pour la jolie Marguerite Géraud un de ces désirs violents et avides, comme celui que lui avait dépeint M. Herbou, le partisan, dans son histoire de la duchesse de Grigny, ni ce sentiment durable et mélancolique que lui avait fait connaître à lui-même la vue de la belle Mme de Blionne, mais il n'en goûtait pas moins un certain plaisir à considérer de cette jeune femme le visage plein et riant. Elle avait même poussé la complaisance jusqu'à ne pas refuser à M. de Bréot que ce visage

122 *Ibid.*, p. 41.
123 *Ibid.*, p. 81-82.
124 *Ibid.*, p. 82.

> se continuât pour lui sous la guimpe par un cou blanc et potelé et par une gorge bien à point et s'achevât également sous la robe par une taille ronde, des hanches égales, un ventre poli et des cuisses fermes que prolongeaient des jambes bien faites et des pieds bien façonnés[125].

Le corps de Marguerite ramène M. de Bréot à la simplicité du désir. Alors qu'il ne faisait que deviner, en pensée, le corps nu de Mme de Blionne, il a tout loisir d'explorer intimement celui de la femme du luthier. Si Régnier préfère tracer des figures plutôt qu'écrire des portraits psychologiques, ses personnages possèdent néanmoins plusieurs facettes. Les désirs multiples de M. de Bréot ne se mélangent pas ; la rêverie et le plaisir immédiat n'entrent pas en conflit. De sorte que cette multiplicité ne nuit aucunement à la simplicité.

La mélancolie de M. de Bréot semble elle-même tenir du songe : il ne présente aucun des signes maladifs (insomnie, perte d'appétit, pâleur, etc.) attribués d'ordinaire à la mélancolie amoureuse. Sa mélancolie ressemble à une rêverie accentuée, inclinée vers une vague mais légère langueur. La chair ne souffre pas, elle vibre et rayonne : la description de Marguerite nous parvient par le regard toujours prêt au plaisir de son amant. Les rencontres sont aussi simples que le désir qui les motive, sans embarras, ni états d'âmes. Les amants se retrouvent lorsque le mari est occupé à la messe ou à la boutique :

> [...] tantôt M. de Bréot ne dérangeait de l'ajustement de la jeune femme que juste ce qu'il fallait, tantôt il la mettait tout à fait nue pour jouir de son corps entier, et, après l'avoir contemplée debout en sa blancheur, il la couchait sur son lit et s'y allongeait auprès d'elle. Il éprouvait du plaisir à sentir cette peau contre la sienne, non qu'il aimât véritablement sa maîtresse, mais il était jeune, on était au printemps et il n'est jamais ennuyeux d'éprouver un désir qu'on ne garde que le temps d'en sentir le petit empressement[126].

La jeunesse ! Le printemps ! L'idylle parnassienne dans toute sa splendeur. Le naturel du Sylvain se retrouve dans cette scène qui s'achève par une moralité toute hédoniste. Marguerite, quant à elle, est à peine une figure ; elle n'existe qu'à travers son corps dévoilé :

> M. de Bréot appréciait le plaisir d'en disposer à son gré, mais il savait bien que, lorsque la jolie Marguerite l'aurait vêtu d'étoffes et ajusté à l'ordinaire,

125 *Ibid.*, p. 208-209.
126 *Ibid.*, p. 213.

> il n'y penserait plus un moment après. M. de Bréot avait éprouvé, souvent déjà, le facile oubli qu'il faisait de sa maîtresse. Il se prenait alors à songer avec vivacité à un autre corps que le sien. Il lui était apparu, celui-là, comme nu, un instant, sous la transparence argentée de ses atours, tout animé de musique et de lumière, dans une sorte de rêve enchanté et dansant. Et le souvenir de Mme de Blionne lui revint si net et si aigu qu'il en ferma les yeux et qu'il dut faire effort pour répondre aux paroles de M. Floreau de Bercaillé[127].

Le désir de M. de Bréot pour la belle luthière surgit dans la présence manifeste de son corps. Réflexe très casanovien : « Dans le cœur d'un libertin, l'amour sans nourriture positive s'éteint par une espèce d'inanition ; et les femmes qui ont un peu d'expérience le savent bien[128]. » L'absence de la nudité voluptueuse de Marguerite provoque une substitution. Passant de la présence à l'absence, la volonté de jouissance cède la place à la rêverie. Ce que nous prenions pour des désirs multiples n'est peut-être qu'un seul et même désir, dont les modalités évoluent en fonction de la présence ou de l'absence de son objet. La simplicité de M. de Bréot se fonde sur son rapport immédiat aux choses et sur sa spontanéité. Le corps disparu est aussitôt oublié ; le corps absent est immédiatement rappelé par la rêverie – il importe peu que ces deux corps appartiennent à la même femme.

On remarque néanmoins la prégnance, la persistance et la « vivacité » du songe. La profondeur et la consistance de l'image de Mme de Blionne lui confèrent une qualité de présence qui lui permet de se substituer avec aisance au corps de Marguerite. Cette image idéale joue le rôle de leitmotiv, en même temps qu'elle rythme et ponctue les rencontres proprement dites. Ces apparitions ne sont pas seulement des pauses contemplatives, elles semblent donner au personnage de M. de Bréot toute son épaisseur. S'il peut être qualifié de libertin symboliste, sa rêverie le rattache à cette même poésie symboliste :

> Pendant que M. le prince de Thuines parlait ainsi, M. de Bréot, tout en écoutant poliment ses discours, regardait par la fenêtre qui s'ouvrait sur le jardin de M. Herbou. Entre des buis taillés, une fontaine y épanouissait sa gerbe étincelante et il semblait à M. de Bréot y distinguer la forme humide et nue de la Nymphe qui l'habitait et qui rappelait à son esprit la grâce ruisselante et argentée de la belle Mme de Blionne[129].

---

127 *Ibid.*, p. 217-218.
128 Jacques Casanova, *Mémoires*, Tome V, Paris, éditions de la Sirène, 1928, p. 180-181.
129 Henri de Régnier, *Les Rencontres de M. de Bréot*, *op. cit.*, p. 206-207.

L'environnement se remplit de symboles qui le ramènent irrésistiblement à l'image qui fonde en lui la contemplation : une fontaine jaillissante suffit à retrouver Mme de Blionne. Plus encore, le personnage de Mme de Blionne ne s'entend que dans des fragments, dans des détails qui alimentent le fantasme : les gouttes de sueur, le linge humide ou encore la persistante fontaine. Le désir onirique de M. de Bréot se nourrit de l'univers sensuel des premiers recueils poétiques de Régnier. M. de Bréot gagne en épaisseur à mesure que sa rêverie s'étoffe. Il grandit de son propre songe, en dépit d'une apparence extérieure inchangée :

> M. de Bréot était toujours M. de Bréot, pour lui-même comme pour les autres. Il pensait les mêmes choses qu'auparavant et n'en faisait guère de différentes. Il est vrai, pourtant, qu'il se mêlait en plus à ses pensées le souvenir de quelques personnages assez singuliers et qui valaient bien la peine, après tout, d'avoir quitté sa province pour la curiosité de leur connaissance et l'agrément de leur compagnie[130].

Régnier utilise la tautologie, au début du dernier chapitre, pour tromper le lecteur et ménager ses effets. Il est vrai que M. de Bréot, en présence de ses interlocuteurs, aide Régnier à souligner les traits et, de fait, à accentuer le contraste de ses figures ; à l'exception notable de celle de Mme de Blionne, qui ne se dessine guère qu'à travers la rêverie et sans variations véritables. Mme de Blionne n'existe, avant le dernier chapitre, que par le regard de M. de Bréot. La scène de la danse des Sylvains offrait une contemplation directe mais déjà orientée par le songe. M. de Bréot se nourrit de ce que saisit son œil et voit déjà la femme nue sous la robe. Les réminiscences de ce premier songe gagnent en intensité pour atteindre, au dernier chapitre, un véritable paroxysme :

> Et M. de Bréot fermait les yeux et tombait dans une rêverie profonde. L'obscurité sous ses paupières s'éclairait peu à peu. Des lumières y apparaissaient et, en se rapprochant, elles formaient comme une rampe de feu derrière laquelle se dessinaient des arcades de verdure, par où entrait, avec des gambades et des sauts, une troupe de Sylvains cornus. Leurs longues perruques pendaient sur leurs habits rustiques de velours vert ; soudain, il se faisait comme un repos, et M. de Bréot croyait distinguer un bruissement de feuilles qui se changeait insensiblement en un murmure d'eau.

130 *Ibid.*, p. 273.

La rêverie a dressé le décor propice à une hallucination qui touche peu à peu tous les sens :

> Et M. de Bréot sentait une fraîcheur délicieuse se répandre dans tous ses membres, à la vue d'une forme indécise, pareille à une vapeur incertaine, qui peu à peu, prenait un aspect humain et devenait une figure de femme de plus en plus distincte. Elle était vêtue d'une robe d'argent qui semblait ruisseler sur elle comme une onde mouvante, et M. de Bréot, haletant et charmé, revoyait danser Mme de Blionne, ainsi qu'au soir du Verduron, où elle avait été la Nymphe même des Fontaines[131].

Le paroxysme n'est pas tant dans la vision elle-même, qui présente un spectacle identique, que dans son advenue, pour le moins spectaculaire. L'onirisme autorise le glissement et la confusion : ainsi passe-t-on du bruissement de feuilles au murmure d'eau. La vision reste identique mais les perceptions s'affinent et l'apparition agit pleinement sur le corps même. Régnier retrouve là sa manière de poète en prose, nécessaire à la qualité et à la vie de la scène onirique. Le poète prend le dessus sur le pasticheur lorsque le contexte l'exige.

La rêverie de M. de Bréot trouve sa résolution par une chaude après-midi d'été dans les jardins du château du comte de Blionne. Loin des spectacles et des fêtes galantes, la belle conserve néanmoins tout son mystère :

> Elle portait un masque de velours noir pour protéger son teint ; ses belles mains gantées tenaient un bouquet cueilli des dernières roses d'où tombait parfois sur le sable un pétale languissant. [...] Elle éprouvait quelque mélancolie à songer au sort de sa beauté[132].

Régnier décrit longuement la promenade de Mme de Blionne, qui rappelle l'atmosphère capiteuse des *Soirs intimes et mondains* de 1888. La femme s'abyme dans la mélancolie et cette image offre un contraste étonnant avec la figure sensuelle et vive qui fait l'objet de la rêverie de M. de Bréot. Régnier écrit cette scène comme un miroir des scènes précédentes, en inversant les rôles : M. de Bréot surgit inopinément devant Mme de Blionne, interrompant ainsi sa rêverie mélancolique. La présence sensuelle est devenue réelle et non plus onirique : M. de Bréot incarne à présent

131 *Ibid.*, p. 274-275.
132 *Ibid.*, p. 296-298.

l'une des créatures de son songe. S'engage alors le discours du Sylvain que nous avons lu plus haut. Toute la scène crée de vives interférences dans les habitudes prises par le lecteur depuis le début du roman. M. de Bréot pénètre en personne dans sa rêverie, grâce à l'audace qui l'a poussé dans le parc du château et par l'artifice de son déguisement. Rien n'est fortuit, tout est préparé. Ainsi parle le Sylvain :

> Quelquefois une vive gaieté nous anime. Le rire illumine nos faces. La musique règle la cadence de nos membres. J'ai vu, un soir, quelques-uns d'entre nous danser autour d'une Nymphe dansante. Elle était voluptueuse et belle et portait une robe argentée, car c'était une Nymphe des Fontaines. Ô spectacle d'une nuit heureuse ! c'est ton souvenir que j'ai poursuivi jusqu'ici. Moins heureux que mes frères, je n'ai pas été enchaîné par les mains de la Nymphe victorieuse, mais j'ai assisté à leurs jeux et si[133]...

Mme de Blionne interrompt le Forestier et le met en garde brutalement contre la menace de ses illusions : « Cette Nymphe dont vous parlez n'est plus ; je ne la connais pas et j'ignore si elle a jamais existé autre part que dans un vain songe[134]. » Voilà une bien étrange confrontation. L'objet du désir annonce lui-même au rêveur costumé que celui-ci poursuit une chimère. Si M. de Bréot ne s'était pas paré de tant d'artifices, nous pourrions le croire encore prisonnier de son rêve.

On peut être frappé par le fait que cette constante rêverie, qui surgit le plus souvent dans l'immobilité contemplative, est étroitement liée à la musique et à la danse, c'est-à-dire au mouvement. L'imaginaire sensuel de M. de Bréot ne relève pas de la fascination paralysante, il l'entraîne au contraire dans une ronde qui ne paraît pas avoir de fin. Elle s'interrompt simplement quand cesse la rêverie et reprend, intacte, dès la suivante. Le passage de l'activité (comme les ébats avec la belle luthière) à la contemplation transpose la dynamique sensuelle d'un registre à l'autre, mais ne l'arrête en aucun cas. Elle correspond aux dispositions du Sylvain, fidèle à sa nature joueuse et malicieuse.

Malgré les avertissements et les mises en garde de Mme de Blionne, le Sylvain achève son discours :

> Quelquefois la Beauté ne prend-elle pas pitié de l'Amour ! Que mes lèvres puissent seulement toucher cette main charmante qui me fait signe de

133 *Ibid.*, p. 300-301.
134 *Ibid.*, p. 301.

m'éloigner ! Qui sait si cette faveur aussi ne changerait pas mon aspect et ne me ferait pas retrouver ma véritable figure[135]...

Les songes romanesques de Régnier ne s'éloignent jamais vraiment des contes. L'auteur joue cependant, comme nous l'avons aperçu plus haut, avec les paradoxes. M. de Bréot, en ôtant sa perruque, ne recouvre pas tant sa véritable figure qu'il ne revêt un autre masque. Car le gentilhomme libertin cache au fond de lui un Sylvain vigoureux. Dans le cas de M. de Bréot, l'artifice ne le dissimule pas, mais le dévoile.

Précisément, cette crudité de nature paraît, dans un siècle de politesse et d'étiquette, un obstacle à la séduction. Plus encore que de sa tenue ou de son attitude, M. de Bréot se pare des mots de son discours. « La musique règle la cadence de nos membres. » Encore une nouveauté par rapport à la rêverie ; si cette dernière reste musicale, elle se tient soigneusement éloignée du langage. Les Sylvains qui dansent autour de la Nymphe des Fontaines ne se perdent pas en vaines paroles.

M. de Bréot, démasqué, parle au contraire et entend bien montrer que son désir n'est pas imaginaire :

> Depuis que je vous ai vue, votre image n'a pas cessé d'être présente à mes yeux. Elle occupe mes pensées. Elle est la compagne de mes désirs. Certes je pouvais vous taire à jamais le sentiment qui m'anime et ne pas m'exposer au chagrin de le voir repousser. [...] Votre beauté sans défense n'aurait-elle pas été ainsi le plaisir docile de mes nuits ? Couchée nue à mes côtés, elle eût obéi à mes caprices, car rien ne défend les femmes contre les songes des hommes. [...] je vous avoue que je trouve une sorte de lâcheté à abuser ainsi même d'une ombre aimée, car je vous aime, Madame, et ce que je désire de vous n'est pas un vain fantôme. C'est vous-même, c'est ce corps charmant et ce visage délicieux, faits pour le plaisir et l'amour[136].

Si le libertin a recours à la rêverie et au songe, il n'en fait pas même usage que le poète. Le poète utilise le songe pour aiguiser ses sens, pour faire reparaître l'invisible et l'inconscient qui dorment autour de lui. Le libertin utilise la dynamique du songe pour en sortir. Le poète restitue l'image au plus près de son impression tandis que M. de Bréot confesse son désir. Il en va de même pour sa mélancolie : tandis qu'elle contribue à rendre le poète clairvoyant, elle est nécessairement vaincue chez le

135 *Ibid.*, p. 302.
136 *Ibid.*, p. 303-304.

libertin par l'appel de la chair, qui ne se contente pas de chimères. Le Sylvain suit son impulsion première et ne se morfond pas derrière une palissade de buis. Ce mouvement qui fait surgir M. de Bréot déguisé devant Mme de Blionne devient comme l'éveil du songe et la fin de la mélancolie.

La rêverie de M. de Bréot ne grandit que pour nourrir son désir et préparer cette inévitable rencontre. Il oppose ainsi la liberté du songe (difficile à concevoir, tant il reproduit la même scène) à la chair désirée, au corps même de Mme de Blionne. La jeunesse du libertin aime le jeu ; M. de Bréot n'a que faire de la sécurité et de l'assurance du songe. Si le costume du Sylvain révèle la nature profonde du libertin, il participe aussi plus simplement aux jeux de l'amour. Notons que si Mme de Blionne se trouve debout devant son soupirant, elle porte elle-même un masque de satin qui dissimule en partie son visage. M. de Bréot ne relève pas cet élément dans son discours mais il n'échappe pas au lecteur que ce morceau de satin noir ravive la rêverie et le fantasme, même en présence du corps convoité.

La réponse de Mme de Blionne à M. de Bréot, tout en l'engageant dans le jeu, s'attache à souligner le caractère onirique de son désir :

> Il [l'amour] vous est venu, Monsieur, d'une impression fugitive qui s'est augmentée dans un esprit inoccupé et dans une imagination solitaire, mais qui sait s'il survivrait au contact de notre chair et au baiser de nos bouches[137] ?

Mme de Blionne présume à tort de l'inexpérience, et de la solitude, de M. de Bréot. Plus encore, elle se méprend sur le caractère fugitif de l'impression. Le songe sensuel de M. de Bréot possède une consistance et une permanence que n'avait pas l'étreinte momentanée de la belle Marguerite Géraud. La longue réponse de Mme de Blionne, qui ressemble à un plaidoyer sur la vertu et la pureté de l'amour, ne résiste pas à la force des impressions que le lecteur a accumulées depuis la scène du Verduron. Au contraire, ce discours aux vains arguments permet à Régnier de préparer le dénouement de la scène. À quoi bon détourner M. de Bréot des illusions du songe, puisqu'il est le premier à les dépasser ?

Au fond, Mme de Blionne ignore qu'elle s'adresse à un Sylvain sous les traits d'un libertin. Mme de Blionne ferme les yeux tandis que M. de

137 *Ibid.*, p. 305-306.

Bréot reste à genoux et Régnier aurait pu s'en tenir à ces chastes adieux. Il préfère cependant retourner complètement la scène :

> Mme de Blionne s'en allait. Elle longeait le bassin. M. de Bréot, immobile, la regardait s'éloigner. Tout à coup, elle se retourna et poussa un faible cri. Déjà, M. de Bréot l'enlaçait. Elle chancelait et s'abandonnait mollement. M. de Bréot la soutint dans ses bras… Il y eut un long silence. Des feuilles tombaient doucement sur la mousse velue où luisait dans un rayon de soleil la perruque à cornes d'or. La fontaine, dans un sursaut de sa force, darda un jet éblouissant[138].

Les perles de sueur et les gouttes échappées des fontaines cèdent la place au jet éblouissant. Régnier s'amuse à charger chaque mot de la dernière phrase de connotations érotiques. La vertu de Mme de Blionne se perd d'autant plus qu'elle semblait inébranlable. Ce retournement et cet abandon rappellent ceux qui achèvent *La Petite Maison* de Bastide, où Trémicour, en mettant le pied sur la robe de Mélite, lui dérobe la vue du boudoir où elle s'avance et achève ainsi sa conquête. Nous avons vu qu'Henri de Régnier n'était pas l'homme des boudoirs ; il n'a pas besoin des artifices de petite maison pour arriver à ses fins. Il préfère le plein air et les parcs lui fournissent tout l'apparat symbolique nécessaire : l'étreinte de M. de Bréot et de Mme de Blionne prend la forme d'une apothéose sexuelle.

La figure de M. de Bréot fait alterner les élans du Sylvain et ceux du rêveur. Il incarne le libertin exempt de crapule, simple, pudique et modéré. L'alternance même est vécue dans la plus grande simplicité. M. de Bréot est homme de l'instant et de l'immédiat et toute rêverie sensuelle n'est jamais qu'un plaisir différé, d'autant plus goûté qu'il est différé. Son songe n'est pas vide : il devient comme la nourriture du désir. La mélancolie reste chez lui un état transitoire et son caractère vague lui fournit presque de la douceur, autre forme de plaisir. Toute vision familière et réitérée peut se montrer rassurante. M. de Bréot vit la sienne sous forme d'un crescendo qui commence par la contemplation innocente d'un spectacle de danse pour aboutir à l'étreinte car si la vision demeure identique, elle gagne chaque fois en détails et en précision et, par conséquent, en présence. Le songe, pour ainsi dire, sort de lui-même pour trouver l'assouvissement du désir. L'alternance entre le corps

138 *Ibid.*, p. 311.

possédé de Marguerite Géraud et la rêverie de la Nymphe dansante se résout aussi dans l'étreinte de Mme de Blionne. Cette présence totale, – l'étreinte amoureuse conjuguée au songe, – est d'abord une intensification et une célébration de la présence charnelle. M. de Bréot incarne avant tout cette célébration. Tancrède de Visan donne cette définition de la poésie : « Pouvoir, savoir exprimer cette intuition constitue le poète, et j'appelle poésie l'*extériorisation d'une conscience spontanée*, le son direct d'une âme au contact des êtres[139]. » La spontanéité et l'immédiateté de M. de Bréot apparentent le libertin au poète.

Marc-Antoine de la Péjaudie

Sylvain contre Faune. Chaque libertin possède sa figure tutélaire et les deux hybrides se différencient sur bien des points. À la joliesse du Sylvain s'oppose la fureur du Faune. M. de Bréot paraît l'envers de M. de la Péjaudie. Ce contraste n'est cependant pas aussi binaire ou aussi simpliste que la référence aux figures mythologiques le laisserait penser. M. de la Péjaudie et ses aventures ne possèdent pas la simplicité de M. de Bréot.

Relevons tout d'abord un détail intéressant : *Les Rencontres de M. de Bréot* sont sous-titrées « Roman », tandis que *La Pécheresse* indique « Histoire d'amour ». M. de Bréot a insisté dans sa confession finale sur le caractère amoureux de ses sentiments. Ceux-ci semblent s'effacer devant la rêverie qu'ils engendrent. Du reste, l'amour ne commande guère l'action des *Rencontres*. De même le titre de chacun des romans est significatif : le nom du libertin paraît dans le premier tandis que, dans le second, celui de la femme qui le perd apparaît en sa seule qualité. Mme de Blionne reste une sorte de Nymphe fantôme qui ne prend vie que lorsque M. de Bréot surgit devant elle. Mme de Séguiran est un véritable personnage, le cœur dramatique du roman.

Nous avons vu précédemment tous les passages qui qualifiaient M. de la Péjaudie de libertin mais Régnier n'a pas bâti sa figure sur une suite de définitions.

> Marc-Antoine de la Péjaudie était un petit homme brun qui, quoique né en Bourgogne, ressemblait assez à un Provençal. Il avait le visage vif, éclairé

139 Tancrède de Visan, « Essai sur le Symbolisme » dans *Paysages introspectifs*, Paris, Henri Jouve, 1904, p. XXIV.

> par des yeux noirs et pénétrants et une bouche bien dessinée et sinueuse de nature à se prêter au jeu de la flûte. Son corps était solide, sa poitrine large, ses membres proportionnés, la jambe belle, le jarret tendu et le mollet bien placé. Il se tenait fort droit et ne perdait pas un pouce de sa taille. Avec cela très proprement vêtu. Fils d'un pauvre gentilhomme bourguignon, il était demeuré orphelin de bonne heure et ne possédait que peu de biens, assez pourtant pour qu'ils lui assurassent une modeste liberté[140].

Si Régnier s'est montré avare de descriptions physiques dans les *Rencontres*, il nous détaille ici son héros et ne manque pas d'y revenir : « M. de la Péjaudie, cependant, en sa petite taille, était fort robuste et fort résistant et il avait prouvé maintes fois qu'il était capable de tenir tête aux plus vigoureux[141]. » Le libertin se doit d'être en pleine santé et celle de M. de la Péjaudie ne fait aucun doute, la vigueur du corps est à la hauteur des appétits du désir. Le désir sait se montrer impérieux et il appartient au corps de le satisfaire en toute circonstance. « Le présent suffisait à occuper M. de la Péjaudie et il n'avait guère de curiosité pour l'avenir[142]. » Tout comme M. de Bréot, M. de la Péjaudie est homme de l'instant, de l'immédiat. La jeunesse et l'immédiateté forment le puissant point commun des deux personnages.

On pourrait croire que leur seule destinée les sépare. M. de la Péjaudie ne fait pourtant pas montre de la même retenue ni de la même modération que M. de Bréot. Il apparaît dans le roman après avoir quitté Avignon, où son impiété trop ostentatoire l'avait rendu indésirable. Arrivé dans la ville d'Aix, il fait la rencontre du marquis de Tourves, président au Parlement[143], qui tombe sous le charme de sa flûte et finit par l'installer, en tout bien tout honneur, dans son hôtel. M. de Tourves et la vieille et dévote Mme de Séguiran restent, jusqu'au bout de ses aventures, les admirateurs et les défenseurs indéfectibles de M. de la Péjaudie.

Dans la ville d'Aix, les conquêtes féminines valent à notre libertin autant d'admirations que de jalousies. Il se lie avec le fils de la vieille Mme de Séguiran, seigneur du château de Carmeyrane. Veuf grave et mélancolique, il est une sorte de miroir en négatif de M. de la Péjaudie. Par le regard à la fois distant et étonné de ce personnage, Régnier s'amuse

140 Henri de Régnier, *La Pécheresse*, *op. cit.*, p. 44-45.

141 *Ibid.*, p. 136.

142 *Ibid.*, p. 137.

143 L'hommage à Laclos est on ne peut plus explicite ; M. de Tourves exerce la même fonction que l'époux de Madame de Tourvel.

à décrire les intrigues amoureuses et les troussages de chambrières du faune impénitent. Un projet de mariage mène le comte de Séguiran à Paris et son inexpérience des femmes, à laquelle n'avait pas remédié la chasteté conjugale de sa première épouse, Marguerite d'Escandot, le pousse à emmener avec lui M. de la Péjaudie à titre de consultant.

C'est l'occasion de renouer avec les cabarets et les lieux de débauche où ses compagnons d'impiété le retrouvent avec joie. L'expert finit néanmoins par rencontrer l'austère Madeleine d'Ambigné, promise de son hôte. Comme M. de Bréot, M. de la Péjaudie aime la beauté et la jeunesse. Il tient les dévotes à distance. Le libertin jouisseur prend le pas sur le blasphémateur : « M. de la Péjaudie ne se sentait nul goût aux dévotes et n'eût éprouvé qu'un petit plaisir à vaincre leurs résistances[144]. » Son premier sentiment pour la nouvelle Mme de Séguiran paraît pour le moins défavorable, d'autant que son époux entend bien gâter sa beauté par de nombreuses grossesses. « Cette pensée fut désagréable à M. de la Péjaudie, car le spectacle d'une femme enceinte lui avait toujours paru lamentable et l'idée même l'en attristait[145]. » La génération n'est pas l'apanage du libertin. Il se soucie peu de la conformité sociale et ses préoccupations, qui dépassent le simple plaisir pris avec un beau corps, rejoignent aisément celles de l'esthète. La beauté de la femme qui mérite d'être conquise vaut aussi pour elle-même et doit se préserver des altérations dont la grossesse paraît bien la plus abominable. Le libertinage inverse les valeurs et la reproduction devient vite une entrave au plaisir.

Mme de Séguiran apparaît au premier abord de manière très abstraite, et l'on ne devine guère le rôle qu'elle jouera par la suite auprès du libertin. M. de la Péjaudie se rit des avertissements du destin, quand il ne les ignore pas. Avant de quitter Paris, il consulte par jeu une devineresse dont Régnier ne rapporte point les propos, bien que le contexte laisse peu de doutes quant à leur teneur funeste. De même, sur la route d'Aix, en compagnie des Séguiran, M. de la Péjaudie croise un convoi de forçats qui fait s'élever en lui une profonde compassion : « M. de la Péjaudie n'était pas accoutumé à s'appesantir sur des considérations mélancoliques. Il était prompt et léger de sa nature, changeant en ses pensées et vite distrait de celles qui lui passaient par l'esprit[146]. » La Péjaudie reste un

---

144 Henri de Régnier, *La Pécheresse*, *op. cit.*, p. 131.
145 *Ibid.*, p. 132.
146 *Ibid.*, p. 149.

homme de l'immédiat, – on peut également relever ici à quel point la mélancolie des libertins de Régnier semble liée à leur rêverie. Si M. de la Péjaudie en paraît exempt, c'est qu'il ignore les rêveries amoureuses qui ont nourri le désir longtemps inassouvi de M. de Bréot.

De retour à Aix, M. de la Péjaudie retrouve sa vie habituelle à l'hôtel de Tourves. Une caravane de Bohémiens vient cependant le distraire et le faire succomber aux charmes de l'une de ses beautés. Il finit par partir avec elle et les siens, en toute désinvolture mais au grand scandale des gens de la ville, à une exception près :

> Quant à la vieille Mme de Séguiran, elle éclata de rire, lorsqu'on lui apprit la fugue de son petit la Péjaudie. C'était véritablement aimer les femmes que d'en suivre une sur un chariot, en compagnie de vagabonds et qu'elle fût de peau bistre avec des anneaux aux oreilles et aux chevilles. Ah ! que son fils Maumoron n'en faisait-il autant, au lieu de s'acoquiner avec ce petit Palamède d'Escandot, qu'il avait emmené avec lui sur sa galère et qu'il mignonnait au vu et au scandale de tous ! Au moins la Péjaudie se conformait à la loi de nature[147].

Le chevalier de Maumoron est le frère de M. de Séguiran. L'amant du chevalier, Palamède d'Escandot, n'est autre que le propre frère de Marguerite d'Escandot, la première épouse de M. de Séguiran. Ici, l'évocation du sodomite sert de repoussoir : à scandale, scandale et demi. Contre les calomnies des dames d'Aix qui associent notre libertin avec le Malin, la mère de M. de Séguiran souligne un simple, mais sain, excès de nature.

Hélas, cette escapade bohémienne de M. de la Péjaudie accentue dans bien des esprits ses affinités diaboliques :

> Le Diable était certainement des amis de M. de la Péjaudie : Mme de Gallerand-Varade en donnait maintes preuves, dont la moindre était le puissant et dangereux attrait qu'il exerçait sur les femmes et la brûlante ardeur des étreintes dont il les accolait[148].

Les démons de toutes sortes sont restés étrangers à M. de Bréot. Ces évocations diaboliques, qui ne cessent de revenir dans *La Pécheresse*, tendent à situer les deux libertins sur des plans différents. Face à la simplicité de M. de Bréot, Régnier construit la figure de M. de la Péjaudie à multiples facettes. M. de Bréot apparaît toujours « tel qu'en lui-même » tandis

---

147 *Ibid.*, p. 169.
148 *Ibid.*, p. 163.

que M. de la Péjaudie nous parvient à la fois par ses actions ou par ses sentiments propres et par l'appréciation, toujours très partiale, des autres personnages. La narration constitue elle-même une de ces appréciations, dans la mesure où le narrateur rapporte les faits d'après les propos de son ami, le personnage très secondaire de M. de Larcefigue. L'objectivité, toujours un peu illusoire, de la narration des *Rencontres* aide à mettre en valeur la simplicité déjà soulignée de la figure de M. de Bréot.

Plus qu'un simple suppôt, M. de la Péjaudie deviendrait le Diable en personne :

> Ainsi Mme de Gallerand-Varade, toujours acharnée à lui nuire, répandait-elle le bruit que les maléfices auxquels M. de la Péjaudie s'était livré, et qui l'avaient soumis au Diable, commençaient à opérer et que, si M. de la Péjaudie se tenait ainsi coi, c'était qu'il était en train de lui pousser au front des cornes et aux pieds des sabots de bouc, comme il arrive souvent à ceux qui ont pris part aux horreurs démoniaques du Sabbat[149].

On pourrait croire à une méprise : Mme de Gallerand-Varade se trompe de personnage. Il ne s'agit pas du Diable malveillant mais juste d'un Faune hardi. L'imaginaire chrétien a détourné nombre de figures mythologiques des Anciens : Régnier s'amuse à faire coïncider l'originale avec son double réinventé. Le Faune métamorphosé en Diable participe au jeu de miroirs et à l'efflorescence de la figure de M. de la Péjaudie.

En ôtant l'aspect calomniateur de la comparaison propagée par des aigris, on remarque deux sortes d'affinités. D'une part, comme il a été souligné au chapitre précédent, le Faune s'oppose au Sylvain par la fureur qu'il peut déployer et la rage de M. de Nouâtre s'apparente à celle de Satan. À cette réserve près que M. de la Péjaudie, si excessif soit-il dans l'impiété ostentatoire, ne fait guère montre de violence à l'égard de qui que ce soit. Le meurtre fatidique de Palamède d'Escandot relève de la légitime défense et punit ainsi une brutalité effective.

D'autre part, le Diable est d'abord présenté comme celui qui divise, qui aime le multiple et la métamorphose. En ce sens, la figure de M. de la Péjaudie lui correspond bien. Régnier utilise ce jeu de facettes et de métamorphoses jusque dans le caractère même de son personnage. Juste après son mariage, Mme de Séguiran mène une vie recluse, fuyant volontairement le monde ; les gens d'Aix interrogent M. de la Péjaudie :

149 *Ibid.*, p. 236-237.

> Malheureusement, il était assez difficile de rien tirer de certain des réponses de M. de la Péjaudie, car elles dépendaient de son humeur qui était facétieuse. M. de la Péjaudie s'amusait fort à dépister les curieuses et les curieux, en leur offrant de Mme de Séguiran, des portraits si différents les uns des autres qu'il était malaisé de se faire d'elle une exacte image[150].

Chaque personnage dresse un portrait différent de M. de la Péjaudie tandis que celui-ci s'amuse et s'évertue à multiplier les images contradictoires concernant Mme de Séguiran. La facétie impénitente de M. de la Péjaudie répond à celle d'Henri de Régnier. M. de la Péjaudie joue lui-même le jeu du miroir. Chacun, parlant de La Péjaudie, offre un reflet de ses admirations ou de ses animosités et le libertin renvoie à chacun un portrait qu'il adapte selon sa fantaisie du moment. Malgré la description physique qu'offre Régnier et qui donne une certaine épaisseur à sa figure, son caractère insaisissable l'apparente à un jeu de miroir vivant.

Cela représente à la fois son intérêt et sa perte, le jour où il se lie avec Mme de Séguiran. Pour mieux la comprendre, il faut entrevoir son intériorité :

> Et Mme de Séguiran se considérait avec horreur à penser qu'elle portait dans sa chair le coupable désir d'une étreinte défendue à quoi avaient hâte de servir ses hanches et ses épaules, ses cuisses et ses bras, son ventre et ses seins, et dont sa bouche attendait le baiser, car rien n'avait pu éteindre en elle cette flamme de luxure qui y était née et qui la brûlait de son ardeur pécheresse[151].

Se sentant perdue par le péché secret qui la consume, Mme de Séguiran entend bien trouver la rédemption grâce à M. de la Péjaudie. Rédemption paradoxale car elle implique la perte du rédempteur. Mme de Séguiran pense se purifier par cette liaison avec un homme irrémédiablement damné. C'est le choc de deux mondes : Mme de Séguiran introduit la notion de péché dans l'univers tout païen de Régnier, dans lequel s'épanouit un Bréot et où aurait pu s'épanouir un La Péjaudie. En leur contraste, souligné plus haut, les deux titres mettent en avant l'un le personnage masculin et l'autre le personnage féminin. Cependant la pécheresse règne sur le roman et préside à un autre univers que celui des *Rencontres*. Ici, le Faune ne peut plus seulement être Faune, il devient diable. Régnier aime les dévotes ridicules et la mère de Nicolas de Galandot, dans *La Double*

150 *Ibid.*, p. 152-153.
151 *Ibid.*, p. 215.

Maîtresse, est la première d'entre elles : elle aussi abhorre le péché de luxure, le seul grave à ses yeux et, afin d'en prévenir son fils, elle en fait un niais. La jeunesse et la beauté de Mme de Séguiran peuvent la faire paraître moins sèche que Mme de Galandot. Elle ne vit pourtant pas moins outrancièrement la sensualité de son corps et tous les désirs qui l'accompagnent. On accuse M. de la Péjaudie de se commettre en tant que gentilhomme lorsqu'il fréquente la belle Bohémienne mais il se trahit d'autant plus en tant que Faune en côtoyant l'impitoyable Mme de Séguiran. Loin de l'univers ludique et léger, quelquefois excessif, de la créature hybride, M. de la Péjaudie se laisse entraîner dans le monde tragique et fatidique du péché chrétien.

« M. de la Péjaudie avait pensé souvent [...] qu'il y a presque en chaque femme une heure où elle est capable de nous émouvoir et de devenir pour nous le centre du monde. L'heure de Mme de Séguiran était venue pour lui[152]. » Dans ce jeu de miroirs, les prismes doivent être bien orientés pour que les reflets se croisent. Mme de Séguiran devient désirable aux yeux de La Péjaudie lorsqu'elle décide de l'utiliser pour sa propre rédemption. Ce passage de l'indifférence au désir marque le début d'une métamorphose. Chaque femme a son heure mais Mme de Séguiran n'est pas une femme ordinaire.

La métamorphose du libertin ne porte pas sur le fond de son être mais sur sa relation à l'autre :

> En s'attachant à ne pas compromettre Mme de Séguiran, il faisait preuve de quelque chose, pour lui, d'assez nouveau. D'ordinaire, il se montrait moins ménager de la réputation des femmes et en prenait peu de souci, pourvu que la sienne acquît du renom à leur déshonneur ou qu'il y trouvât simplement du plaisir[153].

Avant même le fatal incident, M. de la Péjaudie, toujours très enclin à étaler ses liaisons au grand jour, si scandaleuses soient-elles, fait déjà montre d'une réserve inaccoutumée.

« L'affaire s'était réglée entre eux par un seul et mutuel regard[154]. » Leur liaison débute alors que le frère de M. de Séguiran, le chevalier de Maumoron, séjourne au château de Carmeyrane, en compagnie de

152 *Ibid.*, p. 218.
153 *Ibid.*, p. 252.
154 *Ibid.*, p. 253.

son protégé, le jeune et perfide Palamède d'Escandot. Afin de préserver les apparences, M. de la Péjaudie rentre tous les soirs en son logis de l'hôtel de Tourves et, à la nuit tombée, se rend à cheval à Carmeyrane, où il retrouve sa maîtresse dans sa chambre, en escaladant le balcon. Régnier ne décrit pas la passion des étreintes. Nous pouvons ici établir un nouveau parallèle avec *Les Rencontres de M. de Bréot*. La rêverie autour de Mme de Blionne formait une sorte de préliminaire, enrichi à mesure qu'approche la scène finale. Dans *La Pécheresse*, au contraire, Mme de Séguiran se met à rêver, après le départ de son amant :

> Alors, à demi-dévêtue, assise au rebord de ce lit où elle venait de ressentir le plaisir de l'étreinte, elle se laissait aller à une longue rêverie. [...] Mme de Séguiran fermait les yeux, puis il lui semblait se retrouver étendue auprès de M. de la Péjaudie, si étroitement et si complètement enlacée à lui qu'ils ne formaient plus ensemble qu'un seul corps. Et la songerie de Mme de Séguiran se prolongeait en étreintes, en baisers, en soupirs et en mignardises[155].

Parmi les doubles de M. de la Péjaudie, celui de la rêverie de Mme de Séguiran se montre le plus intense et peut-être, paradoxalement, le plus présent. La force de présence du libertin est telle que sa trace, son *vestige*, pour reprendre un terme régnierien, provoque des réactions analogues à celles de ses caresses effectives.

Comme M. de Bréot, M. de la Péjaudie est un personnage de l'immédiat. C'est pour cela que Régnier réserve ce songe fusionnel à sa maîtresse. M. de la Péjaudie ne rêve pas de l'étreinte : il rejoint chaque nuit sa maîtresse et en jouit pleinement sans en demander davantage. On a le sentiment que cette immédiateté déborde, qu'elle ne peut être contenue tant elle est intense. Elle peut en quelque sorte se prolonger par le biais de cette puissance de l'instant, qui assiste à son plein épanouissement. Le songe de Mme de Séguiran ressemble au poème de Régnier : il est un vestige, une prolongation de l'émotion poétique ou de la commotion sensuelle, originelle. Il rend présent ce qui est absent pour le lecteur. Les songes de Régnier ne sont pas de vaines chimères, ils représentent au contraire le sommet de l'expérience sensible.

Cette intensité de la présence de M. de la Péjaudie va de pair avec la confidentialité de la liaison. Un seul regard détermine leurs amours. On ne lit aucun dialogue entre M. de la Péjaudie et Mme de Séguiran, ce

155 *Ibid.*, p. 255-256.

qui contraste singulièrement avec les longs discours de M. de Bréot et de Mme de Blionne qui concluent les *Rencontres*. *La Pécheresse* se termine dans la haine, la mort et le silence.

Soupçonnant quelque lien secret unissant Mme de Séguiran à M. de la Péjaudie, Palamède d'Escandot se met à nourrir une passion secrète et brutale pour la jeune femme. Il pousse l'audace jusqu'à vouloir attenter à sa vertu en se rendant dans sa chambre, la nuit. M. de la Péjaudie, se trouvant avec elle à ce moment-là, se dissimule dans le cabinet adjacent. Le jeune Palamède exprime son désir d'arriver à ses fins, dût-il employer la violence et avoir recours à ses deux esclaves turcs qui attendent sous le balcon. Devant cette scélératesse, M. de la Péjaudie sort de sa cachette et transperce l'insolent d'un coup d'épée mortel. Hélas pour lui, le témoignage des deux esclaves turcs et le fourreau de son épée, inconsidérément jeté par Mme de Séguiran, le perdent devant ses juges. Il est condamné à servir sur les galères du Roi, rejoignant les infortunés qui avaient suscité sa pitié sur la route de Paris à Aix. Il devient le souffre-douleur du chevalier de Maumoron, inconsolable depuis le meurtre de son protégé. Le coup d'épée vertueux de M. de la Péjaudie le voue au martyre, scelle sa bouche et l'enferme dans le silence.

Ce silence prolonge la série des métamorphoses. Le libertin se mure dans le silence monastique. Le Faune, dont les doigts sont irrémédiablement gâtés par la dureté des galères, ne tire plus de sa flûte les sons harmonieux d'autrefois. Sans la parole du libertin galant et sans la flûte antique du Faune, que reste-t-il de M. de la Péjaudie ? Le silence se montre ici le contraire du recueillement voulu par le poète. Le silence anéantit la figure : la chiourme n'est rien.

Ce silence va jusqu'à imposer l'inversion et fait passer l'amant de ces dames pour un vulgaire sodomite :

> Ainsi, en se taisant, M. de la Péjaudie s'était privé de tout moyen de défense [...] [il] avait, toute sa vie, trop ouvertement aimé les femmes pour qu'il ne lui fût pas déplaisant que l'on crût qu'il leur avait, même une fois, été infidèle en ses amours et que cette infidélité eût pour objet M. Palamède d'Escandot. De la sorte, M. de la Péjaudie se montrait affublé d'une apparence qui ne devait point être trop de son goût[156].

M. de la Péjaudie perd, par son silence, tout l'éventail de facettes qui constituait son intériorité. Le voilà irréductiblement voué à la vindicte

156 *Ibid.*, p. 274.

populaire et au jugement du commun. Tout ce qui faisait sa multiplicité et sa complexité est neutralisé par l'absence de paroles. Le libertin existe surtout par son discours ; que reste-t-il de lui lorsqu'il est entré dans le silence ?

Le silence n'est cependant pas tout à fait définitif. Le navire commandé par le chevalier de Maumoron, sur lequel sert notre malheureux forçat, coule lors d'un combat naval. Le hasard veut que M. de Galleret recueille les dernières paroles d'un La Péjaudie à l'agonie. Ainsi rapporte-t-il ces propos dans une lettre au comte de Séguiran :

> « J'ai vu une belle bataille et, comme il faut toujours mourir, je ne regrette point d'y perdre la vie. [...] C'est bien moi, Monsieur, qui ai tué ce petit sot de Palamède d'Escandot, mais pas pour les raisons qu'on a données et qui m'ont valu, bien à tort, la haine amoureuse de ce pauvre Maumoron. Oui, ce qui m'enrage, Monsieur, c'est qu'on puisse croire que Marc-Antoine de la Péjaudie ait pu aimer rien d'autre que les femmes. Elles furent, Monsieur, mon occupation principale et c'est par une d'elles que je péris, car je sens que la vie me quitte et[157]... »

Ces dernières paroles ne sont ni une confession, ni une ultime bravade. M. de la Péjaudie y retrace en quelques phrases sa destinée malheureuse. L'intrigue de *La Pécheresse* est commandée par un secret et inéluctable destin, tandis que celle des *Rencontres* semble vouée au hasard des circonstances. Au fond, cette emprise du destin peut bien être le trait majeur qui différencie les figures de M. de Bréot et de M. de la Péjaudie. M. de Bréot s'abandonne à la rêverie de Mme de Blionne, entre deux étreintes ou quand le paysage le rend méditatif. Rien de tel pour M. de la Péjaudie dont tout annonce la fin tragique. Il rejoint la cohorte des malheureux personnages de Régnier accablés par un destin prévisible, tels que Nicolas de Galandot dans *La Double Maîtresse* ou Jean de Franois dans *Le Passé vivant*. M. de la Péjaudie, cependant, n'est soumis qu'à sa seule étoile tandis que Nicolas de Galandot revit sans fin la scène avec sa cousine Julie et que Jean de Franois rejoue les amours fatales de son ancêtre homonyme.

Victime ou pas de son destin ou de son silence, M. de la Péjaudie montre que le libertin sait garder sa fierté et finit par dénoncer la calomnie qui le faisait passer pour sodomite. M. de Galleret poursuit

157 *Ibid.*, p. 335-336.

sans rapporter les paroles exactes de l'agonisant. C'est là qu'arrive sa dernière pirouette : il refuse la présence de l'aumônier et se met à mimer le Faune jouant sur une flûte invisible, ce sur quoi il expire. Au dernier instant, l'hybride facétieux triomphe. Il reste fidèle au mot proféré au début du roman affirmant « qu'il échangerait volontiers sa part de paradis pour celle que l'on trouve au giron complaisant d'une belle fille[158] ». Il pourrait servir de morale facétieuse à ce roman : un Faune devrait s'en tenir strictement aux Nymphes et surtout ne pas toucher aux pécheresses ! Bertrand Vibert en propose une autre, dans le même prolongement : « S'il fallait une morale à ce roman qui se garde bien de toute morale, fût-elle libertine, ce serait sans doute de faire du péché [...] le fruit empoisonné de la religion elle-même, en tant que violence contre la vie[159]. »

Deux mondes inconciliables se croisent et Mme de Séguiran n'est nullement touchée par l'ultime facétie du Faune :

> La lettre de M. de Gallaret avait achevé de lui mettre l'esprit en repos. Les dernières paroles de M. de la Péjaudie ne le montraient-elles pas incorrigiblement impie, et qu'il eût partagé le péché qu'elle avait commis avec lui et où il l'avait aidée n'avait rien ajouté à l'inévitable de sa damnation[160].

Cette confrontation des mondes trouve son apothéose dans la puissante hallucination de Mme de Séguiran qui identifie le Christ au tombeau avec son amant la Péjaudie. La Péjaudie en Christ ! Sur cette folie, Mme de Séguiran accouche d'un enfant mort et, délirante, ne lui survit que quelques jours. Contraste saisissant des points de vue : alors que M. de la Péjaudie mime le pâtre sicilien jouant de la flûte au moment de mourir, Mme de Séguiran le voit paraître en Christ mort et martyrisé. La dernière facette, l'ultime métamorphose de M. de la Péjaudie est donc posthume.

Elle témoigne du fait que cette figure protéiforme appartient d'abord aux autres personnages. En ce sens, M. de la Péjaudie s'oppose complètement à M. de Bréot. Les figures des *Rencontres* se mettent en valeur réciproquement. Le lecteur suit M. de Bréot pas à pas, extérieurement,

158 *Ibid.*, p. 40.
159 Bertrand Vibert, « Les flûtes poétiques et romanesques d'Henri de Régnier », dans *Henri de Régnier, tel qu'en lui-même enfin ?*, *op. cit.*, p. 230.
160 Henri de Régnier, *La Pécheresse*, *op. cit.*, p. 341.

dans la succession de ses relations et intérieurement dans la rêverie grandissante de la Nymphe des Fontaines. Les jugements que les autres portent sur lui, comme M. Floreau de Bercaillé, le qualifient de païen et sont en accord avec sa nature profonde. M. de la Péjaudie paraît dans une contradiction formelle permanente et pousse la facétie jusqu'à s'en amuser. Le Faune joueur de flûte, l'impie sataniste ou le Christ mort apparaissent successivement dans les miroirs qui lui sont tendus. M. de la Péjaudie, libertin issu de l'hybride, ressemble plus encore au caméléon.

Il est certain que M. de la Péjaudie reste, pour lui-même, le Faune païen exempt de la notion de péché. Le personnage de Mme de Séguiran détourne, si l'on peut dire, la figure originellement dessinée par Régnier. Le romancier s'amuse de ce détournement, jusque dans son tragique – la dernière image de M. de la Péjaudie jouant d'une flûte invisible en témoigne. « À sa manière, M. de la Péjaudie rejoint donc dans l'imaginaire de Régnier Orphée déchiré par les Bacchantes ou Marsyas écorché par Apollon[161]. » La vision christique de Mme de Séguiran paraît le reflet déformé du Faune dans le miroir du péché. Les figures d'Orphée et de Marsyas n'existent nullement pour la pécheresse tourmentée.

L'impiété, le goût de la satire et de la raillerie sont présentés comme les qualités premières du libertin La Péjaudie : celui-ci se moque d'un monde qui lui demeure extérieur. Conforme à la figure faunesque, il suit la nature, la variété des désirs et la diversité des passions et il reste vis-à-vis du christianisme un étranger et non un renégat. Il se moque des chrétiens, de leurs mœurs austères, de leur dévotion et de leur spiritualisme, à la manière d'un Celse moderne. Sorti tout droit d'une Grèce archaïque et légendaire, « l'homme borné à lui-même[162] » et un monde pensé dans son irréductible matérialité tendent à l'apparenter à des idées présocratiques.

À l'instar de M. de Bréot, il vit dans l'immédiateté et dans l'instant présent, mais cette immédiateté ne le mène pas à la même simplicité. Régnier place sa figure au milieu d'un jeu de miroirs qui la rend infiniment plus complexe. Les reflets changent selon les points de vue. Le narrateur les rapporte de son mieux dans la succession de son récit et ne s'attache guère à créer une vision cohérente. Le lecteur s'émerveille

161 Bertrand Vibert, « Les flûtes poétiques et romanesques d'Henri de Régnier », dans *Henri de Régnier, tel qu'en lui-même enfin ?*, *op. cit.*, p. 229.

162 Henri de Régnier, *La Pécheresse*, *op. cit.*, p. 47.

devant un tel chatoiement : M. de la Péjaudie séduit les femmes par ses charmes et de nombreux hommes par ceux de sa flûte ; ainsi paraissent le Faune et le pâtre de Sicile. Il joue les mondains facétieux, il devient l'expert que consulte M. de Séguiran en matière de femmes, source d'informations première, et rarement fiable, des dames après le mariage de celui-ci. Il fait l'objet de la convoitise et, souvent aussi, de la jalousie des femmes ainsi que du ressentiment univoque des amants déçus. Mme de Séguiran le perçoit comme un libertin perdu et irrémissible et les gens d'Aix comme un gentilhomme dégradé par son impiété et par ses mauvaises fréquentations. À mesure que les imaginations s'enflamment, il paraît tantôt être devenu un suppôt de Satan, sinon le Diable lui-même, tantôt, dans la vision de Mme de Séguiran, plus que chrétien, le Christ rédempteur mort sur la croix. En dernier ressort, cet amateur de cabarets douteux se révèle un homme d'honneur qui va jusqu'à son propre sacrifice afin de ne pas perdre une femme qui le méprise. L'aventurier conteur d'amours, l'apologiste de la parole libertine devient, pour ce même honneur, l'homme du silence.

Toutes ces métamorphoses, ces états momentanés sont-ils conciliables ? Ils ne demandent pas à l'être. La figure de M. de la Péjaudie bénéficie d'une double immédiateté. La première, la plus évidente, reste celle du personnage tel que nous l'avons examiné. Elle inscrit M. de la Péjaudie dans l'instant présent, dans les jouissances de la chair comme dans les souffrances des galères. Elle nourrit son insouciance et sa facétie et tend à le préserver de la mélancolie. La seconde immédiateté, plus en retrait, serait celle de l'écriture de Régnier qui adapte sa figure au plus près des circonstances qu'il façonne lui-même. Elle rejoint l'immédiateté du geste poétique symboliste, qui tâche de transcrire au mieux la force de présence et l'intensité de l'instant, « extériorisation de la conscience spontanée » pour le dire comme Tancrède de Visan. Elle tend à laisser le libertin La Péjaudie sans identité définitivement assignable. Le personnage se fond dans l'instant romanesque comme le lecteur se perd dans la lecture du poème.

Le dernier geste de M. de la Péjaudie, jouant de sa flûte invisible, laisse penser que cet abandon d'identité, loin d'être une perte, confère au personnage une plénitude inattendue.

Le maréchal de Manissart et le bel Anaxidomène

Pour Régnier, l'année 1902 est placée plus qu'aucune autre sous le signe de Versailles. Après une prépublication dans *La Revue de Paris*, il publie au printemps le volume du *Bon Plaisir*, son deuxième roman, dont l'action se situe au début du règne du Roi-Soleil. Chez le même éditeur, le Mercure de France, paraît à la fin de l'année le recueil poétique intitulé *La Cité des Eaux*. Les poèmes forment une sorte de promenade méditative et mélancolique dans le parc déserté de Versailles. Malgré la similitude du décor, des états tout autres semblent à l'origine du *Bon Plaisir*. Le 21 avril 1907, Régnier note dans ses *Cahiers* :

> Je devais avoir douze ou treize ans. Un dimanche, mon père m'a mené voir à Saint-Germain une cavalcade historique qui représentait, je crois, l'entrée de Louis XIV. De cette foule costumée dans les rues, au soleil, il m'est resté une impression profonde, dont il se retrouve quelque chose dans *Le Bon plaisir*, qui peut-être date en moi de ce jour-là[163].

En effet, tout comme *La Double Maîtresse* se construisait autour de la scène centrale de séduction du héros, Nicolas de Galandot, par sa jolie cousine Julie, violemment interrompue par l'intrusion de la mère, toute l'effervescence du *Bon Plaisir* se concentre dans le passage de nuit de Louis XIV, en route pour la Meuse, dans la ville de Vircourt, lieu de résidence du héros, Antoine de Pocancy. La lumière surgit dans l'obscurité : l'écriture de ce passage semble alors la réminiscence enchantée de ce souvenir adolescent. Il décrit le cortège avec un grand soin et n'omet pas de préciser : « il faisait clair comme en plein jour[164]. »

La personne du Roi transporte avec lui toute la splendeur de la Cour. En août 1892, Régnier écrit :

> Versailles : en faire un sujet de roman, où le personnage trouverait dans le silence des eaux, la proportion des architectures, la beauté des marbres, la paix des ombrages, la raison d'être de soi-même, et l'équivalent de son esprit[165].

Le poète n'est pas encore romancier et son pressentiment correspond davantage à *La Cité des Eaux* qu'au *Bon Plaisir*. Le parc de Versailles

163 Henri de Régnier, *Les Cahiers inédits*, *op. cit.*, p. 587.
164 Henri de Régnier, *Le Bon Plaisir*, Paris, Mercure de France, 1902, p. 115.
165 Henri de Régnier, *Les Cahiers inédits*, *op. cit.*, p. 300.

n'apparaît que très peu dans le roman mais il intervient à un moment clef : lors de la promenade du souverain. La première partie s'achève sur cet événement. Antoine de Pocancy vient d'arriver à la Cour et renouvelle l'éblouissement de la nuit de Vircourt :

> Derrière lui la masse du palais dressait sa dorure du soir. Les trophées sculptés semblèrent plus glorieux ; les cuirasses de pierre s'y gonflaient superbement. Les vitres frappées de soleil s'embrasèrent. Il y eut un grand silence. C'était le Roi[166].

De manière magistrale, Régnier transporte les personnages de son roman dans son propre univers intérieur. Le promeneur taciturne s'accorde avec le silence et la solitude du parc mais cette même force agit avec le personnage de Louis XIV, qui rayonne dans toute sa gloire. Le lieu de silence devient une lueur éblouissante et si Régnier ne s'attarde plus à célébrer les bassins ovales et les eaux miroitantes, c'est qu'un tout autre astre illumine l'ensemble du paysage. *Le Bon Plaisir* devient le miroir de *La Cité des Eaux* : le roman retrouve la lumière dont la perte est célébrée dans le recueil poétique.

Versailles n'est pas un lieu de libertinage ; chez Régnier comme dans les romans de l'époque, il reste périphérique. Les scènes coquines parsèment cependant *Le Bon Plaisir*, bien que, au contraire des protagonistes des *Rencontres* ou de *La Pécheresse*, le héros, Antoine de Pocancy ne soit pas un libertin. Sans atteindre la médiocrité ou les ridicules d'un Nicolas de Galandot, il ne brille guère par ses exploits et voit sa seule ambition, plaire à la Cour de Versailles, pour le moins déçue.

Régnier propose dans son roman une sorte de duo libertin composé du maréchal de Manissart et de son ami le comte de Pocancy, surnommé le bel Anaxidomène, père d'Antoine. Les deux personnages nous sont présentés dans les deux premiers chapitres du roman, en commençant par M. de Manissart :

> M. le maréchal était resté jeune et entreprenant, à soixante ans, au-delà des limites ordinaires où les hommes cessent de l'être au point où il se montrait encore. Sa femme l'en surveillait si étroitement que la chance d'échapper à cette vigilance était une des causes qui faisaient M. de Manissart tout joyeux et tout empressé lorsque la saison et le devoir l'appelaient aux frontières. Il obtenait par ces absences quelque répit et il trouvait dans le désordre des

166 Henri de Régnier, *Le Bon Plaisir*, *op. cit.*, p. 220.

> camps et des logis de faciles galanteries en dédommagement à la privation où il se devait tenir, d'habitude, de plaisirs auxquels il se croyait encore aussi propre que qui que ce fût[167].

Cette verdeur du maréchal se manifeste tout le long du roman, ne cessant de lui attirer les foudres conjugales. Aimé de ses soldats, toujours en première ligne bravant les boulets de l'ennemi, M. de Manissart suscite une vive sympathie. Malgré le contexte guerrier et les embarras de la cour, la vie semble déborder du *Bon Plaisir*, et le personnage du maréchal contribue beaucoup à cet effet.

Sans jamais se ménager au service du Roi, il n'en dédaigne pas moins des plaisirs plus personnels :

> Il faut croire que la campagne de 1676 fut particulièrement fatigante, car M. le Maréchal en revint, l'oreille basse. Il est vrai que, tant qu'elle dura, M. de Manissart mena après lui dans son bagage une fort belle fille qui ne le quitta pas et qu'il ramena ensuite à Paris[168].

Le scandale lui attire les foudres de Mme la maréchale qui chasse la malheureuse fille et prend la résolution de faire désormais surveiller les moindres faits et gestes de son époux. L'ingrat rôle d'espion revient à M. de Berlestange, précepteur en titre du fils de la maison, le chevalier de Froulaine. Personnage de peu d'envergure, il remplit sa tâche avec une méticulosité qui afflige le maréchal. Le jeune Antoine de Pocancy en est le premier témoin :

> Les belles dames de Domden lui apportèrent des confitures choisies. Il reçut la députation sous les couvertures, M. de Berlestange à son chevet. M. de Berlestange faisait bonne garde. M. le maréchal en était excédé et s'en plaignait à Antoine. Depuis le commencement de la campagne, le pauvre M. de Manissart vivait de souvenirs et il se rappelait avec chagrin le temps où la guerre pour lui n'allait pas sans amour, et, dans son lit, il pensait avec regret au plaisir qu'il y a à le partager avec un corps de femme. Mais Berlestange était là[169].

La campagne militaire, jadis occasion de joie et de plaisirs, devient par la présence de Berlestange source de nostalgie, sinon de mélancolie. Le

---

167 Henri de Régnier, *Le Bon Plaisir*, *op. cit.*, p. 9-10.
168 *Ibid.*, p. 12.
169 *Ibid.*, p. 142.

maréchal est un libertin véritable, c'est-à-dire le contraire d'un amoureux. Aucune figure ne le possède, comme M. de Bréot la Nymphe des Fontaines. Il n'y a que le plaisir de partager son lit avec un corps de femme. La privation de ce plaisir entraîne alors colère ou tristesse. La simplicité de M. de Manissart préfigure celle de M. de Bréot et de M. de la Péjaudie. Cette figure est d'autant plus simple qu'aucun hybride mythologique ne semble à l'origine de son désir. Nulle violence et nul péché : le désir de M. de Manissart est le plus naturel du monde et Berlestange paraît une entrave incompréhensible.

La figure du maréchal ne vaut pas tant par elle-même que par le contraste qu'elle offre avec son camarade de jeunesse, le bel Anaxidomène. Leur amitié naît précisément d'une anecdote libertine :

> Il y avait à Paris, au temps de leur jeunesse, vers 1643, une jeune dame du Marais, galante, gaillarde et bien faite, et qui non seulement aimait à le faire voir, mais aussi à faire éprouver, à ceux qui lui semblaient le mériter, que la vue ne suffisait point à ce qu'on se rendît un compte exact de ses charmes. Elle accueillait donc volontiers les hommages que lui attirait sa beauté. Des façons aussi ouvertes lui donnaient beaucoup d'admirateurs qui, chacun à son tour, recevaient d'elle la récompense de leurs désirs[170].

M. de Pocancy est à ce moment l'amant en titre de la dame. Les nombreux prétendants de celle-ci commencent à s'irriter de cette exclusivité. Une partie de campagne se montre l'occasion idéale pour débrouiller une situation que les personnages trouvent décidément inconvenante. Alors que le bel Anaxidomène s'isole avec la dame dans une chambre de la maison d'agrément, M. de Manissart et ses amis interrompent le tête-à-tête et le futur maréchal prend la parole :

> Son discours fut admirable. Il représenta à M. de Pocancy le tort qu'il leur faisait, à lui et à ces messieurs, en outrepassant aussi effrontément la durée que l'usage consent à une liaison dont le caractère même est d'être passager. [...] M. de Manissart ajouta à ces propos mille folies si burlesques que Pocancy, qui tout d'abord avait paru rechigner au procédé, se dérida. Tout finit par des rires et la dame se prêta si bien à la plaisanterie que, ce jour même, aucun de ces messieurs n'eut à se plaindre, tant la belle mit d'empressement à réparer un retard dont elle eut, en une fois, tout le profit. Cette facétie fut la cause de l'amitié qui se fit entre M. de Manissart et M. de Pocancy[171].

170 *Ibid.*, p. 21.
171 *Ibid.*, p. 24.

Le libertinage s'entend toujours dans la bienséance et dans le partage. Les personnages se révèlent vite de la même étoffe. « Tout finit par des rires. » La légèreté préside aux échanges et Régnier la privilégie dans tout le roman – nous sommes encore très loin des tourments de *La Pécheresse*. Le goût des femmes et l'expertise de M. de Pocancy annoncent déjà ceux de M. de la Péjaudie. L'expérience confère une indéniable autorité et le bel Anaxidomène n'hésite pas à faire part de ses talents de taxinomiste :

> « Est-ce ma faute, disait-il volontiers, si la nature m'a fait naître avec un goût prononcé pour les femmes, et si Dieu les a rendues si diverses de couleur, de forme et d'odeur qu'il en faut avoir beaucoup pour avoir eu ce qu'il y a en elles de différent ? Pour peu, ajoutait-il, que l'on soit seulement sensible à la variété de leur peau, l'étude est déjà bien étendue. J'en sais qui l'ont satinée et d'autres douce ou velue, et humide ou sèche ; quelques-unes l'ont presque transparente et certaines plus nue que d'autres. Mettez qu'aux unes le poil est dru, et à d'autres couché ou ras, qu'il boucle ou qu'il frise, cela vous donnera une idée des recherches où de telles différences vous obligent[172]. »

À la simplicité du désir répond la diversité de ses objets. On songe, en la matière, aux manies classificatrices de Pierre Louÿs. Nous ne savons pas si Régnier a vu les documents qui nous sont parvenus[173], mais nous pouvons imaginer que ses échanges avec son beau-frère ont pu laisser quelques traces dans ce discours de M. de Pocancy. Cette classification ne possède en rien la froideur de la liste de Don Juan. Elle est commandée par une curiosité et un amour véritables. Plus qu'une authentique taxinomie, il faut voir là une efflorescence de sensations, habituelle chez le poète Régnier, à laquelle M. de Pocancy se montre sensible au point de s'en faire le témoin.

Leur condition conjugale respective sépare M. de Manissart et M. de Pocancy. Le premier n'a jamais trouvé dans le mariage que des entraves ponctuelles à ses escapades libertines, le second devient esclave de l'amour et victime des affres de la jalousie. Marié une première fois à l'âge de quarante ans, le bel Anaxidomène se trouve veuf après la naissance de son premier fils, Antoine. Son second mariage, à l'âge de cinquante-cinq ans, avec la belle et jeune Annette Courlandon, marque le début de sa déchéance en tant que libertin. Devenu possessif et jaloux, il décide de renoncer à la vie mondaine qu'il menait jusqu'alors pour s'enfermer

172 *Ibid.*, p. 25.

173 Voir la récente édition de Jean-Paul Goujon de l'*Œuvre érotique*, mentionnée plus haut.

dans son austère demeure d'Aspreval. La belle Annette est hélas trop jeune et trop belle pour le mariage et la maternité ; elle finit par déserter le domicile conjugal, abandonnant à M. de Pocancy deux jumeaux malpropres et répugnants. Le libertin léger et galant de jadis sombre alors dans une profonde mélancolie.

C'est dans ce triste état que le maréchal de Manissart retrouve, bien des années plus tard, son ancien complice, lors d'un passage improvisé au château d'Aspreval. Fausses retrouvailles en vérité, car le vieil Anaxidomène n'ose paraître devant son ami et confie à son fils Antoine le soin de transmettre la lettre qui justifie sa singulière conduite. Le maréchal en découvre le contenu :

> Vous apprendrez donc que j'attends, ce soir, la visite d'une dame dont le nom vous rappellerait la galante façon que vous mîtes à nous traiter un jour en votre maison de Rueil. Cette personne, dont vous n'avez certes pas perdu le souvenir, puisqu'il est lié aux débuts de notre amitié, veut bien venir distraire ma solitude, et, quoiqu'elle ne soit plus guère à la mode aujourd'hui, elle n'en est pas moins en gré à ma mémoire. Ses attraits ont toujours leurs charmes. [...] Aussi ma chambre est-elle pleine de soupirs langoureux et tendres. On y cause et on y rit. C'est ainsi que ma vie s'est arrêtée à ce qu'elle eut jadis de plus exquis[174].

Cette longue évocation qui débute la lettre qu'il adresse à son ami veut effacer le mariage malheureux qui le poussa à l'isolement. La mélancolie et les visions de M. de Pocancy ne ressemblent pas aux soupirs et aux fantasmes de M. de Bréot. Ce dernier s'abandonnait à la tristesse dans la contemplation onirique et inassouvie de Mme de Blionne. La blessure du vieil Anaxidomène se révèle à la fois plus profonde et plus durable. Son deuil se réfère à sa vie de libertin. Il ne donne pas le nom de la dame qu'il évoque et cet anonymat lui confère un caractère universel. Cette présence de la dame de jadis ressemble aux ombres de femmes que le poète Régnier retrouve dans le parc de Versailles, au sein de *La Cité des Eaux*.

La mélancolie de l'ancien libertin n'est pas joyeuse et on ne sait quoi de douceur et d'émotion dans l'évocation appelle peut-être une considération plus profonde. Le rapport de Régnier avec le passé est en jeu et il n'est guère étonnant de le retrouver en contexte mélancolique.

174 Henri de Régnier, *Le Bon Plaisir*, *op. cit.*, p. 81-82.

Pour M. de Pocancy, la présence du passé en lui-même est vivifiée jusqu'à l'hallucination : c'est la capacité de faire vivre en lui les femmes qu'il a connues qui lui permet d'entendre leurs soupirs. M. de Bréot vivait la scène de danse de la Nymphe dans un entre-deux : elle était à la fois une réminiscence de la fête du Verduron et une anticipation de l'étreinte réelle dans la scène finale du parc. Dans le cas de M. de Pocancy, la possession onirique est totale et irréductible. Elle cherche à jouir d'elle-même dans le « plus exquis » et se nourrit de la seule matière disponible : le souvenir. Les sens se réveillent et le galant s'anime. Aucune figure précise ne paraît : on distingue seulement des soupirs, des voix ou des rires. Comme les images indistinctes des rêves que le rêveur croit pourtant identifier avec certitude. Ces images sont pour lui et pour sa mémoire des événements aussi réels que ceux vécus matériellement durant la veille. En ce sens, ce passage de la lettre de M. de Pocancy s'apparente bien à un récit de rêve.

Ce phénomène dépasse aussi ce qui n'était qu'une rêverie mélancolique chez M. de Bréot : il est devenu la vie quasi exclusive, « indéfiniment recommencée », de M. de Pocancy. Le temps passé sans cesse réitéré associe un présent et un futur qui se confondent. Cette confusion du temps, apanage du rêve, est-il un arrêt de la vie, comme le laisse entendre le vieil Anaxidomène ?

M. de Pocancy meurt, victime de hasard d'un piège de ses jumeaux malveillants tandis que M. de Manissart décède à la suite de l'épidémie de petite vérole qui décime la Cour. Régnier s'attarde peu sur leur fin et préfère laisser au lecteur quelques scènes caractéristiques. Le maréchal reste jusqu'au bout une figure libertine de l'immédiateté tandis que celle du bel Anaxidomène devient inexorablement une figure de la réminiscence. À ce titre, il est peut-être, sinon le seul, du moins le plus bel exemple des libertins mélancoliques de Régnier.

DON JUAN

La figure de Don Juan ne possède pas, dans l'ensemble de l'œuvre de Régnier, l'importance de celle de Casanova. Disons-le d'emblée : si Don Juan intéresse Régnier, il ne représente pas le modèle libertin qu'il affectionne. Et contrairement à l'illustre Vénitien dont le nom ne cesse de paraître sous sa plume, celui de Don Juan, hormis dans les œuvres qui lui sont spécifiquement consacrées, reste pratiquement absent.

Son succès n'est pourtant pas moindre chez les contemporains de Régnier qui, fascinés par le catalogue, en font « une sorte de Des Esseintes du sexe[175]. » Don Juan se trouve irrémédiablement galvaudé, entre pathétique et ridicule. Dans son recueil d'aphorismes, *Lui ou les femmes et l'amour*, Régnier s'amuse des prétentions qu'il voit dans les femmes contemporaines : « Si Don Juan m'avait rencontrée, pense-t-elle, il n'y aurait peut-être qu'un nom, au lieu de mille et trois, sur la fameuse liste[176] ! » Don Juan n'est plus le libertin tout puissant qui collectionne les femmes mais le futur mari bien sage, satisfait d'avoir rencontré la compagne idéale. Cette facétie irait bien, en effet, dans le sens de sa décadence.

Elle ne reflète pourtant guère l'utilisation que fait Régnier de la figure de Don Juan dans les deux textes qu'il lui consacre plus particulièrement : une pièce de théâtre dans l'esprit de Molière datée de 1908 et un long poème en vers d'une dizaine de pages, publié dans le *Miroir des Heures* en 1910[177].

Régnier publie *Les Scrupules de Sganarelle*, également titré *Le Théâtre aux chandelles*, écrit en 1904 et 1905, en février 1908 au Mercure de France. Comme il le précise dans l'avertissement, il ne destinait pas la pièce à une représentation théâtrale effective. Encore le lecteur doit-il se méfier, il sait que Régnier se fait un devoir de se livrer à la facétie dans ses avertissements ou dans ses avant-propos. La pièce est jouée au Théâtre de l'Œuvre[178], le 15 janvier 1921. Les noms des personnages de la pièce sont presque tous sortis de l'univers de Molière : Géronte est tiré des *Fourberies de Scapin*, Dorine de *Tartuffe*, Anselme et Valère de l'*Avare* et Angélique du *Malade imaginaire*. À ce florilège de personnages moliéresques, Régnier adjoint le double mozartien de Sganarelle, Leporello, qui, plus que son double, devient son implacable rival. On

175 Jean de Palacio, « Décadence de Don Juan » dans *Dictionnaire de Don Juan*, sous la direction de Pierre Brunel, Paris, Robert Laffont, 1999, p. 265.

176 Henri de Régnier, *Lui, ou les femmes et l'amour*, Paris, Kra, 1928, p. 26.

177 Pierre Brunel signe l'article intitulé « Régnier » dans son *Dictionnaire de Don Juan* et se livre à une présentation générale de ces deux textes précis. Il ne s'agit naturellement pas de reprendre le contenu de cet article rigoureux, même sous une forme remaniée. P. Brunel s'intéresse à la façon dont Régnier reprend, dans sa perspective mythique, le personnage de Don Juan, tandis que le présent développement s'attache à le replacer dans le contexte du libertinage régnierien.

178 Le même Théâtre de l'Œuvre qui avait accueilli la création scénique de *La Gardienne* en 1894.

note que, dans le premier manuscrit[179], le frère de Géronte s'appelait d'abord Orgon (*Tartuffe*), Angélique se prénommait Agnès (*L'École des femmes*) et Dorine, Marinette (*Le Dépit amoureux*).

Le titre trouve son origine dans une réplique du *Mariage forcé*, que Régnier donne en épigraphe à sa pièce : « Il m'est venu, depuis un moment, de petits scrupules… » Régnier considère *Le Mariage forcé* de Molière comme « une de ses meilleures pièces[180]. » Il tronque volontairement la réponse de Sganarelle à Géronimo, donnant ainsi un caractère plus général à ces « scrupules. » La suite du texte de Molière s'accorde pourtant bien avec la pièce de Régnier : « Il m'est venu, depuis un moment, de petits scrupules sur le Mariage. Avant que de passer plus avant, je voudrais bien agiter à fond cette matière[181]. » De fait, le Sganarelle de Régnier était, avant de suivre Don Juan à travers l'Espagne et à travers l'Italie, l'époux cocu, très véritable et non imaginaire, de Dorine. Les mésaventures conjugales du Sganarelle des *Scrupules* justifient amplement les scrupules énoncés par le Sganarelle du *Mariage forcé* ; il semble bien qu'il n'ait pas réussi à « agiter à fond cette matière »… Le Sganarelle de Régnier reste marqué par l'indécision. « Don Juan est sans scrupules. Sganarelle, au contraire, en a[182]. » Les scrupules de l'un semblent n'être là que pour mettre en valeur l'absence de scrupules de l'autre.

Régnier précise que l'action se déroule à Verrières, « petite ville du centre de la France » et Sganarelle nous apprend qu'« il s'y compte près de trois mille âmes de bons chrétiens[183]. » Ce nom ne figure pas encore dans le premier manuscrit[184]. Il existe en France plus d'une dizaine de lieux portant ce nom de Verrières et le village du Puy-de-Dôme, le plus au « centre de la France », n'a jamais compté plus d'une centaine d'habitants[185]. *Les Scrupules de Sganarelle* jouent avec les reprises et les références littéraires. On songerait volontiers à la référence stendhalienne qui situe l'action du *Rouge et le Noir* dans la « petite ville[186] » de Verrières

179 Bibliothèque de l'Institut Ms. 6302-7.

180 Note sur une feuille volante (Bibliothèque de l'Institut, Ms. 6307-1).

181 Molière, *Le Mariage forcé*, dans *Œuvres complètes*, tome I, édition sous la direction de Georges Forestier, Paris, Gallimard, « Bibliothèque de la Pléiade », 2010, p. 945.

182 Pierre Brunel, « Régnier » dans *Dictionnaire de Don Juan*, *op. cit.*, p. 774.

183 Henri de Régnier, *Les Scrupules de Sganarelle*, *op. cit.*, p. 11.

184 « La scène est dans une petite ville de France » (Bibliothèque de l'Institut Ms. 6302-7).

185 http://cassini.ehess.fr/cassini/fr/html/fiche.php?select_resultat=39546, consulté le 13 mars 2020.

186 « Une petite ville » est même le titre du premier chapitre du roman.

en Franche-Comté : Régnier s'attache toujours beaucoup plus au nom lui-même qu'à une situation géographique véritable.

Verrières reste, dans la pièce de Régnier, le lieu de naissance et de jeunesse de Sganarelle. Il y guide Don Juan et Leporello, fripon rencontré durant leur séjour à Naples. Don Juan se fie à Sganarelle pour lui procurer une femme à son goût. Hélas pour ce dernier, grâce au zèle de Leporello, son redoutable maître jette son dévolu sur la jeune et belle Angélique, fille de Géronte ; le même Géronte qui employa en son temps Sganarelle et son épouse Dorine à son service. Se dissimulant tout d'abord sous le nom de Valère, Don Juan reçoit les lettres de grâce du Roi qui l'exonèrent du crime du Commandeur. Il envisage alors d'enlever la belle Angélique, au grand dam de son valet Sganarelle. Don Juan séduit la jeune fille mais le prétendant de celle-ci, Léandre, n'entend pas la laisser partir avec celui qu'il a reconnu comme le séducteur scélérat. Provoquant le libertin à l'épée, Léandre trouve la mort et Don Juan s'enfuit impunément avec sa proie et avec la complicité de Leporello, tandis que Sganarelle subit les foudres des gens de la ville.

Régnier s'amuse, selon son habitude, à créer un Don Juan qui devient son propre double. Indépendamment du phénomène de reprise qui fait que, tout naturellement, le Don Juan de Régnier est bien perçu comme un double de celui de Molière ou de celui de Da Ponte, le duel avec Léandre et la mort qui s'ensuit, dans la scène IX de l'acte III, renouvelle l'incident du Commandeur dont il est question plusieurs fois auparavant. Sganarelle subit la présence indélicate de son double Leporello et en paye souvent le prix, comme dans la scène II de l'acte I, dans laquelle il reçoit le coup de canne de Don Juan destiné à Leporello : « Mais, j'y pense, Leporello, c'est toi qui es cause des souffrances de ce pauvre Sganarelle et n'est-il pas juste que je te laisse le plaisir de panser ses plaies ? Oui, noble cœur, bénis un maître qui sait te comprendre[187]. » Dans la pièce de Régnier, la véritable âme damnée de Don Juan reste Leporello. Ils se comportent en étrangers conquérants dans la ville natale de Sganarelle. Plus que celui de Sganarelle, Leporello semble le double abâtardi de Don Juan. Cet isolement apparent de Sganarelle ne le laisse pas en reste : après le meurtre de Léandre à la fin de l'acte III, il est accusé par les gens

187 Henri de Régnier, *Les Scrupules de Sganarelle*, Paris, Mercure de France, 1908, p. 28.

de la ville du meurtre commis par son maître et redevient ainsi, bien malgré lui, le double de Don Juan. Dans *Les Scrupules de Sganarelle*, le jeu des doubles se présente comme un jeu de contrastes.

Plus que le jeu lui-même, ce sont les contrastes qui font saillir la personnalité de Don Juan. Ainsi, lorsque Angélique s'éprend de cet étranger nommé Valère, Sganarelle s'efforce de noircir le tableau :

> Il ne recule ni devant la violence, ni devant le crime. Il n'a jamais eu pitié d'une femme, ni peur d'un homme, ni crainte de Dieu, car il est à la fois séducteur, spadassin et impie. [...] C'est ainsi que cet homme, né riche, intelligent et beau, est devenu un fléau véritable. Que de familles il a désespérées ! Que de filles et de femmes il a séduites et perdues ! Que de perfidies, de mensonges et de cruautés ! [...] Malheur à celle qui tombe sous sa main ! Il n'aura de cesse qu'il ne l'ait réduite à être son esclave. Tout est bon. Il a, pour jurer un amour éternel, une facilité merveilleuse. Il offre le mariage et sait se dérober comme personne à ses engagements. Que vous dirais-je encore[188] ?

Nonobstant la présence de la jeune fille amoureuse, Don Juan, qui a tout entendu, rosse copieusement son valet. Jamais aucun libertin de Régnier n'atteint un tel seuil d'abominations. La brutalité d'Hubert de Mausseuil (le père de la petite Julie dans *La Double Maîtresse*) et celle de M. de Chaumusy (le père de l'héroïne de *L'Escapade*) venaient pour une grande part de leur ivrognerie et d'une sorte de rudesse naturelle, très éloignées de la scélératesse calculée de Don Juan. Si l'impiété et la violence des deux premiers paraissent naturelles, celles de Don Juan sont le produit d'un comportement obstiné et non inné.

L'incompréhension de Sganarelle vis-à-vis du comportement de son maître souligne l'étrangeté du libertin. Sa sensualité échappe au commun des mortels, incarné ici par son valet :

> C'est le printemps, Sganarelle. Il travaille ta vieille carcasse, comme il émeut mon jeune sang. Respire l'air de ce ciel bleu, l'odeur de ces ormeaux ? N'est-il pas le moment de vivre et d'aimer. Ah ! Sganarelle, baiser une bouche fraîche et pure, dénouer des cheveux blonds, toucher la rondeur d'un sein, emporter dans ses bras un corps tiède et souple qui résiste à l'étreinte pour mieux s'abandonner à la caresse... [...] En selle, en selle, Don Juan ! Elle saute en croupe avec toi, vous êtes la Jeunesse et l'Amour et vous disparaissez au galop[189].

188 *Ibid.*, p. 196-197.
189 *Ibid.*, p. 135-136.

Loin du noir tableau dessiné par Sganarelle, Don Juan fait montre d'une santé amoureuse digne de M. de la Péjaudie. Aucune crapulerie n'est décelable dans ce discours printanier. Plus qu'un élan métaphorique, c'est un élan véritable qui fait se mouvoir le libertin : Don Juan traverse l'Europe comme M. de la Péjaudie suit la bohémienne sans se soucier de sa réputation et encore moins de sa destination. Chaque voyage, plus que le produit d'une errance, se révèle véritablement, pour employer un mot très régnierien, une *escapade*. Don Juan va, pour ainsi dire, d'escapade en escapade. Lorsque Sganarelle reproche à son maître les embarras de leurs séjours en Espagne et en Italie, Don Juan lui répond :

> Eh ! malheureux, mais tu oublies ces filles adorables, aux yeux de velours et de feu, qui cachent sous leur crasse et leurs haillons une beauté brûlante, ces courtisanes instruites au plaisir, ces grandes dames qui, dans leurs palais de marbre, au bord de la mer bleue, font connaître la volupté d'aimer… Mais, je suis bon de raisonner et qu'est-ce que tout cela peut bien faire à une vieille carcasse comme la tienne, qui ne pense qu'à s'emplir le nez de tabac[190] !…

On comprend aussi cette incompréhension mutuelle entre Don Juan et Sganarelle d'un point de vue poétique. Lorsque Régnier fait parler Don Juan de sensualité, il retrouve un lyrisme qui s'éloigne du pastiche de Molière. Le comportement de Don Juan, que les autres perçoivent dans toute sa vilenie, contraste singulièrement avec la poésie qui surgit immanquablement de sa parole libertine. Don Juan voit la beauté sous la crasse autant que Sganarelle devine la crapule derrière ces beaux discours. Malgré l'aspect *a priori* superficiel et inconséquent de l'attitude de Don Juan, celui-ci révèle la profondeur des choses, il s'apparente au poète qui magnifie et montre la beauté par le langage. À côté de lui, Sganarelle ne dépasse guère sa prise de tabac. L'étrangeté du libertin et la marginalité qui l'accompagne rejoignent celle du poète.

Libertin étrange et étranger. Pour Don Juan, Verrières représente l'occasion d'une escapade supplémentaire, dont Régnier nous donne l'intégralité : le libertin arrive dans la petite ville à la première scène de l'acte I pour s'enfuir à la scène IX de l'acte III. Don Juan est étranger partout, Verrières ne l'intéresse que pour les jolies femmes qu'il pourra séduire. Pour Sganarelle au contraire, il s'agit d'un retour aux sources et à une vie antérieure à la rencontre de son maître actuel. Les frasques

---

190 *Ibid.*, p. 16.

de ce dernier prennent une dimension d'autant plus tragique pour son valet dépité : elles s'accomplissent au détriment de personnes de sa connaissance ; les voyages lui ayant jusqu'à présent épargné ce dommage. Le passé de Sganarelle à Verrières est indifférent à Don Juan, dans la mesure où il ne sert guère ses desseins.

À mesure que grandit l'intérêt de Don Juan pour Angélique, Sganarelle perçoit de plus en plus le caractère maléfique de son maître. Ce caractère diabolique atteint son paroxysme avec la réflexion de Léandre, qui affronte Don Juan au troisième acte : « Il lui a suffi d'entrevoir, au coin d'une rue, votre visage maudit et cet habit rouge qui est sur vous, moins l'accoutrement d'un gentilhomme que la livrée même de Satan, pour lui pervertir l'esprit et lui tourmenter le cœur[191]. » Don Juan, gentilhomme espagnol, porte le même costume rouge dont Gœthe habille son Méphistophélès. Don Juan annonce à bien des égards les calomnies malheureuses qui entourent M. de la Péjaudie. Les dévots prennent le Faune pour un Diable. La possession par le désir d'Angélique est perçue par Sganarelle comme la révélation d'une nature diabolique. Cette opinion, comme dans le cas de M. de la Péjaudie, reste l'apanage d'une vision extérieure. Le Don Juan de Régnier ne se présente à aucun moment comme un suppôt du Diable : il aime, il désire et ne s'encombre guère de morale pour parvenir à ses fins : « voilà tout ».

Bien au contraire, Don Juan dénonce l'hypocrisie et le mensonge. S'il y a perfidie, nul doute qu'elle se situe du côté des femmes. Lorsque Sganarelle comprend que Don Juan a jeté son dévolu sur la jeune Angélique, il lui annonce qu'il le quitte pour retourner au service de Géronte et qu'il lui est désormais impossible de l'aider à assouvir ses desseins. Le libertin entre alors dans une colère terrible et tâche de susciter l'effroi de son valet par une vive harangue :

> Ah ! défenseur des tendrons, avocat des foyers, ne sais-tu donc pas, triple sot, ce que sont les femmes ! Avoir pitié d'elles, quelle duperie ! Ont-elles donc pitié de nous ? En est-il une qui hésite à déchirer un cœur, à satisfaire sa vanité aux dépens de notre tendresse ? Et nous, nous leur devrions tous les respects et tous les ménagements ! [...] Tant pis. Que tous ces vils esclaves d'un sexe perfide et dangereux me flétrissent à leur gré du vain nom de suborneur ! Qu'ils m'appellent, s'il leur plaît, menteur et débauché ! [...] Taisez-vous, faibles jouets de l'amour. Chapeau bas devant Don Juan ! Ne suis-je pas

191 *Ibid.*, p. 209.

> le vivant reproche de votre lâcheté, le cri de vos sourdes haines, la victoire de vos défaites, et c'est moi, dont vous évoquez, en vos désespoirs, l'image armée et vengeresse[192].

À la suite de cela, Sganarelle accepte d'être son complice et de transmettre des paroles d'amour à Angélique. Aux hypocrites, l'orgueil de Don Juan tend un miroir. Il ne confond pas le désir avec l'amour et le premier vaut mieux que le second. Telle serait l'intégrité du libertin : il sait percevoir la beauté de la femme, la magnifie par l'exaltation de son désir mais jamais il ne déchoit au point de s'en rendre esclave. Son aspect diabolique s'ajoute aux calomnies dictées par les ressentiments.

Pierre Brunel le souligne bien, malgré le titre de la pièce, « c'est sur Don Juan qu'elle commence et qu'elle s'achève, réduisant sans doute le mythe, mais laissant au rôle toute sa force[193]. » Régnier utilise au mieux le caractère archétypique de Don Juan pour modeler la figure de sa pièce. Dans le catalogue régnierien du libertinage, Don Juan incarne avant tout la figure de l'orgueil. C'est bien ainsi que le perçoit Francis Jammes, lecteur fidèle, qui écrit à Régnier le 3 mai 1908 :

> L'intérêt de cette haute et amère comédie ne réside pas ici dans une facile faculté d'interloquer le lecteur ou le spectateur. Mais l'attention est soutenue sans effort par la noblesse et la pureté de la ligne, le tragique vivant des caractères – et, pour nous encore, par le regard à la fois ironique, indulgent et désolé que vous jetez sur les cœurs. Votre hautaine tristesse envers les hommes en général n'est point éloignée de l'humble résignation. [...] Un héros comme Don Juan n'est-il pas toujours pétri d'orgueil ? Vous voyez bien que c'est vous qu'il a choisi pour historiographe en cette époque où vous survivez déjà[194].

Si l'on retire de ce passage la politesse un peu obligée de Jammes, nous trouvons tout de même le lien très juste établi par le poète d'Orthez entre la tonalité de la pièce et l'individualité de Régnier. On découvre nombre de points communs entre Don Juan et M. de la Péjaudie mais la rupture se situe précisément sur le plan de l'orgueil. Le premier se complaît dans le discours et la bravade, indifférent aux pertes qu'il cause, quand le second s'enferme dans le silence pour sauver sa maîtresse. Dans l'univers de Régnier, Don Juan reste le seul libertin crapuleux à

192 *Ibid.*, p. 147-148.

193 Pierre Brunel, « Régnier » dans *Dictionnaire de Don Juan*, *op. cit.*, p. 775.

194 Henri de Régnier et Francis Jammes, *Correspondance (1893-1936)*, édition de Pierre Lachasse, Paris, Classiques Garnier, 2014, p. 123.

n'inspirer ni tendresse ni pitié. Cependant, malgré les préventions des personnages qui l'entourent et qui l'accablent de leur jugement unanime, cette figure de Régnier se révèle magnifique et non repoussante. Malgré l'orgueil et l'implacable crapule, son discours enchante par la puissance de son évocation poétique. Lorsqu'il aime, Don Juan devient poète. En ce sens, et sans doute Jammes l'a-t-il bien perçu, une certaine amertume de Régnier vis-à-vis de son époque, la nostalgie qui s'y mêle, mais surtout sa « hautaine tristesse » créent un lien entre lui-même et la figure de Don Juan, lien qui contribue à rendre cette dernière si vivante. Comme le libertin orgueilleux, Régnier exalte la beauté par le verbe, indifférent aux bassesses qui l'entourent et aux miasmes qui l'éclaboussent. La célébration du désir dédaigne la morale sans ciller. Cette émergence de la poésie a tendance, pour reprendre les termes de Pierre Brunel, à « réduire le mythe » mais, ce faisant, elle souligne la pleine appropriation du personnage par Régnier.

Le poème *Don Juan au Tombeau*[195] est publié dans *La Revue de Paris* en janvier 1910 avant d'être repris dans le recueil du *Miroir des Heures*, en avril de la même année. Le poème forme en quelque sorte la consécration du personnage de théâtre. Situé après la mort de Don Juan, il présente tout d'abord deux moines veillant devant le sépulcre, duquel émanent les exploits et les scandales qui parsemèrent la vie du défunt. Un cortège de visions inquiétantes et funèbres se succèdent sous leurs yeux. « Luxurieux, impie, orgueilleux, hardi, rude[196] » : nous retrouvons tous les défauts qui lui sont habituellement imputés. Selon Pierre Brunel, « on peut concevoir que toutes ces réflexions passent dans le monologue intérieur des deux moines surpris par le doute dans leurs prières[197]. » Le libertin continue d'effrayer les clercs, même par-delà la mort. Régnier prépare longuement ses effets : les deux premiers tiers du poème présentent les doléances habituelles à l'encontre de Don Juan en les intensifiant jusqu'à l'image morbide des vers dévorant le cadavre[198].

Tout change cependant à partir du vers 142 : « Mais, moines, quel spectacle apparaît à vos yeux ! » L'enchantement commence. En fait de chair putréfiée, ils découvrent à leur grande stupeur un corps radieux,

195 Le texte critique du poème est donné dans son intégralité en annexe.
196 v. 37.
197 Pierre Brunel, « Régnier » dans *Dictionnaire de Don Juan*, *op. cit.*, p. 776.
198 v. 139-141.

pur et lumineux. « C'est que rien ne le put, ô moines, assouvir, / Et qu'il fut, par son âme anxieuse et mouvante, / Une incarnation de l'Éternel Désir[199]. » Nous retrouvons le désir qui, dans *Les Scrupules de Sganarelle*, transfigurait le libertin en poète. Son surgissement stupéfiant, dans le poème, suit des voies étonnantes. Dans la pièce de théâtre, c'est, sans surprise, par la parole que le libertin fait naître la poésie. Le lecteur peut donc avoir de ce désir une perception directe par le texte de Régnier. Dans le poème, il ne s'agit plus d'un discours mais d'une vision solaire autour du cadavre, rapportée par le poète. Ce n'est donc plus seulement une question de point de vue qui ferait de Don Juan l'homme de tous les désirs, selon ses propres discours, ou l'incarnation du Diable en personne, selon ses détracteurs. Ici, les moines eux-mêmes, si terrifiés l'instant d'avant, sont les témoins de cette transfiguration. Nous ne pouvons plus douter de l'intention de Régnier de faire de Don Juan une figure rayonnante, devant cet épilogue en forme d'apothéose.

Le soir qui suit la stupéfiante vision des moines, trois femmes rendent visite au tombeau ; deux des trois personnages sont connus : Elvire et Anna. La troisième n'est pas nommée[200]. Tout n'est plus que vide et silence. Tandis que les moines veillent dans une agitation constante, la visite des trois femmes s'effectue dans le plus parfait recueillement. Leur visite n'a rien de pieux, elles ne viennent pas prier pour le repos de l'âme damnée du libertin. Elles descellent le tombeau et pourtant leur geste n'a rien de profanateur. Ce qui les attire, ce qui les fascine, c'est bien le corps. On ne sait si elles veulent toucher ce corps, déjà tant caressé, mais elles aspirent en tout cas à le voir. Qu'est donc, par-delà la mort, cette incarnation de l'Éternel Désir ? « Un Ange aux ailes d'or et pareil à l'Amour[201] ! » Régnier achève là son poème, laissant les trois femmes dans une contemplation qui semble avoir en effet l'éternité du désir. De toutes les reprises de Don Juan faites autour de 1900, celle de Régnier paraît l'une des plus surprenantes. Alors que la décadence se complaît dans l'inéluctable dégénérescence du libertin, Régnier inverse complètement ce processus. Don Juan y gagne une pureté étonnante. Après les apparitions diaboliques qui se sont succédées devant les moines,

199 v. 154-156.

200 « La plus jeune, très pâle, encor presque une enfant. » (v. 178) Pierre Brunel se plaît à voir dans la jeune enfant pâle la figure d'Angélique.

201 v. 194.

cette pureté angélique pourrait être le fruit d'un repentir véritable : plus grand est le pécheur, plus glorieuse la rédemption. Or il n'en est rien. Malgré le lieu saint dans lequel il repose, cette transfiguration est étrangère à l'œuvre de Dieu. Régnier précise bien que l'orgueil ne l'a jamais quitté[202], que le feu dont il brûle est plus fort que la flamme infernale.

Si Don Juan échappe au schéma habituel du libertin régnierien qui trouve ses origines dans le Faune ou dans le Sylvain, sa référence s'avère beaucoup plus glorieuse. L'Ange qui surgit du tombeau n'est pas tant un messager du Ciel que le fils de Vénus revenu dans son royaume. C'est l'amant de Psyché qui inspire Don Juan, qui lui autorise la grâce poétique. Cette lumière solaire qui rayonne dans la mort prolonge celle de la lampe qui éclaire tout poète. En faisant briller sur Don Juan la lampe de Psyché, Régnier l'extirpe de la morale ordinaire en le plaçant par-delà le bien et le mal. Il ne justifie pas ses méfaits et ses scandales, il ne cherche pas à les excuser : ils restent d'un autre ordre, résolument étrangers à l'Éternel Désir. L'orgueil n'est plus un péché capital mais au contraire la fierté de l'Amour qui infléchit par ses armes les destinées humaines. Don Juan mort se dépouille de la crapule, très extérieure, qui le recouvrait de son vivant pour se retrouver tout pur en glorieux Cupidon.

CASANOVA

Il est difficile de savoir précisément à quelle date Régnier a découvert l'*Histoire de ma vie*, telle qu'elle fut longtemps disponible sous le titre de *Mémoires*. Le nom de Casanova apparaît pour la première fois dans les *Cahiers* en mars 1888. Cette mention ne permet pas d'affirmer que Régnier avait intégralement lu ces *Mémoires*, bien que le texte suggère une certaine intimité avec le personnage. En revanche, la note de mars 1893[203], qui compare les mémoires qu'il rêve d'écrire à ceux de Chateaubriand et de Casanova, laisse supposer une réelle familiarité

202 v. 153.

203 « J'ai toujours aimé les Mémoires, dirai-je dans la préface des miens, ceux de M. de Chateaubriand comme ceux de M. de Casanova. J'en écris dont le style ne vaut pas celui des premiers et que les seconds dépassent en aventures, mais ils auront le mérite d'être moins fabuleux que ceux du galant vénitien et moins présomptueux que ceux de l'illustre de [*sic*] Breton. » (26 mars 1893) dans *Les Cahiers inédits*, *op. cit.*, p. 328.

avec l'œuvre. Régnier n'a pourtant pas lu les *Mémoires* de Casanova dans l'édition Garnier en huit volumes parue en 1880 mais dans l'édition en six volumes parue chez Rozez en 1881, qui reprend le texte édité par Philippe Busoni et publié chez Paulin en 1837[204].

Casanova a l'avantage pour Régnier d'être à la fois un libertin patenté, l'auteur de volumineux mémoires et de faire également le lien entre Versailles et Venise. La première dédicace de *La Double Maîtresse* notée en juin 1898 indique : « À la mémoire amoureuse de Jacques Casanova de Seingalt, Vénitien[205]. » Régnier inaugure sa production romanesque sous ce haut patronage. Il consacre plus précisément au célèbre aventurier trois textes : une étude sur les relations entre Casanova et Manon Balletti, datée du 20 juin 1926, qui sert d'introduction au cinquième tome des *Mémoires* édités par Raoul Vèze (qui reprend le texte canonique de Laforgue, enrichi d'importantes notes) aux éditions de La Sirène ; la présentation du volume intitulé *Casanova chez Voltaire*, publié dans la collection « Les Conversations » des éditions Plon, paru en 1929 ; une présentation générale intitulée « Les *Mémoires* de Casanova » rédigée en mars 1931. Ce dernier texte est resté inédit : s'agit-il d'un projet de préface avorté, comme ce fut le cas pour l'étude sur *Les Liaisons dangereuses* en 1904 ?

Le texte intitulé « Manon Balletti » commence ainsi :

> C'est une des aventures les moins romanesques de la vie de Casanova, mais ce n'en est pas la moins singulière, car elle faillit se terminer par un mariage avec la charmante fille de la fameuse comédienne Silvia et du célèbre comédien Mario[206].

Régnier évoque les retrouvailles de Casanova avec la famille Balletti, qui ont lieu à Paris, juste après la célèbre évasion des Plombs, en 1757. Puis il résume les relations de Casanova avec Manon, les projets de mariage jusqu'à leur séparation, l'annonce de l'union de Manon avec l'architecte Blondel et la restitution des lettres que le Vénitien lui avait écrites.

---

204 Voir l'exemplaire de Régnier conservé à la bibliothèque de l'Arsenal, sous la cote 16-REGNIER-370. Je dois toutes ces informations à la science et à l'amitié d'Adeline Leguy ; qu'elle soit ici chaleureusement remerciée.

205 Bibliothèque nationale Ms. N.A.F. 14948. Le roman sera finalement dédicacé à son épouse, Marie de Régnier.

206 Casanova, *Mémoires*, tome V, Paris, éditions de la Sirène, 1927, p. IX.

Régnier se met à rêver autour du portrait de Manon par Nattier. Le tableau représente en réalité sa mère Silvia, « mais pourquoi ne pas supposer quelque ressemblance entre la mère et la fille[207] ? » Notre poète pratique alors l'*ekphrasis* et décrit la petite Balletti :

> Elle y est peinte à mi-corps et figurée en Thalie, un petit masque à la main, parmi les draperies volantes qui l'environnent et dont elle soutient, d'un de ses bras, au-dessus de sa tête, les plis élégamment disposés. Elle a la gorge découverte et laisse voir un sein très agréablement formé[208].

Régnier semble nous restituer le désir éprouvé par Casanova à la vue de la jeune fille qu'il découvre à Paris, après l'avoir connue enfant quelques années auparavant.

Il évoque ensuite les lettres écrites par Manon à Casanova, retrouvées dans les archives du château de Dux, qui offrent un pendant intéressant au récit des *Mémoires*. « Elles forment un tendre et gracieux commentaire de la vie quotidienne. Il y passe un accent de passion véritable[209]. » La lecture des lettres apporte une vie supplémentaire au texte de Casanova et Régnier se plaît à interroger les sentiments des correspondants respectifs. Il conclut :

> Manon craignit-elle d'épouser en Casanova l'ancien amant de sa mère ? Ce n'est là qu'une supposition, mais elle n'est pas inacceptable. D'ailleurs ne regrettons pas un peu d'énigme dans l'histoire de Manon Balletti. Les femmes gagnent en grâce à demeurer quelque peu mystérieuses[210].

Régnier se fait moraliste dans la dernière phrase, qui trouverait volontiers sa place dans le recueil de *« Donc »* de 1927. Il rédige avec cette préface un texte de commande dans lequel il peine à faire ressortir la personnalité de Casanova, il se concentre davantage sur l'image de la jeune Manon qui échoue à transformer l'aventurier en honnête mari.

Autre texte de commande, la présentation du livre intitulé *Casanova chez Voltaire* est d'une écriture plus audacieuse. Elle se singularise d'abord par son étendue : une trentaine de pages, c'est-à-dire la moitié du volume. Le texte qui suit est constitué des « Entretiens avec Voltaire à Fernay

207 *Ibid.*, p. XI.
208 *Ibid.*
209 *Ibid.*, p. XII.
210 *Ibid.*, p. XIV.

[*sic*] les 22, 23, 24 et 25 août 1760 extraits des *Mémoires* de Jacques Casanova de Seingalt, vénitien[211] », reprenant exactement les pages de l'édition Laforgue[212].

Régnier souligne le contraste des tempéraments de Voltaire et de Casanova en écrivant deux portraits en miroir. Il commence par Voltaire : « Il a mal dormi, car il dort mal. Il dort mal parce qu'il a les nerfs irritables et l'esprit dans un mouvement continuel. Sans compter qu'il est de petite santé[213]. » Il oppose au tempérament maladif de Voltaire la vitalité de Casanova : « Il a bien dormi, lui, car il dort bien. Il dort bien parce que la nature l'a doué d'un magnifique pouvoir de sommeil et a fait de lui un de ses ouvrages les plus solides et les plus accomplis[214]. » Régnier montre Voltaire savant et talentueux, curieux de tout, mais aussi railleur et en quête de gloire. Ses insomnies, loin d'être un malheur, servent les longues heures de travail. Casanova est d'une toute autre nature. Sa grande santé l'a mené partout à travers l'Europe, en quête de femmes et d'aventures.

Régnier oppose deux physiologies. Il imagine Casanova le matin de sa rencontre avec Voltaire : « M. Casanova dort bien. Il s'est levé en chantonnant et, à peine debout, il a esquissé quelques ronds de jambe. Il aime la danse et il n'a pas oublié qu'il fut beau danseur de furlane et qu'il la dansait jusqu'à l'épuisement. Il serait d'ailleurs fort capable de renouveler ces exploits[215]. » On se souvient de l'importance de la danse des Sylvains autour de la Nymphe des fontaines au début des *Rencontres de M. de Bréot*. Régnier met en avant certains traits de Casanova afin de le rapprocher de son propre univers. Tous ses romans d'Ancien Régime ont été écrits à la date de rédaction de cette présentation. De nombreux aspects du libertinage régnierien viennent précisément des *Mémoires* du Vénitien. La simplicité de M. de Bréot et la vigueur de M. de la Péjaudie lui doivent beaucoup. Aussi la figure de Casanova décrite par Régnier paraît l'archétype du libertin qu'il affectionne. En amont, les libertins romanesques sont inspirés de Casanova et, en aval, Régnier décrit un Casanova conforme à l'univers qu'il a bâti.

211 Henri de Régnier, *Casanova chez Voltaire*, Paris, Plon, 1929, p. 31.

212 Pages qui correspondent au tome VI, chapitre X, p. 216 à 239 dans l'édition de Raoul Vèze (La Sirène, 1927).

213 *Casanova chez Voltaire*, *op. cit.*, p. 1.

214 *Ibid.*, p. 15.

215 *Ibid.*, p. 22.

En écrivant ces portraits parallèles, Régnier ne cherche pas à les opposer sur tous les points. Si la physiologie et le tempérament séparent les deux hommes, ils se retrouvent cependant autour d'une qualité essentielle : la curiosité. Ainsi « M. de Voltaire accepte volontiers tous les témoignages qui sont une marque de sa gloire. [...] Par là, il est au fait de chacun et de tous. Rien n'échappe à son infinie curiosité. Il est au courant de ce qui se dit et de ce qui s'imprime[216]. » Quant à Casanova : « Mille choses l'attirent, autres que celles que l'on trouve sous le drap. Sa curiosité est universelle, certes, cependant il en réserve une bonne part pour les jeux de l'amour[217]. » Régnier force le trait : la curiosité de Voltaire le ramène toujours à lui-même, tandis que celle de Casanova le mène immanquablement vers l'amour. Dans le texte de 1931, il reconnaît aussi la parenté de deux écrivains prolifiques : Casanova « critique, il discute, il réfute. Voltaire même ne lui en impose pas. N'est-il pas à sa façon comme le patriarche de Ferney un homme universel ? Il a des idées sur tout, sur la politique, sur la morale, sur l'histoire, sur les mathématiques[218]. » Régnier trouve à Casanova les mêmes qualités que Voltaire et lui donne la préférence. En définitive, la rencontre et la confrontation de Casanova et de Voltaire tournent inévitablement à l'avantage du premier. La grandeur de Voltaire met en avant celle de Casanova.

Le Vénitien est pour Régnier un double modèle : modèle de personnage romanesque et modèle d'écrivain, en tant qu'auteur de mémoires. Casanova est un libertin de l'immédiat. Prisonnier sous les Plombs de Venise, Casanova/Laforgue résume son existence en une formule fulgurante : « J'étais libertin, joueur, hardi parleur, et je ne pensais d'habitude qu'à bien jouir de l'actualité de la vie ; mais dans tout cela je ne voyais pas de crime d'État[219]. » Régnier reprend cette idée dans le texte de 1931 : « La vie n'a pour lui d'autre raison d'être que d'être vécue. Vivre, Casanova n'a pas d'autre but[220]. » On retrouve là M. de

216 *Ibid.*, p. 5.

217 *Ibid.*, p. 25.

218 Bibliothèque de l'Institut Ms. 6305-4.

219 *Mémoires*, tome IV, Paris, éditions de la Sirène, 1927, p. 188. Casanova écrit en réalité : « En qualité de grand libertin, de hardi parleur, d'homme qui ne pensait qu'à jouir de la vie, je ne pouvais pas me trouver coupable » (Casanova, *Histoire de ma vie*, I, édition de Gérard Lahouati et Marie-Françoise Luna, Paris, Gallimard, « Bibliothèque de la Pléiade », 2013, p. 905).

220 Bibliothèque de l'Institut Ms. 6305-4.

Bréot et M. de la Péjaudie. L'aventure de M. de Bréot avec la belle luthière Marguerite ou celles avec les dames d'Aix de M. de la Péjaudie se déroulent dans le même climat de légèreté. « Paradis de la légèreté », écrit Chantal Thomas au début de son essai pénétrant sur Casanova, « Casanova ignore les complications amoureuses [...] Il est absolument un homme de loisir[221]. » M. de Bréot vit dans la même simplicité. Contrairement à Don Juan, Casanova ne manigance aucune conquête et ne dresse aucune liste. Si Régnier réinvente Don Juan en le rapprochant du poète par son lyrisme, il n'en fait pas un libertin de l'immédiat et encore moins un auteur de mémoires.

L'écriture semble être pour Casanova une aventure supplémentaire. Régnier le souligne bien : « Ce vagabond qui parcourt à l'aventure tous les chemins de l'Europe a des plumes, un écritoire et des livres dans le coffre de sa voiture[222]. » Casanova conjugue avec le même bonheur l'amour et l'écriture. Dans le même texte de 1931, Régnier écrit encore : « Tout ce que la vie lui présente à vivre lui est bon. [...] Il fait accueil à tout. Tout l'attire[223]. » Cette disponibilité est autant au service de l'amour qu'à celui de l'écriture. Cet « accueil » permet au libertin de séduire sans embarras et à l'écrivain de saisir l'impression poétique qui se dégage des choses qui l'entourent. Casanova ne s'est certes pas rendu célèbre pour ses vers, la poétique sensuelle de son œuvre n'en est pas moins indéniable. Casanova est aussi l'archétype régnierien du libertin poète.

De manière étonnante, Régnier ne fait jamais parler Casanova à la première personne. Il s'est approprié Don Juan en en faisant le héros des *Scrupules de Sganarelle.* Alors qu'il admire davantage Casanova, Régnier semble le tenir à distance. Les trois textes que nous avons parcourus, en plus de leurs dates tardives, ne sont pas des fictions. À la fin d'août 1895, Régnier rêve cependant à un conte : « Pour les Contes de ma Sœur l'Oie. Histoire de Casanova et des 7 filles de l'Ogre dans le même lit. Quand il les a finies – il les recommence[224]. » Ce projet fait partie de ceux, nombreux dans les *Cahiers*, qui n'aboutissent pas. Autre texte imaginaire, noté le 20 décembre 1934, reprenant un personnage important des *Mémoires* de Casanova : « À faire un dialogue entre Marianne

221 Chantal Thomas, *Casanova. Un voyage libertin*, Paris, Denoël, 1985, réédition Gallimard, « Folio », 1998, p. 19.

222 Bibliothèque de l'Institut Ms. 6305-4.

223 *Ibid.*

224 Henri de Régnier, *Les Cahiers inédits*, *op. cit.*, p. 433.

Alcoforado, la Religieuse portugaise de Beja et Maria-Maddalena Parini la religieuse vénitienne de Murano[225]. » Régnier joue avec la chronologie : la première est l'auteur supposé des *Lettres portugaises* de 1669 et la seconde, qui apparaît sous les initiales M. M. dans les *Mémoires*, est le grand amour de Casanova avant son arrestation et sa détention sous les Plombs. Régnier aime ces dialogues improbables : « Entre Elles », dernier conte du *Voyage d'Amour* de 1930, réunissait Schéhérazade du « Veuvage de Schéhérazade » et Germaine de Gaillandre, personnage du « Vrai Bonheur ».

À côté des textes critiques et des velléités de contes, Régnier manifeste d'une autre façon son intérêt pour Casanova. S'il ne le fait pas intervenir directement dans son œuvre de fiction, il met en scène la passion qu'il suscite dans l'important roman publié en 1905 : *Le Passé vivant*. Le texte comprend plusieurs lignes dramatiques, enchâssées les unes dans les autres. Les époques et les destins amoureux se mêlent et se brouillent. Charles Lauvereau est un savant spécialiste du XVIIIe siècle qui se sent déplacé dans le Paris tumultueux de 1900. Il rêve de suivre Casanova dans ses aventures mais, hélas, il tombe amoureux de sa maîtresse Janine, au point de succomber aux affres d'une jalousie maladive et de l'épouser à la fin du roman. Son ami Jean de Franois est un jeune homme rêveur au tempérament mélancolique. Lauvereau fait de son mieux pour le tirer de son apathie quotidienne, sans grand succès. Le père de Jean, le comte de Franois, attend que son fils se décide à faire un riche mariage, afin d'entretenir la demeure familiale, le château de Valnancé. Maurice de Jonceuse, le cousin de Jean, est au contraire un entrepreneur hyperactif, qui loue les bienfaits de la modernité. Victime de surmenage, il se retire à la campagne, près de Valnancé, après avoir épousé Antoinette de Saffry, jeune femme issue d'une famille de petite noblesse ruinée par la Révolution.

Lauvereau entreprend un voyage en Italie sur les traces de Casanova et décide d'emmener Jean de Franois avec lui. Au cours de ce pèlerinage, Jean découvre la mort de son aïeul homonyme, contemporain de Casanova, à Passignano. De retour à Valnancé, cette découverte et l'échec d'un projet de mariage avec une riche Américaine accentuent sa mélancolie. À la suite de l'achat fortuit d'un vieux bureau Louis XV,

225 *Ibid.*, p. 872.

Lauvereau exhume une curieuse correspondance amoureuse entre Jean de Franois et Antoinette de Saffry, les ancêtres homonymes des personnages contemporains. Cet événement marque le début d'une lente possession par les fantômes du passé. Jean et Antoinette deviennent amants, comme leurs aïeux mais le tempérament de Jean lui fait perdre la raison, il met le feu au château de Valnancé et retourne en Italie se tuer d'un coup de pistolet sur la tombe de son parent. Lauvereau devient alors l'auteur d'une pièce à succès intitulée *La Jeunesse de Casanova* avec son épouse Janine dans le rôle principal.

Dès le début du roman, Lauvereau partage sa passion pour Casanova avec le comte Ceschini, un gentilhomme italien qui vit à Paris depuis plus de vingt ans :

> Ajoutez, monsieur, – répondit Lauvereau, – que Naples nous a envoyé son délicieux abbé Galiani et que nous devons à Venise l'immortel Casanova de Seingalt.
>
> Le visage sérieux de l'Italien s'éclaira.
>
> – Ah ! monsieur, vous aimez notre aventurier ?
>
> Lauvereau avoua le goût qu'il avait toujours eu pour les exploits du galant Vénitien… Ses mémoires ne sont-ils pas un document des plus curieux sur la vie au XVIIIe siècle[226] ?

L'intérêt pour l'œuvre de Casanova qui se renouvelle au début du XXe siècle n'est pas l'apanage du seul Régnier, tant s'en faut. Pierre Louÿs, par exemple, s'inspire du célèbre épisode de la Charpillon pour son roman de 1898 *La Femme et le Pantin*[227].

Les personnages du *Passé vivant* s'inscrivent pleinement dans ce mouvement de redécouverte et de relecture des *Mémoires* auquel Chantal Thomas consacre plusieurs pages de son essai : « Qualifié également de “cénacle”, le mouvement casanoviste réunit quelques messieurs distingués, d'une érudition exigeante et de bonne compagnie[228]. » Lauvereau, Ceschini et Régnier lui-même se conforment à cette description. Les *Mémoires* n'apparaissent plus comme un simple recueil d'aventures galantes, ils rendent compte de la vie d'une époque. L'édition contemporaine de Raoul Vèze en est un riche témoignage. Chantal Thomas ajoute :

---

226 Henri de Régnier, *Le Passé vivant*, Paris, Mercure de France, 1905, p. 17.

227 Voir l'étude de Raoul Vèze, « Jacques Casanova et Pierre Louÿs – La Charpillon et Conchita Perez », dans Casanova, *Mémoires*, tome IX, Paris, éditions de la Sirène, 1930, p. IX-XXI.

228 Chantal Thomas, *Casanova. Un voyage libertin*, *op. cit.*, p. 88.

> La « renaissance » casanoviste porte sur la partie la plus noble des *Mémoires* c'est-à-dire sur un supplément d'information d'ordre historique ou sociologique. Lire Casanova c'est être capable d'une ascèse, savoir traverser le niveau le plus immédiat du récit libertin pour apprécier l'authenticité du témoignage. N'y voyons pas un désintérêt, encore moins une réprobation pour les aspects luxurieux de la vie de Casanova : ceux-ci sont à ce point naturels et partagés par les lecteurs qu'il est inutile d'insister[229].

Régnier exprime la même idée à la fin du texte de 1931 : les *Mémoires* « ne sont pas que le récit de prouesses amoureuses. Ils sont un miroir qui nous conserve autour d'un vrai visage les images d'une vie et les reflets d'un temps[230]. » De fait, si les prouesses amoureuses du Vénitien amusent Lauvereau, celui-ci ne s'en contente pas et retrouve dans les *Mémoires* l'atmosphère d'une époque où il aurait voulu vivre.

Dans le roman de 1905, les revenants du passé reparaissent de deux manières : l'une personnelle, dans le cas des ancêtres homonymes de Jean de Franois et d'Antoinette de Saffry ; l'autre impersonnelle avec Casanova. Jean de Franois est possédé par son aïeul au point de suivre la même destinée tragique ; Ceschini et Lauvereau rêvent de mener la vie de Casanova. L'aventurier vénitien est une sorte de double idéal et fantasmatique. *Le Passé vivant* s'ouvre sur une exposition organisée par Lauvereau sur la peinture de portrait du XVIIIe siècle. À ce moment se déroule la conversation enthousiaste sur Casanova avec le comte Ceschini. Ce dernier, emporté par son élan casanovien, décide d'organiser un bal costumé dans l'hôtel qu'il occupe près du parc Monceau, à la manière des anciennes mascarades italiennes. Lauvereau réussit à convaincre son jeune ami Jean de s'y rendre et d'y paraître en gentilhomme vénitien. Le spectre de Casanova se présente alors :

> Lauvereau était arrivé chez lui. Là, encore, sur un fauteuil s'étalait l'habit préparé pour Jean de Franois et le bal Ceschini, et qu'il devait lui envoyer, le lendemain, rue Pierre-Charron. Lauvereau souleva la culotte à boucles, le gilet de soie, le manteau rouge. Il mania le masque de carton blanc à la mode de Venise, pareil à ce masque dont parle Casanova dans ses *Mémoires* et qu'il mit pour aller à l'Opéra retrouver la belle X. C. V. et se rendre de là ensemble chez la sage-femme, et qui portait, en signe de reconnaissance, une rose peinte à côté de l'œil gauche[231]. Lauvereau soupira. […] Machinalement, il choisit

229 *Ibid.*, p. 90.

230 Bibliothèque de l'Institut Ms. 6305-4.

231 La scène se déroule à Paris en 1759. Mlle X. C. V. est enceinte et souhaite avorter ; Casanova promet de l'accompagner chez la sage-femme : « Je n'eus pas la force de lui

> dans sa bibliothèque un tome de Casanova et il essaya d'y relire l'aventure du masque à la rose ; mais au bout d'un instant, il referma le volume[232].

Ce dernier geste machinal de Lauvereau montre bien ce que Casanova représente pour lui : une tentation. Cette vie aventureuse prospective naît d'une imagination livresque qui paraît s'être émancipée du pur plaisir de lecture : en contemplant le costume vénitien, le personnage se rappelle précisément l'anecdote avec la belle X. C. V. mais il referme le livre sans prendre le temps d'une relecture. De fait, ce n'est pas déguisé en Casanova que Lauvereau se rend au bal Ceschini, mais en… Stendhal ! Ainsi habillé, le personnage entre de nouveau en rêverie :

> Lauvereau, dans un fauteuil, réfléchissait. Les femmes, les femmes… Elles avaient été la grande préoccupation du célèbre Dauphinois, de mademoiselle Kably [*sic*][233], la petite actrice de Grenoble, à Mélanie Louason, la petite actrice de Paris. Et Lauvereau les énumérait mentalement. Madame Azur ! il avait eu madame Azur ! […] Cet amoureux continuel était mort célibataire. Il avait toujours su réserver son avenir, garantir sa liberté, de même que cet étrange Casanova, dont il avait lu et, dit-on, corrigé les *Mémoires*, et qui, lui aussi, avait promené, pendant cinquante ans, à travers l'Europe, son insatiable désir[234].

Stendhal devient ici une autre forme de Casanova, une nouvelle manière de double. Lauvereau esquisse une liste de femmes, comme il le fait à plusieurs reprises dans le roman pour Casanova. Il admire la liberté des deux écrivains amoureux. Hélas, son amour pour la belle Janine le rend esclave d'un unique désir. À cet égard, les comportements de Stendhal et de Casanova sont à la fois des modèles dans l'absolu et des remèdes à sa situation présente.

Après le bal masqué, Lauvereau décide de partir en Italie, sur les traces de son héros : « Lauvereau comptait suivre, les *Mémoires* à la main, l'itinéraire de Casanova, et visiter ainsi Naples, Rome, Venise et les autres villes casanoviennes. Il partait, dans quelques jours, pour l'Italie. Il espérait en rapporter ce livre dont il avait parlé au comte

---

refuser ce plaisir, mais je la fis consentir à attendre le dernier bal, parce que, la foule y étant d'ordinaire plus grande, nous avions la chance de pouvoir sortir avec plus de sûreté. Je lui promis de m'y rendre en domino noir avec un masque blanc à la vénitienne, ayant une rose peinte à côté de l'œil gauche. » (Casanova, *Mémoires*, tome V, *op. cit.*, p. 193)

232 Henri de Régnier, *Le Passé vivant*, *op. cit.*, p. 86-87.

233 Erreur de Régnier ou coquille d'impression pour *Kubly*.

234 *Ibid.*, p. 91.

Ceschini[235]. » Le comte invite Lauvereau et Jean de Franois à visiter sa villa de Viterbe ainsi que le petit cloître de Passignano, sur la route de Milan. Sur les traces de Casanova, Jean et Lauvereau suivent aussi les souvenirs de jeunesse de Ceschini. Un destin tragique veut que Jean de Franois découvre dans le jardin abandonné derrière le cloître la tombe de son ancêtre tué au combat, un siècle et demi auparavant.

Ils se rendent donc à Naples, puis à Rome, mais c'est à Venise que le passé s'adresse le plus à Lauvereau : « Lauvereau vivait à Venise, comme il le disait à Jean de Franois, "casanovesquement". À la suite de son héros favori, il parcourait avidement la ville. Elle n'avait guère changé depuis l'époque où Casanova paradait sous les galeries des Procuraties[236]. » Régnier multiplie dans tout le roman les néologismes autour du nom « Casanova ». Lauvereau suit Casanova mais ne le rattrape jamais. Il reçoit à Venise une lettre de sa maîtresse qui lui annonce avoir pris un autre amant, tout en affirmant qu'un mot de lui la ferait immédiatement revenir. Cette missive imprévue obsède Lauvereau qui s'éloigne chaque jour davantage de la vie « casanovesque » à laquelle il aspire. Ni lui, ni Jean de Franois ne connaissent le plaisir d'une aventure féminine durant ce séjour italien. Le personnage malheureux persiste cependant : « Au lieu de vivre Charles Lauvereau, que ne vivait-il Jacques Casanova ? Le mieux encore, pour être tranquille en ce monde, c'est de se réfugier dans la peau de quelque personnage d'autrefois[237]. » Venise ne parvient pas à métamorphoser Lauvereau en Casanova : pire encore, il n'écrit pas non plus le livre à travers lequel il aurait pu revivre ses aventures.

Plusieurs semaines après être revenu à Paris, il s'en plaint à Jean de Franois : « C'est dommage ! J'aurais voulu écrire ce livre sur Casanova. Mais je ne peux pas… À ses cent maîtresses, je ne leur vois qu'un seul visage toujours le même … et tu sais lequel[238] ! » Lauvereau se sait prisonnier de la comédie bourgeoise de la jalousie devant la maîtresse infidèle. Lauvereau ne sera jamais libertin.

Seul l'esclavage conjugal libère sa plume : Lauvereau n'écrit plus un récit mais une pièce de théâtre, dans laquelle Janine tient le principal

235 *Ibid.*, p. 131.
236 *Ibid.*, p. 157.
237 *Ibid.*, p. 166.
238 *Ibid.*, p. 314.

rôle féminin. Il envoie sa demande en mariage en commençant sa pièce en cinq actes, *La Jeunesse de Casanova* :

> Depuis quelques jours, il établissait le plan de cet ouvrage et il venait d'en composer les premières scènes. C'était moins une comédie qu'une pièce à costumes et à décors et dont le « clou » serait la fuite des Plombs. On y verrait des masques de Venise, des sénateurs, des sbires, des comtesses, des paysannes, des gondoliers, des Esclavons et même des Turcs. L'action conduirait le héros à Constantinople, à Rome, à Naples, à Paris. Le tout, mélangé d'aventures, de facéties, pourrait en somme plaire au public[239].

Ce défilé de personnages caractéristiques évoque la lanterne magique que Régnier mentionne dans l'avertissement de *La Double Maîtresse.* Lauvereau a renoncé à toute identification avec son héros. Ces lignes du *Passé vivant* trouvent un écho dans l'étude consacrée à Manon Balletti :

> N'oublions pas non plus que, dans son charmant portrait par Raoux, en Thalie, la charmante Silvia porte à la main un masque. Que sa fille en garde un pour nous dans la galante et tendre Comédie, dont elle brusqua le dénouement un peu obscur, et qui pourrait s'intituler : *les Fiançailles de Casanova*[240] !

Régnier se souvient sans doute du personnage de Lauvereau en écrivant ces lignes. À bien des égards, Lauvereau est un double romanesque et excessif de Régnier. Ce dernier voyage en Italie et relit sans cesse les *Mémoires*, sans parvenir à écrire une fiction dont Casanova serait le héros principal. En ce sens, Lauvereau réalise un souhait qui reste pour lui inassouvi. Juste après *Le Passé vivant*, Régnier n'écrit pas une pièce sur Casanova, mais sur Don Juan.

Lauvereau n'est donc pas possédé par Casanova comme Jean de Franois l'est par son ancêtre. Il n'en va pas de même pour son complice, le comte Ceschini. Après bien des atermoiements, la marquise de Raumont, maîtresse du comte italien depuis plus de vingt ans, accepte enfin de l'épouser. Au contraire de Lauvereau, Ceschini se voit libéré par l'état conjugal. Il décide de retourner en Italie, terre de sa fougueuse jeunesse. Il tente vainement de convaincre Lauvereau de le suivre : » Vous devriez y venir avec moi : nous “casanoverions...” Hé ! qu'en dites-vous[241] ? » À ce moment, Lauvereau a déjà renoncé à son désir d'identification. Le

239 *Ibid.*, p. 337-338.
240 Casanova, *Mémoires*, tome V, *op. cit.*, p. XII.
241 Henri de Régnier, *Le Passé vivant*, *op. cit.*, p. 311.

comte Ceschini, à l'instar de son ami parisien, aime à se rappeler les exploits du Vénitien. Ainsi, à son arrivée à l'hôtel de Passignano :

> Ainsi ni lui, ni Lauvereau n'avaient suivi l'exemple du fameux Vénitien. Ah ! celui-là n'avait jamais laissé brider sa fantaisie. [...] Des cent maîtresses qu'il avait eues, aucune n'avait su le lier du lacet conjugal, et l'étonnante existence du chevalier de Seingalt avait continué ses prouesses. Le siècle l'avait vu partout, [...] il avait traversé les passes les plus diverses, petit abbé, lieutenant de la Sérénissime République, râcleur de violon au Théâtre San Samuele, cabaliste et nécromancien, chercheur de trésors, possesseur de la gaine du couteau de saint Pierre, banquier de Pharaon, rimeur de vers, organisateur de loteries, fabricant de toiles peintes, chargé d'affaires du duc de Choiseul, toujours prêt au plaisir, à la débauche ou à l'amour, mais toujours libre, libre, libre[242]...

Régnier s'amuse une fois de plus à faire défiler les images sur la lanterne magique. Ce plaisir de la liste se retrouve aussi dans la présentation générale des *Mémoires* de 1931. Ceschini est autant que Lauvereau un amateur de Casanova mais il ne cherche pas à s'identifier à lui. C'est peut-être cette absence de volonté qui l'autorise à connaître les joies de la possession casanovienne. Voici le dernier paragraphe du roman :

> Le comte Ceschini rentrait à l'hôtel. Dans l'escalier, on montait des malles. Des voix anglaises s'interpellaient. Le comte Ceschini suivit le long couloir dallé qui menait à sa chambre. La porte était ouverte. La servante, occupée à faire le lit, rabattait le matelas. À la vue du comte, elle sourit, en montrant les draps et le traversin en tas sur une chaise. Elle était très brune et jeune. Ils se regardèrent, un instant, en silence... Un duvet échappé d'un oreiller voltigeait entre eux... Le comte Ceschini fit un pas en avant, les mains tendues. Une bouche riait sous la sienne. Un corps cédait sous le sien... Quelqu'un qui passait dans le corridor ferma brusquement la porte en la heurtant d'une valise[243]...

Régnier attend la toute dernière page du roman pour montrer qu'on peut être possédé avec bonheur par un spectre du passé. Jean de Franois subit involontairement la prégnance de son ancêtre jusqu'à revivre son destin tragique. Lauvereau cherche volontairement l'influence bienfaisante de Casanova et sa quête reste vaine mais un regard échangé avec une petite soubrette italienne rend au comte Ceschini une vigueur libertine qui dépasse sa propre personne.

---

242 *Ibid.*, p. 358.
243 *Ibid.*, p. 363.

Dans *Le Passé vivant*, Régnier utilise avec finesse sa propre fascination pour Casanova en la transposant sur des personnages comme Lauvereau ou Ceschini. Régnier s'inspire de Casanova pour concevoir les libertins de ses romans d'Ancien Régime tandis que les personnages du *Passé vivant* trouvent dans la vie du Vénitien un véritable modèle d'existence. Ce faisant, Régnier valorise d'abord la vie et non l'écriture. Lauvereau voit dans le libertinage casanovien un remède à tous ses maux. S'il vivait comme Casanova, il ne connaîtrait ni l'exclusivité d'une maîtresse, ni la jalousie et ses conséquences néfastes. Avec Casanova, jamais le terme libertin n'a été autant fidèle à son étymologie d'*affranchi*. « Toujours libre, libre, libre… » soupire le comte Ceschini. L'échec de Lauvereau à vivre de la sorte fait soudain reparaître l'écriture. Si Lauvereau ne peut vivre comme Casanova, il veut réécrire les exploits de sa jeunesse. Régnier accentue encore le fossé qui les sépare en faisant commencer l'écriture de la pièce de théâtre au moment où Lauvereau se résigne à accepter sans condition l'emprise de l'amour qu'il éprouve pour Janine. Au moment où il écrit sur Casanova, il n'a jamais été aussi éloigné de lui. On comprend mieux l'intérêt de Régnier pour l'épisode de Manon Balletti qui faillit se conclure par un mariage, – mariage qui aurait réconcilié par delà les œuvres Lauvereau et Casanova. Mais alors que *Le Passé vivant* s'achève sur le triomphe de *La Jeunesse de Casanova* écrite par Charles Lauvereau, la vie prend de nouveau le pas sur l'écriture avec le dernier élan sensuel du comte Ceschini. En définitive, et de manière inespérée, Casanova triomphe comme modèle de vie.

Dans l'ensemble de ces textes, Régnier compose la figure de Casanova de façon à la rendre identifiable par ses exploits et par son comportement sans le doter d'une personnalité très affirmée. Il n'est question que de ce qu'il fait et jamais de ce qu'il est. Cette quasi absence de caractérisation personnelle lui confère une universalité qui explique à la fois la possibilité de reprise pour ses propres libertins romanesques et, dans le cas des personnages du *Passé vivant*, la facilité de le prendre pour modèle.

LES LIBERTINS MUSICIENS

Depuis l'Antiquité, l'ivresse et la possession sont des *topoi* du discours sur la musique. On décrirait de même le désir du libertin qui annonce l'empire et la prégnance du corps embrasé. La musique ne tient pourtant pas dans le roman libertin du XVIIIe siècle la place que l'on s'attendrait à trouver. Philippe Roger, dans un article consacré aux mises en scène musicales dans le roman libertin, écrit :

> Comment comprendre que le roman libertin ait fait si peu de place à la musique en un âge où cette place est très grande dans la sphère des plaisirs comme dans celle des débats intellectuels ? Enfant d'un siècle qui ne cesse de redire la puissance de la musique et son pouvoir sur les êtres, le libertin serait-il seul à douter et à tenir ces charmes pour inopérants ? Nous ferons une autre hypothèse : qu'il ne veut rien devoir à une puissance qui lui est non seulement étrangère, mais qu'il ressent comme *hostile*[244].

Cette idée de concurrence entre le pouvoir séducteur de la musique et celui du libertin n'est pas reprise par Régnier. Au contraire, un lien étroit unit la musique au contexte sensuel de ses romans.

L'écoute de Régnier et sa maîtrise poétique lui permettent d'exploiter les ressources, métaphoriques ou réelles, de certains instruments. Ils entrent dans l'indispensable magasin d'accessoires du libertin. « Les libertins savent les effets de l'harmonie et le trouble qu'elle insinue chez celles qu'ils entreprennent de séduire[245]. » Camille Mauclair résume magnifiquement les fantasmes d'une époque :

> Peu à peu la vibration orchestrale pénètre en elles, émeut l'amour dans les pauvres organismes, et souvent on reste presque effrayé en les regardant, tant elles ont l'air de se donner toutes, tant l'abandon inconscient détend leurs membres, tandis qu'un sourire vague éclaire leurs faces aux yeux cernés, aux fronts moites sous les cheveux : et puis on s'aperçoit qu'elles ne voient pas. Elles se donnent à un amant inexprimable qu'elles ne rencontreront jamais[246].

---

244 Philippe Roger, « "Qu'est-ce donc que le rythme ?" Les mises en scène musicales dans le roman libertin du XVIIIe siècle » dans *Le Rythme*, XVIIIes entretiens de La Garenne Lemot, sous la direction de Jackie Pigeaud, Rennes, Presses Universitaires de Rennes, 2014, p. 352.

245 Michel Delon, *Le savoir-vivre libertin*, *op. cit.* p. 180.

246 Camille Mauclair, *La Religion de la musique* (1909), Paris, Librairie Fischbacher, 1928, p. 14.

L'orchestre, par sa force de submersion, appelle un total abandon. Mais il exploite un sentiment très général et stimule l'imagination dans ce sens. La femme qui s'abandonne se met à se forger un amant de toutes pièces. Le libertin musicien, au contraire, cherche à reporter le charme musical sur sa propre personne. À ce titre, Régnier privilégie deux instruments qu'il décline selon ses besoins : la lyre (et son substitut, le luth) et, tout naturellement, la flûte.

Alors qu'il conçoit tant de personnages musiciens, Régnier écrit, en juillet 1913 : « En musique, l'exécutant m'a toujours paru un personnage comique, qu'il soit pianiste, organiste, violoniste, flûtiste, contrebassiste. Il y a toujours chez lui une contorsion, mais le chanteur et la chanteuse m'ont toujours semblé particulièrement grotesques[247]. » De fait, nous trouvons peu de chanteurs ou de chanteuses parmi les figures de Régnier. L'élément comique constituant un de ses ressorts romanesques fréquents, il ne serait pas étonnant de voir les musiciens en contorsionnistes.

Maître Jean Pucelard, qui enseigne la flûte à M. Herbou des *Rencontres de M. de Bréot*, en offre cependant le parfait contre-exemple :

> Ce Pucelard était un excellent petit homme. Sa flûte aux doigts, il devenait le plus sérieux du monde et jouait, les yeux baissés, avec beaucoup de gravité ; mais, une fois l'instrument dans son étui, il se montrait volontiers guilleret et facétieux et s'égayait aisément.

On peut facilement tourner cette gravité en ridicule et le nom même de Pucelard y invite. Avec ce même sérieux Pucelard met son art au service de l'agrément des débauches et des orgies de la duchesse de Grigny : le pucelage impassible, l'instrument phallique à la bouche, ordonne les cérémonies du plaisir ! Le comique réside dans le trop de sérieux.

L'instrument est toujours un trait fondamental, constitutif de la figure du musicien régnierien. Il y a là comme un souvenir mallarméen : « Toute âme est mélodie, qu'il s'agit de renouer ; et pour cela, sont la flûte ou la viole de chacun[248]. » L'instrument, apollinien ou dionysiaque, devient une métaphore de l'âme. En mai 1894, la vision de Régnier semble beaucoup moins éthérée : « La Lyre ; L'instrument singulier, n'imite-t-elle pas on ne sait quel bas-ventre de déesse en son écartement

---

247 Henri de Régnier, *Les Cahiers inédits*, *op. cit.*, p. 688.

248 Stéphane Mallarmé, « Crise de Vers », *Divagations* dans *Œuvres complètes*, II, édition de Bertrand Marchal, Paris, Gallimard, « Bibliothèque de la Pléiade », 2003, p. 207-208.

triangulaire et les cordes tendues ne sont-elles pas un ressouvenir de laine de toison : la lyre est sexuelle[249].. » L'art de la lyre est un *topos* poétique[250] depuis l'Antiquité, mais Régnier dote l'instrument de nouvelles vertus. La sensualité confond l'organologie dans l'organique. Avec Régnier, nous retrouvons la polysémie de l'*organon*, à la fois instrument de musique et organe du corps. Cette vie de la lyre s'entend même dans le cadre le plus solennel. Ainsi lorsque Apollon, traversant l'Arcadie, fait résonner la sienne :

> Les cordes de métal vibraient, fortes et douces,
> Et l'écaille ronflait et sonnait sous son pouce,
> Et l'hymne s'élevait sur un mode sacré,
> En cadence, dans l'air pacifique et pourpré,
> Égale, harmonieuse et large ; et, comme en feu,
> La lyre d'or chantait sous le geste du Dieu[251].

Il faut une matière dure, le métal et l'écaille, pour contenir le feu de la lyre apollinienne. L'opposition nietzschéenne de l'apollinien et du dionysiaque, de la mesure et de la démesure, apparaît plus trouble dans le « Sang de Marsyas ». Le poème dédié à Mallarmé montre que le dieu cruel n'a rien d'impassible et de mesuré. La lyre solaire répand une terreur sacrée. Le dieu oraculaire répand sa musique dans un « air pacifique et pourpré » ; atmosphère à la fois calme et prémonitoire, déjà pourpre du sang qui va couler sur le pin. La magnificence d'Apollon n'a rien non plus de comique, et s'il s'essuie « le front de temps en temps », ses gestes ne présentent aucune contorsion.

Régnier rend vite la métaphore de la lyre apollinienne contagieuse :

> Et le cheval ailé, peu à peu, devint clair
> Comme si se faisait l'aurore dans sa chair ;
> La source jaillissait sous son sabot divin ;
> Son envergure éblouissait tout le matin,
> Prodigieuse avec la forme d'une lyre[252].

---

249 Henri de Régnier, *Les Cahiers inédits*, *op. cit.*, p. 377.

250 Sur ce motif de la lyre à l'époque de Régnier, je renvoie à l'étude générale de Laure Tibi, *La Lyre désenchantée. L'instrument et la voix humaine dans la littérature française du XIXe siècle*, Paris, Honoré Champion, 2003 ; et pour son utilisation comme symbole, voir le chapitre « La lyre et le pinceau » de l'ouvrage de Florent Albrecht, *Ut musica poesis*, *op. cit.*, p. 124 et suiv.

251 Henri de Régnier, *La Cité des Eaux*, Paris, Mercure de France, 1902, p. 63.

252 « Flûtes d'Avril et de Septembre » dans Henri de Régnier, *Jeux rustiques et divins*, Paris, Mercure de France, 1897, p. 13.

Pégase en forme de lyre illumine le matin d'une clarté semblable à l'instrument d'Apollon. Étonnamment, c'est avec la lyre que Régnier ouvre le cycle dédié à Heredia des « Flûtes d'Avril et de Septembre », et dans un emploi strictement métaphorique. Faut-il voir là autre chose que la commodité d'un motif parnassien ?

La lyre solaire du dieu développe un pouvoir quasi hypnotique :

> Et les faunes, et les sylvains, et les satyres
> Des bois de la plaine et de mont
> Étaient venus au-devant d'Apollon[253].

En lisant ces vers tout en gardant en mémoire la note de mai 1894, on pourrait croire que la lyre, similaire au sexe féminin, attire irrésistiblement les hybrides, qui annoncent eux-mêmes les libertins. Apollon, saint patron des libertins ?

Le charme de la lyre d'Apollon rappelle naturellement celui d'Orphée ; le poète n'est jamais loin derrière le libertin :

> Ô Poète, tu peux par ta lyre sonore
> Construire à ses accents le temple et la cité
> Et faire que le tigre et le lion dompté
> Rampent parmi les fleurs que ton chant fit éclore[254] ;

Dans toutes ces évocations poétiques de la lyre, il n'est en fait rien dit de la musique elle-même. Régnier parle des gestes, du jeu et de leurs effets mais n'esquisse en revanche aucune impression d'écoute. Il est vrai que l'aspect « sexuel » de la lyre suffit à marquer durablement les corps, sans avoir besoin d'en exprimer le détail.

De même que M. de Bréot se plaçait sous le signe du Sylvain et M. de la Péjaudie sous celui du Faune, chacun d'eux possède son instrument : le premier, le luth, et le second, la flûte. « Il aime les fables des Poètes et il tire du luth des accents qui doivent flatter l'oreille d'Apollon[255] » déclare M. Herbou à propos de M. de Bréot. Le mesuré mais néanmoins fougueux M. de Bréot se trouve ainsi marqué par Orphée et par Apollon. Ce n'est sans doute pas un hasard s'il découvre dans une

253 *Ibid.*
254 « Le Poète » dans Henri de Régnier, *Vestigia flammae*, Paris, Mercure de France, 1921, p. 215.
255 Henri de Régnier, *Les Rencontres de M. de Bréot*, *op. cit.*, p. 110.

lutherie nommée *La Lyre d'Argent* la jolie maîtresse qui le distrait de sa passion pour Mme de Blionne. Autant que le besoin de cordes pour son luth, la présence de Marguerite Géraud ramène inlassablement M. de Bréot dans l'atelier de lutherie. Au milieu des instruments, il jette les premiers regards de désir sur ce corps. La boutique devient un lieu de rêverie comme de plaisir :

> C'était un lieu fort agréable que la boutique de maître Géraud. Les instruments de toutes sortes y composaient une décoration naturelle, à la fois singulière et riche par leurs formes, qui étaient diverses, et leur matière, qui était souvent précieuse. Il y en avait de bois rares incrustés de nacre et d'ivoire, et certains amusaient la vue par la bizarrerie de leur structure. [...] Cette vue divertissait fort M. de Bréot et il restait souvent là à rêver. Il lui semblait peu à peu que tous ces instruments s'animaient, et il croyait en entendre le concert silencieux où s'ajoutait le timbre argenté du rire de la jolie marchande dont les dents blanches étaient d'un ivoire digne d'être incrusté aux manches des violes et aux panses des luths et dont les blonds cheveux eussent vibré délicieusement sous l'archet[256].

Régnier passe insensiblement de la description amusée à la rêverie poétique. Dans le silence de l'atelier, les instruments prennent vie dans le regard contemplatif de M. de Bréot. Le jeu des métamorphoses trouble les sens. Le luth devient oiseau et la luthière se décompose pour former elle-même les pièces d'instrument. Nous retrouvons là encore tout l'organique de l'organologie.

Ce passage évoque les impressions d'écoute de Régnier, les images d'instruments tenant ici lieu de concert. À partir de ses observations, le personnage entre en rêverie et se met à développer d'après ce thème initial. Le songe de M. de Bréot prend des allures étranges : la décomposition de Marguerite Géraud a quelque chose de macabre. Les dents se détachent, les cheveux tombent et composent les ornements de violes imaginaires. On songe à ces instruments anciens faits avec des ossements humains. Il n'en reste pas moins une véritable transposition sensuelle, dans cette musique du silence, où seul résonne le « timbre argenté du rire » de la femme convoitée. « Le savoir-faire libertin puise dans les accords vocaux et instrumentaux une érotisation du rythme et un accomplissement esthétique de l'orgie[257] » écrit Michel Delon.

256 *Ibid.*, p. 210-211.
257 Michel Delon, *Le savoir-vivre libertin*, *op. cit.*, p. 182.

Régnier réalise une opération contraire, consistant à puiser dans le désir érotique une matière onirique devenue musicale. Dans ce monde, la lyre se fait génitoire et le moindre geste technique du soliste figure une douce caresse.

Étrangement, ce n'est pas la musique du luth de M. de Bréot qui réussit à séduire Marguerite Géraud ou Mme de Blionne, mais tandis que la seconde succombe à son discours, la première se contente de sa présence affable et de l'achat de quelques cordes… Lorsque M. de Bréot s'aventure à faire chanter son instrument, son auditoire consiste en la seule Annette Courboin, la malheureuse enfant violée par M. Le Varlon ; parmi les quelques luths que possèdent M. de Bréot, il en est un en bois incrusté qu'il fait chanter dans le jardin de Mme de Preignelay :

> M. de Bréot aimait fort s'y asseoir ainsi au crépuscule, quoique le lieu fût assez mélancolique, à l'étroit entre de hauts murs, avec quelques arbres maigres dont les feuilles commençaient à tomber dans les allées humides. […] M. de Bréot pinça les cordes qui résonnèrent tristement. L'image de Mme de Blionne lui apparut de nouveau, charmante, argentée et nue. Il baissa les yeux, et, au lieu de la brillante vision, il aperçut une fillette qui le regardait. C'était la fille de ces Courboin. […] Elle se tenait auprès de lui tranquille et attentive[258].

Lorsque M. de Bréot joue du luth pour lui-même, la musique, devenue incantatoire, le ramène à sa rêverie favorite. Elle fait surgir la présence absente. La présence réelle de la fillette ne trouble nullement le musicien. Elle semble se fondre dans le décor automnal et mélancolique. La maigreur des arbres répond à celle de ses membres. La petite Annette, sensible au charme de la musique, ne tombe pourtant pas amoureuse de M. de Bréot. Sa musique n'agit que sur lui-même, en déclenchant le songe amoureux. Il se distingue donc de M. de la Péjaudie, dont la flûte joue un rôle direct dans la séduction d'autrui.

La flûte se retrouve de manière innombrable dans l'œuvre poétique de Régnier et elle « reste dans le roman l'instrument de l'amour et de la poésie auquel nul autre ne peut être comparé[259]. » Elle n'est pas non plus absente des *Cahiers* ; ainsi, en août 1893 :

---

258 *Les Rencontres de M. de Bréot*, *op. cit.*, p. 83-84.

259 Bertrand Vibert, « Les Flûtes poétiques et romanesques d'Henri de Régnier » dans *Henri de Régnier, tel qu'en lui-même, enfin ?*, *op. cit.*, p. 225. Le rôle de la flûte est étudié avec profondeur dans cet article, le lecteur y est renvoyé pour connaître le détail. Le présent développement se concentre sur l'instrument de M. de la Péjaudie.

> Il y a de longues flûtes d'argent qui chantent si doucement, si fraîchement, si limpidement, qu'on imagine une goutte d'eau, un globule de cristal les parcourant, au souffle, de toute leur longueur. Elles ont l'air d'être quelque roseau d'argent coupé au bord du fleuve où rient les Nixes, elles ont l'air d'avoir séjourné au fond de l'eau féerique où sous la lune nagent les Ondines du Nord[260].

La flûte conjugue ici la nature, les éléments et le fantastique. L'argent, l'eau, le cristal : la flûte s'épanouit dans un miroitement de matières qui privilégie le reflet et la transparence. Il y a dans l'image comme une réminiscence hugolienne : « Viens ! – une flûte invisible / Soupire dans les vergers. [...] Le vent ride, sous l'yeuse, / Le sombre miroir des eaux[261]. » Le vent se confond avec le souffle passant par la flûte. L'image se retourne également : la flûte n'est plus faite d'un roseau, celui-ci devient du même métal que l'instrument. Cette contagion de l'artifice se produit dans un univers plus wagnérien qu'arcadien.

La description garde un aspect très poétique. Le rôle de la flûte se transforme dans son usage romanesque. La flûte de M. Herbou et celle de maître Pucelard accompagnent les débauches de la duchesse de Grigny comme un décor sonore, à la fois sensuel et convivial. Celle de M. de la Péjaudie paraît au contraire constitutive de sa figure. Malgré les métamorphoses dont il fait l'objet, selon les points de vue des autres personnages, la flûte reste une constante, y compris dans la séduction. Tout commence à l'auberge d'Aix, dans sa chambre :

> À mesure qu'il remplissait son étroite chambre de sons harmonieux, il en oubliait l'aspect misérable. Il se sentait en même temps tout pénétré d'une joie sonore. Dans la lumière, il voyait ses doigts agiles se poser sur les trous avec une précise dextérité dont il jouissait singulièrement. [...] Parfois des cris d'hirondelles sur leur départ se mêlaient aux modulations du virtuose solitaire et M. de la Péjaudie continuait ainsi à jouer, pour lui-même, jusqu'à ce que, hors d'haleine, il se fût laissé tomber sur le pied de son lit, en fermant les yeux pour mieux savourer le souvenir du concert qu'il venait de donner[262].

L'instrumentiste ressent l'enchantement musical jusque dans son écho. Tout ce qui entoure la flûte touche à la sensualité : le bois, la caresse,

260 *Les Cahiers inédits*, *op. cit.*, p. 350.

261 Victor Hugo, *Les Contemplations*, livre deuxième, XIII, dans *Œuvres poétiques*, II, édition de Pierre Albouy, Paris, Gallimard, « Bibliothèque de la Pléiade », 1967, p. 546-547.

262 Henri de Régnier, *La Pécheresse*, *op. cit.*, p. 42.

la main, les lèvres, les joues. On y devine quelque rituel amoureux et secret, une sorte d'onanisme musical. M. de la Péjaudie joue d'abord de la flûte « pour lui-même ». Cette scène ne l'enferme cependant pas dans la solitude : elle amplifie l'espace et fait rayonner la lumière. La fenêtre ouverte offre une double perspective : la confusion avec les sons de la nature (les cris d'hirondelles) et l'extension du plaisir à des auditeurs inattendus. Le premier à tomber sous le charme de la flûte est le marquis de Tourves, qui pénètre un jour brutalement dans sa chambre, lui déclarant à brûle-pourpoint : « je suis resté près d'une heure à vous écouter, planté sur mes jambes qui me rentraient dans le corps, mais j'y fusse demeuré jusqu'au jugement dernier[263] ». Grâce à l'enchantement de sa flûte, M. de la Péjaudie se trouve installé gracieusement à l'hôtel de Tourves.

Le soutien inconditionnel, manifesté jusqu'aux heures les plus sombres, de M. de Tourves et de Mme de Séguiran mère trouve aussi son origine dans l'admiration qu'ils nourrissent à l'égard du virtuose. M. de Séguiran, qui apprend beaucoup des prouesses amoureuses de M. de la Péjaudie, n'est pas en reste lorsqu'il s'agit de succomber au charme de la flûte. Une fois de plus, la musique agit en échos. Ainsi, lorsque M. de Séguiran retourne au château de Carmeyrane, en quête du souvenir de sa première épouse :

> M. de Séguiran ne regrettait donc rien d'Aix et des compagnies qu'il y avait fréquentées, rien, si ce n'est peut-être la flûte de M. de la Péjaudie. Souvent, quand il se promenait dans ses jardins, il croyait entendre murmurer dans le silence les sons imaginaires de l'instrument familier. Parfois, un oiseau imitait quelque trille ; parfois, un frisson du feuillage rappelait quelque cadence. [...] Longtemps, M. de Séguiran demeurait là et il lui semblait distinguer dans cette chanson de l'onde comme un humide écho de la flûte lointaine qui occupait sa solitude et dissipait quelque peu sa tristesse[264].

Régnier inverse sa manière. Dans beaucoup de ses descriptions musicales, il évoque la musique à travers les « bruits de la nature » ; ici, au contraire, M. de Séguiran retrouvent dans ceux-ci tout l'artifice du concert. La flûte s'entend dans un nouveau jeu d'échos : elle part de la mémoire de M. de Séguiran et va d'un élément à l'autre, de l'oiseau au feuillage, du feuillage à la fontaine, sans jamais parvenir à se fixer. « La flûte, par son origine, est un instrument lié à l'eau, qui est au cœur de la rêverie

263 *Ibid.*, p. 43.
264 *Ibid.*, p. 75.

élémentaire de Régnier[265]. » La musique se révèle aussi insaisissable que l'eau. Cette traversée de l'écho tend à multiplier la présence de la flûte absente. Comme dans nombre de descriptions poétiques de Régnier, la rêverie de M. de Séguiran, alliée à la réminiscence, fait surgir des jardins une qualité et une intensité de présence, d'ordinaire seulement accessibles au poète. La figure de M. de Séguiran se rapproche de manière inattendue de celle du poète. L'enchantement et la pénétration par le souvenir de la musique offrent à qui sait l'entendre une grâce réservée au libertin. Plus qu'un charme hypnotique et séducteur, la flûte dispense un véritable don poétique.

La flûte de M. de la Péjaudie lui vaut des admirations inattendues ; ainsi celle du frère de M. de Séguiran :

> Il importait peu à présent à M. de Maumoron que le temps fût bas et pluvieux et il déclarait hautement qu'il n'avait jamais rien entendu de pareil à la flûte de M. de la Péjaudie pour la douceur et la force de souffle, l'habileté des doigts et le choix et la variété des airs, ajoutant par plaisanterie qu'il donnerait gros pour avoir sur sa galère un tel musicien[266].

Hélas, cette admiration est de mauvais augure et M. de Maumoron « donne gros » en effet puisque le meurtre de son mignon, Palamède d'Escandot, mène M. de la Péjaudie parmi la chiourme de sa galère. Le prix de la mort de son amant, le chevalier de Maumoron le fait payer au musicien libertin qu'il martyrise. Il pousse le vice jusqu'à l'exhiber devant ses anciens amis les Séguiran. M. de la Péjaudie, très dégradé par les traitements implacables et infamants dont il fait l'objet, perd toute capacité à jouer de son instrument. La fausse note qu'il en tire lui vaut un coup de canne du chevalier, avant de voir sa flûte brisée. L'écho musical si vif de M. de Séguiran prend alors un aspect nouveau :

> Il conservait une impression pénible du spectacle auquel il avait assisté. L'image de la Péjaudie ne parvenant pas, de ses doigts gourds et gonflés, à manier cette flûte dont il tirait jadis de si délicates mélodies, lui rappelait à la mémoire un autre M. de la Péjaudie, celui dont la brillante habileté charmait toute la ville des sons de son instrument, au temps où M. le marquis de Tourves le menait partout avec lui pour le faire entendre[267].

---

265 Bertrand Vibert, « Les Flûtes poétiques et romanesques d'Henri de Régnier » dans *Henri de Régnier, tel qu'en lui-même, enfin ?*, *op. cit.*, p. 218.

266 Henri de Régnier, *La Pécheresse*, *op. cit.*, p. 241.

267 *Ibid.*, p. 321-322.

Le musicien libertin possède un statut quasi inaltérable. Le malheureux galérien ne pouvant tirer un son de sa flûte ne peut être qu'un double pitoyable. Le souvenir musical impose une présence plus forte que celle du personnage lui-même. La flûte et la musique qu'elle produisait déterminent une grande partie de l'identité de M. de la Péjaudie qui, sans elle, devient méconnaissable.

Cette privation de musique, perçue par M. de Séguiran, ne correspond pas tout à fait au for intérieur de M. de la Péjaudie, comme en témoigne son ultime requête à M. de Gallaret :

> [...] il me demandait de faire mettre son corps en terre, sur la côte, sous un petit tertre, où les pâtres de Sicile puissent venir s'asseoir en gardant leur troupeau et réjouir ses mânes de quelque air de flûte. En disant ces mots, M. de la Péjaudie gonfla ses joues et agita ses doigts comme s'il en jouait lui-même d'une que nous ne voyions pas, et il expira fort doucement[268].

M. de la Péjaudie meurt dans le paradoxe d'une musique silencieuse. Même dans l'incapacité de retrouver l'habileté d'antan, et privé d'instrument, la musique l'habite intérieurement et ne l'a jamais quitté. Il joue sur une flûte invisible un air que lui seul peut entendre. Plus encore, il devient lui-même le petit pâtre sicilien qu'il espère écouter, de sa tombe anonyme. Comme un écho de sa propre flûte prolongé par-delà la mort. Cette image arcadienne, motif commun du Parnasse, incarne comme un archétype de poème. Régnier décrit une forme de miracle : M. de la Péjaudie, par son geste et par son vœu, devient le musicien poète qui, en entrant dans la mort, finit par entrer dans son propre poème.

L'instrument, aux mains du libertin, devient aussi tutélaire que l'hybride. Le luthiste possède déjà le sexe de la femme, il en connaît les atouts, il en maîtrise les accords. Le flûtiste au contraire se trouve en démonstration permanente, le désir déforme son visage. Il exhibe autant qu'il enchante, et M. de la Péjaudie se fait entendre partout où on le mène, et obsède ceux qui l'ont écouté. Tous deux attirent à eux mais il y a plus d'efforts à souffler dans sa flûte qu'à éprouver les cordes du luth. M. de Bréot finit dans les bras de sa figure rêvée et M. de la Péjaudie sur les bancs d'une galère.

Le flûtiste est condamné à l'éternelle conquête, à la force de son souffle, quand le luthiste attend passivement que la femme et le plaisir, sous

268 *Ibid.*, p. 337.

les traits de la belle Marguerite, viennent à lui. La musique de la flûte attire à la manière des Sirènes, tandis que celle du luth fait renaître la rêverie de la Nymphe des Fontaines ; toutes deux cependant ne cessent de créer un univers de songe.

La réflexion se prolonge en décembre 1913 dans la recension de l'ouvrage récemment paru de Georges Cucuel (1884-1918), *La Pouplinière et la musique de chambre au* XVIII*e siècle*[269], intitulée « Un Amateur ». L'ouvrage de Cucuel, qui fait toujours autorité, donne l'occasion à Régnier d'esquisser la figure du fermier général fortuné, dont la mélancolie trouve un certain apaisement dans la musique. Il nous en livre le portrait :

> Un long visage avec de beaux yeux, une bouche grande et sensuelle, un menton de voluptueux, un cou mince que continue un corps maigre aux épaules étroites, couvert d'une veste flottante à larges manches d'où sortent des mains nerveuses dont les doigts caressent le bois d'une flûte. La tête est coiffée d'un foulard noué coquettement, le regard tourné vers un médaillon pendu à la muraille et où l'on distingue une figure de femme. Tel nous apparaît, en un négligé matinal de philosophe et d'artiste, La Pouplinière, sur son portrait par Carle Van Loo[270].

Beauté, sensualité, volupté : tout invite au plaisir et converge vers l'image centrale de la caresse de la flûte. La Pouplinière caresse la flûte en regardant un portrait de femme. Le portrait de Van Loo, daté autour de 1740, est désormais conservé au Musée de la Musique à Paris. Il tient en effet une flûte traversière de la main gauche tandis que la droite désigne négligemment un recueil de partitions ouvert. La Pouplinière et la femme du médaillon se regardent et leur posture, malgré la différence de proportions, apparaît comme le reflet l'une de l'autre. On peut comprendre que l'image ait frappé Régnier. L'homme qui tient la flûte ne quitte pas le portrait de femme des yeux. Un médaillon n'est pas une femme réelle, il inspire davantage la rêverie. Il est difficile de dire si le point central du tableau se trouve dans ces regards croisés ou bien dans la flûte elle-même. Le choix entre la musique et la sensualité ne se fait pas sans peine ; à moins qu'elles ne convergent, comme les regards. Il n'en reste pas moins que l'instrument rayonne :

> De cette flûte que Carle van Loo met aux mains de La Pouplinière dans le beau portrait qu'il nous a laissé de lui, il n'en faudrait pas conclure que le châtelain

269 Paris, Fischbacher, 1913.
270 Henri de Régnier, *Proses datées*, *op. cit.*, p. 216.

> de Passy ait été un virtuose accompli, et il est probable que le peintre voyait plutôt à cet attribut un sens allégorique. La Pouplinière, en effet, fut plutôt un amateur de musique qu'un musicien, bien qu'on lui attribue la paternité de quelques petites compositions musicales du genre que l'on appelait jadis des « Brunettes ». Ce qu'on ne peut lui dénier, ce fut un amour sincère et actif pour la musique[271].

Avec cette vision allégorique, le portrait de Van Loo ressemble à un poème de Régnier. L'intérêt de Régnier pour le livre de Cucuel, et pour le personnage de La Pouplinière, n'est sans doute pas anodin. Si l'illustre mécène pourrait à plus d'un titre rejoindre le cortège des figures romanesques de Régnier, il montre peut-être aussi quelque parenté avec le poète. On ne peut non plus dénier à Régnier un amour sincère de la musique. Seulement ne s'entend-elle guère comme celle de La Pouplinière. Régnier, quand il dresse l'oreille, ne cesse jamais d'être poète pour devenir un simple mélomane et un véritable amateur.

Si Régnier n'a retenu des leçons de Mallarmé que la rivalité entre poésie et musique, cette difficulté ne s'est jamais présentée à lui. La pensée et l'œuvre de Mallarmé sont plus subtiles et plus délicates que cette rivalité ostentatoire mais Régnier tend à radicaliser les points de vue pour mieux accentuer les traits de ses figures. Il n'en reste pas moins que, pour lui-même, il a tiré les meilleurs fruits de ses conversations avec l'hôte des Mardis et les images qui suivent les émotions musicales de sa jeunesse lui doivent beaucoup. Le songe domine toujours dans les discours de Régnier sur la musique, ramenant irrésistiblement ces derniers dans la sphère poétique. L'écoute constructive devient toujours poème, et seul ce poème intéresse Régnier.

En ce sens également, la musique rejoint bien les « bruits de la nature » : Régnier reçoit la musique comme il voit un paysage. La contemplation, auditive ou visuelle, déclenche la même mécanique de rêve. Les choses ne l'intéressent qu'en tant qu'elles peuvent devenir poème. Dès lors, comment pourrait-il concevoir une rivalité entre poésie et musique ? La musique, quelle qu'elle soit, ne se présente pas à lui différente des canaux de Venise ou du parc de Versailles. La musique est d'abord point de départ du songe.

271 *Ibid.*, p. 220-221.

ÉROTISME ET SENSUALITÉ

ÉROS ET POMONE

> Voila les fruits qu'Amour de son arbre nous donne,
> Dont ny fueille ny fleur ny racine n'est bonne,
> Le tige en est amer, qui corrompt nostre corps,
> Amer par le dedans, amer par le dehors :
> Et bref amer partout, comme ayant son lignage
> De la mer, et nourry dans un desert sauvage[1].

Ronsard célèbre en ces vers l'amertume des fruits de l'Amour. Les fruits, par leur force symbolique ou métaphorique, ont toujours constitué un motif poétique privilégié. Le fruit appelle presque nécessairement la sensualité. « Le libertin est gastronome par l'importance qu'il accorde aux plaisirs de la bouche et par le lien qui s'établit fréquemment entre la table et le lit[2]. » La sensualité plus diffuse et, pour ainsi dire, moins génitale des romans et de la poésie de Régnier tend à attribuer au fruit un rôle plus rayonnant.

Le fruit célèbre les sens et, à son tour, le poète célèbre le fruit. Il revient donc nécessairement, sous diverses formes, dans *Les Nourritures terrestres*, que Gide publie au *Mercure de France* en 1897. « Il y a grand plaisir, Nathanaël, à déjà tout simplement affirmer : / Le Fruit du palmier s'appelle datte, et c'est un mets délicieux[3]. » L'évocation fruitière atteint son paroxysme dans la « Ronde de la Grenade. » Régnier la lit dès sa parution dans le numéro du *Centaure* de mars-avril-mai 1896. Collaborateur de la revue, il écrit à Gide le 27 mars : « J'y ai lu

---

1 Ronsard, *Œuvres complètes*, I, édition de Jean Céard, Daniel Ménager et Michel Simonin, Paris, Gallimard, « Bibliothèque de la Pléiade », 1993, p. 316.

2 Michel Delon, *Le savoir-vivre libertin*, *op. cit.* p. 166.

3 André Gide, *Les Nourritures terrestres* (1897), dans *Romans*, Paris, Gallimard, « Bibliothèque de la Pléiade », 1958, p. 172.

aujourd'hui les belles pages que vous avez envoyées. C'est vraiment beau et elles annoncent un livre dont vous nous donnez quelque impatience d'en avoir l'admiration qu'il méritera[4]. » Le compliment a un caractère très impersonnel et, selon une confidence de Gide à Jammes, Régnier « prise fort peu[5] » les *Nourritures*.

Une fois de plus, nous pénétrons un univers de songe où les sens communient avec les images. Cette fête païenne que Régnier anime tout au long de son œuvre a une hôtesse de marque en la personne de Pomone. Nous la retrouvons naturellement, aux côtés de Vertumne, dans les *Scènes mythologiques* de 1924 :

> Toute l'année vous appartient, ô couple conjugal et champêtre ! Vertumne, tu présidais aux légumes du jardin et aux fruits du verger. Les récoltes de l'été étaient sous ta protection et tu partageais avec Pomone le soin de veiller aux produits que mûrit l'automne. Aussi les hommes vous ont-ils honorés de leur culte. Ils vous ont consacré des autels et dressé des statues, mais celles qui nous restent de toi, Pomone, sont, paraît-il, incertaines et douteuses. [...] Mais lorsque je pense à vous, cher couple, je te vois rire, Pomone, tandis que l'amoureux Vertumne, ta tunique écartée, soupèse, d'une main successive, la double rondeur de tes seins[6].

La célébration de Régnier possède quelques accents archéologiques. Tandis qu'Ovide, au livre XIV des *Métamorphoses* fait tenir à Vertumne, sous l'aspect d'une vieille femme, tout un discours afin de séduire la Nymphe farouche, Régnier place Vertumne *in medias res*, la main caressant les seins... Le long discours de Vertumne à Pomone imaginé par Ovide aurait pu inspirer celui de M. de Bréot, déguisé en Sylvain, à Mme de Blionne, n'était la différence de leur teneur. Seules la longueur et l'issue les rapprochent : les deux Nymphes finissent par succomber au charme du beau parleur. La Pomone de Régnier n'a guère besoin d'être séduite, elle est, plus que toute autre figure, une incarnation du désir.

Régnier l'évoque déjà dans *Romaine Mirmault*, roman « contemporain » publié en 1914. Régnier nomme des quartiers de Rome dans lesquels on trouvait des statues de Vertumne. Le prénom même de l'héroïne, Romaine,

---

4 André Gide-Henri de Régnier, *Correspondance 1891-1911*, édition de David Niederauer et Heather Franklyn, Lyon, Presses universitaires de Lyon, 1997, p. 212.

5 Lettre du 29 janvier 1900 dans André Gide-Francis Jammes, *Correspondance tome 2 1900-1938*, Paris, Gallimard, 2015, p. 21.

6 Henri de Régnier, *Scènes mythologiques* suivies de *Petites Fables modernes*, Paris, Société d'Édition « Le Livre », 1924, p. 33-34.

paraît déjà lourd de sens. Deux frères un peu idéalistes, Pierre et André de Claircy tombent tous deux amoureux de Romaine de Termond, l'épouse du riche Mirmault. Malgré la vigilance de leur tuteur, M. Claveret, les frères de Claircy, tous deux repoussés par l'intransigeante Romaine, finissent par se suicider, l'un après l'autre. Romaine rend souvent visite à ses deux tantes, Tine et Nine, rustiques et extravagantes, en compagnie de ses soupirants. Lors d'une de ces sorties, avec ses tantes et les deux frères de Claircy, dans la grotte située près des ruines du château de Ronville, Romaine Mirmault arrange les fruits du goûter :

> Cela ressemble assez à une de ces corbeilles de fruits, que l'on voit dans les jardins d'Italie et dont on dirait que les nymphes les ont préparées pour le goûter de Pomone ; seulement, comme il y a très longtemps que Pomone ne hante plus les jardins romains, les beaux fruits de là-bas sont devenus de la pierre et du marbre, tandis que les nôtres me paraissent excellents[7].

Romaine s'identifie elle-même à une Nymphe qui célèbre Pomone. Elle évoque la Pomone antique et sa disparition, l'aspect de ses fruits figés dans la pierre. Pourtant, par son geste, et par le désir qu'elle inspire, elle la rend de nouveau vivante. Les fruits qui devraient être de pierre retrouvent leur pleine vie, appellent de nouveau la succulence. Romaine devient un double de l'antique, dans le présent.

On retrouve encore le double de Pomone, cette fois de manière purement décorative, dans « Le Regret », petit conte vénitien recueilli dans *Le Plateau de laque* (1913) : « Au haut de l'escalier, dans l'encadrement de la porte marine, j'apercevais M. de Mauléon et l'antiquaire Carlozzi. De la gondole, ils avaient l'air de danser. Derrière eux, deux statues mythologiques, une Flore et une Pomone, imitaient leur cadence[8]. » Ici ce ne sont plus les personnages de chair qui incarnent les figures antiques mais les statues elles-mêmes qui suivent le mouvement.

Le même phénomène apparaît dans *La Peur de l'amour* (1907). Cet autre roman contemporain met en scène les affres amoureuses de Marcel Renaudier, indécis quant à sa relation avec la belle et pulpeuse Juliette Roissy. Marcel doit beaucoup sa mélancolie au pessimisme de son père philosophe, disciple furieux de Schopenhauer. L'influence bienfaitrice du peintre Buttelet, figure inspirée de Whistler, préserve néanmoins

7 Henri de Régnier, *Romaine Mirmault*, Paris, Mercure de France, 1914, p. 214.

8 Henri de Régnier, *Le Plateau de Laque*, Paris, Mercure de France, 1913, p. 111.

Marcel qui finit par posséder Juliette, dans un admirable cadre vénitien. Ainsi Marcel Renaudier et Cyrille Buttelet se retrouvent-ils dans le jardin du palais Aldramin :

> Les piliers où grimpait la vigne étaient supportés par des bustes de femmes engainées. Sculptées dans le bois, de leurs bras, elles soutenaient sur leurs têtes des corbeilles pleines de grappes où se mêlaient d'autres fruits. Marcel Renaudier s'était assis. Cyrille Buttelet debout, à côté d'une des Pomones, en caressait le sein rebondi et nu. La figure rustique paraissait se cambrer voluptueusement sous cette caresse et hausser plus fièrement sa charge allégorique[9]...

Cyrille Buttelet trouve déjà le geste immuable du Vertumne des *Scènes mythologiques* de 1924. La caresse du peintre sur la statue de bois déclenche une sorte de réminiscence. La volupté de Buttelet force le bois à se souvenir de ce qu'il représente. Le geste déclenche la magie poétique. Les choses s'animent à partir de la rêverie sensuelle. Régnier parle de « charge allégorique », mais la force suggestive des fruits appelle davantage le symbole[10].

Cette force anime naturellement le geste de l'artiste qui cherche à retrouver la forme féminine. Tel, en 1900, le sculpteur du poème « Été » :

> Je rêvais de chair moite où mord la volupté,
> Pomme, contour de sein ; poire, galbe de hanche,
> Et je cherchais mon rêve au bruit où l'eau s'épanche,
> Et l'argile cédait à mon pouce humecté,
>
> Quand tu vins, curieuse, inquiète et farouche,
> Nue et mordant un fruit qui jutait à ta bouche,
> Sourire à mon travail et devant moi t'asseoir[11].

La médaille d'argile que façonne le sculpteur naît dans une sorte d'efflorescence sensuelle. Les images de fruits et de femmes se superposent les unes aux autres. Tout comme la rêverie de M. de Bréot recomposait la belle luthière à partir des instruments présents dans l'atelier, les fruits se métamorphosent en parties du corps, onctueuses et désirables. La morsure revient par deux fois, réelle et métaphorique. Ce jeu d'allers et de retours entre la femme et le fruit forme le centre de l'imaginaire érotique régnierien.

---

9 Henri de Régnier, *La Peur de l'amour*, Paris, Mercure de France, 1907, p. 198.

10 Il est question de la différence entre allégorie et symbole, à partir des réflexions d'Albert Mockel, dans le chapitre consacré au *Bosquet de Psyché*.

11 Henri de Régnier, *Les Médailles d'argile*, Paris, Mercure de France, 1900, p. 27.

LA FEMME COMME FRUIT

Ce désir mêlé de fruit et de femme remonte à la jeunesse du poète qui écrit, dans les premières pages de ses *Cahiers*, le 6 juillet 1887 : « Le corps de la femme m'apparaît comme fragile et douloureux, un fruit mûr et mystérieux – la mollesse tendue des seins me paraît devoir être meurtri [*sic*] de tout attouchement, et il me semble que tout effleurement doit rayer le poli du ventre, et toute pression broyer les poignets[12]. » Étrange étreinte, à la fois sensible et violente. Les caresses changent en fonction des consistances. On devine la substance du fruit, ferme ou amollie, en observant sa surface.

Le fruit privilégié du corps de la femme, l'attribut majuscule de la Nymphe, tant apprécié par Vertumne et Buttelet chez Pomone, c'est le sein. Ainsi se dévoile au lecteur du *Mariage de Minuit* (1903) la belle Juliette Durousseau, comtesse de Bocquincourt, la propre belle-sœur du marquis de Bocquincourt, libertin laid et luxurieux dont il était question plus haut. À la fois artiste et amateur, elle entretient, nous allons le voir, une relation privilégiée avec le fruit. D'abord en elle-même : « Et, allongée sous ses draps, Mme de Bocquincourt caressait doucement sous la dentelle son beau sein qui ressemblait à un de ces fruits mûrs qu'elle peinait laborieusement à peindre, sur des toiles tendues, avec des pinceaux choisis et des couleurs mélangées[13]. » Le sein, en tant que fruit, demande toujours à être mis en valeur. La caresse de Juliette de Bocquincourt attire le regard du lecteur.

Cette mise en valeur est l'objet même de la première description de Mme de Blionne :

> Sa jupe étalait autour d'elle la vaste ampleur de l'étoffe d'argent dont elle était faite et sur qui l'on distinguait l'empreinte tramée d'un dessin de toutes sortes de feuilles d'eau dont les tiges flexibles s'entrelaçaient autour de la taille et formaient au buste comme une corbeille où reposaient les rondeurs de la gorge[14].

Le fruit apparaît d'autant plus suggestif qu'il n'est pas explicitement nommé. L'attention portée à la corbeille suffit à en faire un objet des plus précieux. Il s'agit sans nul doute d'une nouvelle offrande à la

12 Henri de Régnier, *Les Cahiers inédits*, *op. cit.*, p. 94.
13 Henri de Régnier, *Le Mariage de Minuit*, *op. cit.*, p. 67.
14 Henri de Régnier, *Les Rencontres de M. de Bréot*, *op. cit.*, p. 12-13.

Nymphe Pomone. La rêverie de M. de Bréot se concentre autour de cette gorge comme la main de Vertumne caresse le sein de Pomone. Cette rêverie se retrouve jusque dans « Cariste », poème recueilli dans *Flamma tenax* (1928) : « J'ai revu ce beau sein dont la forme parfaite / M'a fait rêver souvent toute votre beauté / Et, quand mon souvenir sur sa rondeur s'arrête, / Je pense voir mûrir quelque beau fruit d'été[15]. » De la contemplation du sein naît la rêverie qui mène au fruit.

Dans les *Lettres diverses et curieuses écrites par plusieurs à l'un d'entre eux* (1933), texte malicieux et insolite, chaque personnage incarne un péché capital. Ce récit par lettres, insituable et intemporel, présente le point de vue de chaque personnage sur les autres, dans une série d'anecdotes et de petites scènes, dépourvue d'intrigue véritable. Voici ce que nous apprenons d'Hilaire, le luxurieux :

> Sans être gourmet, il [Hilaire] savait apprécier la variété et les délicatesses d'un menu et se plaisait à les commenter d'allusions et d'anecdotes qui le plus souvent avaient trait à ses préoccupations charnelles. Tel beau fruit lui rappelait la forme d'un beau sein ; la pourpre de tel vin lui rappelait celle de telles lèvres. Il n'était pas jusqu'à certains coquillages qui ne le fissent songer à certaines intimes particularités secrètes[16].

La luxure métamorphose le regard sur le monde. Tout peut devenir objet de désir. Le fruit et le sein président naturellement à la description. L'image s'étend jusqu'au fruit de mer, d'autant plus convoité qu'il est invisible.

Si Régnier voit le fruit dans le détail du corps, la femme toute entière peut cependant devenir fruit. Ainsi « Julie aux yeux d'enfant », poème du *Miroir des Heures* (1910) :

> Lorsque Julie est nue et s'apprête au plaisir,
> Ayant jeté la rose où s'amusait sa bouche,
> On ne voit dans ses yeux ni honte ni désir ;
> L'attente ne la rend ni tendre ni farouche.
>
> Sur son lit où le drap mêle sa fraîche odeur
> Au parfum doux et chaud de sa chair savoureuse,
> En silence, elle étend sa patiente ardeur
> Et son oisive main couvre sa toison creuse.

15 Henri de Régnier, *Flamma tenax*, *op. cit.*, p. 200.

16 Henri de Régnier, *Lettres diverses et curieuses écrites par plusieurs à l'un d'entre eux*, Paris, Mercure de France, 1933, p. 99-100.

> Elle prépare ainsi sans curiosité
> Pour l'instant du baiser sa gorge et son visage,
> Car, fleur trop tôt cueillie et fruit trop tôt goûté,
> Julie aux yeux d'enfant est jeune et n'est plus sage[17] !

Cette petite Julie rend vraisemblablement hommage à celle, tout aussi malicieuse, de *La Double Maîtresse.* Julie aux yeux d'enfant reste cependant plus mélancolique. Le fruit, pour être pleinement goûté, doit toujours arriver à maturité. Dans *Les Rencontres de M. de Bréot*, la petite Annette Courboin, auditrice silencieuse du libertin jouant du luth, subit les assauts libidineux de M. Le Varlon de Verrigny. Le scandale de ce viol suscite l'indignation générale. Par la suite, M. Le Varlon se repent d'avoir voulu en effet goûter un « fruit trop vert[18] ». Les petites filles prennent moins de plaisir chez Régnier que chez Pierre Louÿs…

Si le fruit ne doit pas être trop vert, il faut qu'il s'épanouisse dans sa maturité afin de satisfaire les bouches expertes. Dans *Le Bon Plaisir* (1902), l'intendant chargé de l'approvisionnement des armées du maréchal de Manissart, le gros Dalanzières, profite du siège de Dortmüde pour accaparer les meilleures nourritures offertes par la ville. Deux femmes ne sont pas de trop pour satisfaire son appétit. Il se justifie auprès d'Antoine de Pocancy :

> Ah ! Monsieur, – lui disait-il, – ce sont les deux plus belles jeunesses de la ville, et ce n'est qu'en jeunesse qu'il sied d'être grasse : une peau jeune est plus délicate d'être tendue par l'effet de l'embonpoint ; le tissu, s'il est fin, y prend un surcroît de finesse à quoi rien n'est comparable. Imaginez-vous, Monsieur, un fruit maigre[19] ?

La maturité va de pair avec une certaine consistance. Dalanzières parle de jeunesse mais elle doit s'entendre dans son éclat et non dans ses prémices. Pas trop vert, ni trop maigre, ainsi Régnier apprécie-t-il le fruit féminin.

Il faut cependant prendre garde à ne pas laisser le fruit sur l'arbre ou la grappe sur le cep. Le temps fait son œuvre, la saison avance vite et l'imagination n'est pas en reste. Après avoir été longuement séparé de celle qu'il aime, Marcel Renaudier, le héros de *La Peur de l'amour*,

17 Henri de Régnier, *Le Miroir des Heures*, *op. cit.*, p. 155-156.
18 Henri de Régnier, *Les Rencontres de M. de Bréot*, *op. cit.*, p. 235.
19 Henri de Régnier, *Le Bon Plaisir*, *op. cit.*, p. 167.

apprend leur présence simultanée à Venise et devient songeur à la perspective d'une rencontre :

> Comme il avait changé ! Et elle, n'avait-elle pas dû changer aussi ? Deux années ! deux années ! Et, lâchement, il imagina une Juliette mûrie par le désir et la passion, par la vie, pareille à ces beaux fruits qu'a touchés un soleil trop chaud, une saison trop ardente[20].

Le soleil, si bénéfique de prime abord, préside aussi au vieillissement. Régnier confond ici le soleil avec le désir et aspire à une juste mesure. La maturation du fruit dépend d'un désir épanoui, mais non incontrôlable. De nouveau nous retrouvons la mesure et la volupté d'un Bréot opposées aux excès et à la fureur d'un Le Varlon.

En effet, malgré tous les artifices disponibles, la maturation du fruit le mène rapidement au pourrissement. Nous retrouvons cette amertume dans « La Coupe inattendue » de 1897, long monologue poétique d'une femme à l'automne de sa vie : « Le fard de mon visage le rend pareil à un fruit trop mûr ; mon sourire ne s'achève plus sans devenir une ride[21]. »

L'érotique solaire de Régnier invite à déguster le fruit à l'acmé de son développement. Ainsi découvre-t-on le sentiment de Marcel Renaudier, toujours dans *La Peur de l'amour*, après qu'il a enfin réussi à passer une nuit avec Juliette de Valenton : « Sur sa poitrine, il sentait battre le cœur de la belle vendangeuse qui avait offert à ses lèvres le plus beau fruit de la vie[22]. » La femme porte sur elle, et en elle, le fruit de sa vendange. Une vendange qui s'étend au cœur plein de désir de l'homme qui succombe à ses charmes.

Le fruit devient l'absolu du désir – les grandes figures de femme s'y réfèrent nécessairement. Telle Schéhérazade, dans le poème recueilli dans *Flamma tenax* (1928), « Le Choix » :

> Elle est venue à moi, un soir, Schéhérazade,
> [...]
>
> Elle me dit : « Je suis la fontaine et la rose,
> La voix du rossignol et la saveur des fruits,
> La figue qui s'entr'ouvre et la grenade close ;
> Je suis toutes les nuits des Mille et une Nuits[23]. »

20 Henri de Régnier, *La Peur de l'amour*, *op. cit.*, p. 210.
21 Henri de Régnier, *La Canne de Jaspe*, *op. cit.*, p. 307-308.
22 Henri de Régnier, *La Peur de l'amour*, *op. cit.*, p. 240.
23 Henri de Régnier, *Flamma tenax*, *op. cit.*, p. 12.

Schéhérazade, à qui Régnier consacre un conte à part entière[24], incarne à elle seule tous les plaisirs. L'érotisme incandescent de ces vers contraste avec l'image traditionnelle qui voit dans le dernier Régnier poète un retour au sage classicisme. La fontaine alliée à la figue qui s'entr'ouvre, la rose qui rime avec la grenade close ne peuvent se montrer plus explicites. On admire ce jeu d'identités, à la fois totalisant et riche en détails suggestifs. Dans le même recueil de 1928, se trouve une *Médaille amoureuse* intitulée « Contraste » :

> C'est Vénus elle-même ou sa fille marine,
> Car son corps délicat est doucement nacré ;
> Elle a la gorge haute et le port assuré,
> Et, femme, on la dirait déesse d'origine.
>
> Quel Prince devant qui malgré soi l'on s'incline,
> Beau comme le matin dans un ciel azuré,
> Mérite, entre ses bras jalousement serré,
> De goûter ce beau fruit né de la mer divine[25] ?

L'image de Vénus domine la figure de cette femme anonyme. Contrairement au fruit de la terre, qui appelle la maturation, le fruit marin semble doté de l'éternité de la mer et du ciel d'azur ; la nacre le préserve du vieillissement.

Le paganisme domine, avec l'orientalisme, ces représentations de femmes en fruits. L'image biblique d'Ève et du fruit de l'arbre de la connaissance n'inspire aucun rêve érotique à Régnier. La figure d'Ève, présente dans le conte posthume du *Paradis retrouvé* (1937), est celle d'une vieille femme qui ne s'occupe guère de séduction. Ce conte très ironique narre la découverte archéologique, par le monde moderne, du paradis terrestre, qui fait immédiatement l'objet d'une exploitation commerciale. Le souvenir de la pomme et du serpent devient une simple attraction pour touristes.

Si le fruit reste, pour Régnier, essentiellement lié à la sensualité féminine, il garde un pouvoir ironique que le romancier se plaît à exploiter.

24 Henri de Régnier, *Le Veuvage de Schéhérazade*, Liège, À la lampe d'Aladdin, 1926.
25 Henri de Régnier, *Flamma tenax*, *op. cit.*, p. 198.

QUELQUES COMPARAISONS FRUITIÈRES

Ainsi, par contraste avec les jus et les encorbellements féminins, le fruit qui n'est plus consommable peut être utilisé à des fins dépréciatives. Ainsi le narrateur du *Divertissement provincial* (1925) nous présente-t-il l'un des personnages qui peuplent l'inhospitalier village de P… où il s'est retiré : « L'indifférence de M. de Gernage au malheur d'autrui est incroyable, mais il s'attendrit sur un meuble boiteux, sur un tableau détérioré, sur un objet sans usage. Il est un curieux fruit de la vie de province, M. de Gernage, mais un fruit complètement desséché[26]. » La référence physique renvoie aussi à l'évidente sécheresse du cœur.

Les Vacances d'un jeune homme sage, roman contemporain que Régnier publie en 1903, conte l'été que passe à la campagne Georges Dolonne, jeune homme rêveur, tout juste refusé à l'examen du baccalauréat. Dans ce « livre assez médiocre[27] », selon André Gide, le héros voit tourner autour de lui nombre de figures de femmes, de tous âges. Le fruit gâté vient précisément à l'esprit de Georges, sortant de la Sorbonne, juste après avoir appris son ajournement : « Le dôme de l'église de la Sorbonne, comme trop mûr et près d'éclater, bombait sur le ciel bleu et brûlant[28]. » Ce mûrissement excessif du dôme de la Sorbonne renvoie au sentiment irrité de Georges qui vit mal son échec. L'illustre université lui apparaît dans toute la boursouflure de son pourrissement.

Le mûrissement touche parfois des objets plus modestes, comme dans le poème « Soirée » : « Ce vase, sur la table, est frais comme un fruit mûr / Et son bouquet s'empourpre à la lueur des lampes[29]. » Le mûrissement est cette fois garant de fraîcheur. Entre fraîcheur et éclatement, le mûrissement change radicalement de nature en fonction de l'humeur poétique. Humeur poétique qui pousse la facétie jusqu'à trouver au fruit un référent abstrait dans « La Paresse » : « Et je laisse, immobile et calme, sans ennui, / Dans le souple hamac où ma langueur se cale, / Ma paresse aux yeux clos mûrir comme un beau fruit[30]. » Le mûrissement se découvre des qualités méditatives. L'image semble

26 Henri de Régnier, *Le Divertissement provincial*, *op. cit.*, p. 145.

27 Gide lit le livre en novembre 1904 ; voir André Gide, *Journal*, tome 1, édition d'Éric Marty, Paris, Gallimard, « Bibliothèque de la Pléiade », 1996, p. 432.

28 Henri de Régnier, *Les Vacances d'un jeune homme sage*, *op. cit.*, p. 12.

29 Henri de Régnier, *La Sandale ailée*, *op. cit.*, p. 185.

30 Henri de Régnier, *Flamma tenax*, *op. cit.*, p. 212.

sortir de la contemplation poétique qu'elle expose : la paresse propose un temps ralenti, une écoute « sans ennui » de l'univers. La poésie a besoin de moments de paresse pour surgir. Comme le fruit sur l'arbre, elle s'enrichit et s'épanouit dans la lumière. En quelques vers, Régnier dispense une véritable leçon de sagesse.

Dans le même esprit de lenteur et de conscience positive de ce temps étendu, Régnier fait errer le héros de *La Double Maîtresse*, Nicolas de Galandot, à l'aurore, dans son palais romain :

> Il ne restait plus rien de la nuit que les deux chauves-souris que M. de Galandot avait aperçues en passant par la salle à manger où, blotties à un angle du plafond, elles pendaient, les ailes repliées, comme deux fruits nocturnes, deux gourdes à ténèbres saoules de l'ombre qu'elles avaient bues[31].

Magnifique passage de prose poétique qui montre la trace des mystères nocturnes de Psyché. Cette dernière préside toujours, pour Henri de Régnier, à l'inspiration poétique ; l'imaginaire déployé autour de Pomone paraît sous son égide. L'image décrite, comme la chauve-souris, se nourrit de l'inspiration nocturne et la prolonge jusqu'à l'aube. Les fruits nocturnes, qui demeurent dans la lumière du soleil, sont des vestiges de la poésie de l'ombre, des vestiges du songe.

LES FRUITS, TELS QU'EN EUX-MÊMES

Après les personnages et les objets-fruits, il y a les fruits eux-mêmes et leurs amateurs. Le plus passionné d'entre eux reste sans doute M. de Corville, l'aide de camp du maréchal de Manissart dans *Le Bon Plaisir* (1902). Ses origines rustiques et beauceronnes lui confèrent un savoir climatique et météorologique que la stratégie militaire ne dédaigne pas. Après avoir fait montre de ses talents de jardinier durant le long siège de Dortmüde, il se consacre définitivement à l'amour de Vertumne et de Pomone. Il est décrit par M. de Collarceaux, dans les *Mémoires* qui forment la seconde partie du roman :

> Si notre jardinier est ménager de son fruit en tout ce qui assure sa conservation et sa beauté, il n'en est pas avare et le distribue de bon cœur. […] Sa maison serait bien meublée si elle n'était encombrée de graines de toutes sortes ; les armoires sont pleines de petits sacs étiquetés. Il n'est pas rare de voir les

31 Henri de Régnier, *La Double Maîtresse*, *op. cit.*, p. 329.

> appartements servir de fruitier. Les poires ou les pêches sont rangées sur le marbre des consoles. Il y a des lignes de melons sur les cheminées, et jusque sous le baldaquin des lits on trouve pendues des grappes de raisins, ce qui emplit les alcôves d'un bourdonnement d'abeilles et de guêpes[32].

Le fruitier de M. de Corville ressemble à l'œuvre de Régnier, lequel après avoir cultivé ses fruits avec soin, les offre sans ménagement. Eux aussi se fondent dans le décor. On découvre un poème « à fruit », en feuilletant un recueil, comme on ouvre une armoire chez M. de Corville. Leur usage devient tellement fréquent qu'il faut une attention particulière pour en relever l'occurrence. Chaque fruit peut être doté d'une valeur particulière, soumise à l'imagination du moment. L'abbé Hubertet, le précepteur de Nicolas de Galandot dans *La Double Maîtresse*, déambule dans Paris :

> L'abbé Hubertet était un promeneur infatigable. [...] C'est ainsi que le fruitier, derrière son étalage, lui apparaissait plaisamment, comme un marchand de masques en plein vent. La mine allongée des poires n'y voisine-t-elle point avec la face joufflue des pommes ? Les coings ne portent-ils pas sur la joue un duvet de jouvenceaux ? L'aubergine a la trogne vineuse d'un vigneron. La pêche offre son fard de grande dame. La citrouille représente le Grand Turc lui-même. Les fruits grimacent, ricanent, sourient, et l'abbé se plaisait à considérer que la nature déguise en leurs nombreux visages sa figure invisible qu'ils diversifient de la leur[33].

Les fruits deviennent des masques et des doubles. Régnier s'amuse d'autant plus que le fruit peut aisément lui permettre de dessiner une *figure*, le caractère se modelant sans peine sur chaque forme spécifique donnée. Sur le marché, l'abbé Hubertet se trouve au théâtre ; il contemple la lanterne magique. Son humeur facétieuse fait surgir une véritable troupe de comédie et son détachement candide le dispense des habituelles tentations féminines.

Il arrive cependant que l'image du fruit n'ait d'autre signification que sa présence elle-même[34]. Le fruit donne une couleur, une saveur, chaque fois renouvelée par l'humeur du poète ou par celle du lecteur. Le fruit célèbre toujours une fête des sens. La même année que *Le Bon*

32 Henri de Régnier, *Le Bon Plaisir*, *op. cit.*, p. 288.
33 Henri de Régnier, *La Double Maîtresse*, *op. cit.*, p. 184-185.
34 Bien que le lecteur régnierien finisse toujours par identifier un fruit avec un motif, comme nous allons le voir pour le raisin, par exemple.

Plaisir, dans *La Cité des Eaux*, nous lisons les derniers vers du poème « Le sommeil » :

> Non, ce laurier sans joie et ces fruits sans désir,
> Et la vaine rumeur dont toute vie est faite,
> Non, tout cela c'était pour pouvoir mieux dormir
> L'ombre définitive et la nuit satisfaite[35] !

Régnier présente comme un double oxymore le « laurier sans joie » et les « fruits sans désir » ; le laurier et les fruits semblent privés de leur essence. Si l'on ôte le désir au fruit, il ne reste de place qu'à la mort. Pour Régnier, les fruits sont d'abord un éloge inconditionnel de la vie, comme nous le confirme le discours de l'Ombre, dans l'« Élégie double » des *Jeux rustiques et divins* (1897) : « Les baisers pour jamais meurent avec les bouches. / Laisse la figue mûre et les olives rousses ; / Hélas ! les fruits sont bons aux lèvres qui sont chair[36]. » La présence des fruits exige celle des lèvres. La célébration de la vie, à travers l'imaginaire du fruit, dépasse la simple vocation reproductive. Plus que par la vie qu'il transmet, le fruit rayonne par le plaisir qu'il apporte, – un plaisir dont est privée l'Ombre du poème. Les fruits sont des appels que la nature lance à la sensualité. Le fruit intact incite, mais le fruit dégusté rayonne davantage.

Après la nuit de fête et de volupté du Verduron, au cours de laquelle M. de Bréot assista à la danse de la Nymphe des Fontaines, M. Le Varlon de Verrigny propose à celui-ci de le ramener à Paris dans son carrosse :

> M. Le Varlon de Verrigny étendit les jambes, assujettit sa perruque et, prenant une reine-claude dans la corbeille qu'il avait fait poser devant lui sur la banquette, pour se rafraîchir en chemin, il la mit tout entière dans sa bouche. Une salive juteuse lui vint aux lèvres, puis il leva la main pour commander l'attention. M. de Bréot, à son tour, choisit une prune dans la corbeille. Il la tenait délicatement entre deux de ses doigts. Elle avait l'air d'être en agate tiède. Il y enfonça un ongle.
>
> – Dieu, Monsieur…, dit M. Le Varlon de Verrigny, et, par la portière, dont la vitre était baissée, il cracha le noyau de la prune, qui parut tout doré dans le soleil[37].

35 Henri de Régnier, *La Cité des Eaux*, *op. cit.*, p. 160.
36 Henri de Régnier, *Les Jeux rustiques et divins*, *op. cit.*, p. 171.
37 Henri de Régnier, *Les Rencontres de M. de Bréot*, *op. cit.*, p. 42-43.

Quel symbole voit donc M. Le Varlon dans le geste de M. de Bréot pour en appeler à Dieu de la sorte ? L'ongle pénètre le fruit, qui semblait de pierre l'instant d'avant. On peut y voir une délicatesse un peu profanatrice, qui contraste avec la gourmandise impénitente de M. Le Varlon mettant le fruit tout entier dans sa bouche. La réponse au geste de M. de Bréot est peut-être davantage dans ce noyau craché, que Régnier nous montre dans un temps comme suspendu et d'autant plus suspendu qu'il s'agit de la dernière phrase du chapitre. Ce chapitre dans lequel se noue toute l'intrigue imaginaire et onirique de M. de Bréot et de Mme de Blionne, s'achève par un noyau de prune s'élançant vers le soleil et semblable au soleil lui-même.

Cette image du fruit solaire se retrouve dans *L'Amphisbène* (1912). Le roman, comme l'indique son titre, est placé sous le signe de l'amphisbène, créature antique déjà évoquée par Pline, largement répandue dans les blasons : « un serpent monstrueux, avec une tête à chaque extrémité du corps, et qui marche aussi bien à reculons qu'en avant[38]. » Julien Delbray, qui assure une grande partie de la narration du roman, est un jeune homme de trente-trois ans, un peu ennuyé et mélancolique, mais aimant les voyages. Il voit sa vie changer après sa rencontre avec Laure de Lérins qui, après son divorce avec un mari qui fit fortune en Amérique, décide de s'installer à Paris. Ce coup de foudre conclut la première partie et motive une nouvelle évocation du symbole : « Quelle page va tourner pour moi la Destinée, pareille à cet énigmatique monstre bicéphale, à cet Amphisbène symbolique dont la marche inverse et double est à la fois une menace et une promesse et qui, sur le souple parchemin, présente son signe augural aux conjectures de mon âme anxieuse et de mon cœur superstitieux[39] ? » La deuxième partie est constituée de lettres que Laure de Lérins adresse à son ancien époux et néanmoins ami, Jérôme Cartier. Laure expose et commente longuement son installation à Paris, la rencontre et l'ambiguïté de sa relation avec Julien Delbray. Cette correspondance unilatérale s'achève sur les préparatifs d'une croisière, qui réunit tous les personnages du roman, à bord du yacht baptisé « l'Amphisbène ». La troisième partie s'ouvre avec la reprise du journal de Julien Delbray. De la Sicile aux côtes africaines, les personnages mettent en valeur leur caractère et les

38 Henri de Régnier, *L'Amphisbène*, Paris, Mercure de France, 1912, p. 55.
39 *Ibid.*, p. 130.

sentiments mêlés de Julien et de Laure ne les aident guère à clarifier leur relation. Comme Laure l'écrit à son ancien époux, l'amphisbène « est bien l'emblème des contradictions humaines et des incertitudes qu'il y a dans les sentiments des femmes et en toutes les choses de la vie et de l'amour[40]. » Ainsi, lors d'une escale à Sorrente, le fruit prend une dimension inattendue :

> [...] Mme de Lérins en riant m'a lancé, d'en bas, une grosse boule dorée que j'ai rattrapée au vol. C'était un énorme citron qu'elle avait cueilli durant sa promenade. Et je le considérais entre mes mains, fermé, mystérieux, odorant, comme une promesse de bonheur. Ô beau fruit d'or des Hespérides, si ton écorce trompeuse ne cachait qu'une cendre amère[41] !

D'un roman à l'autre, il semble presque que le noyau doré de prune des *Rencontres* atterrisse miraculeusement sous la forme d'un citron entre les mains de Julien Delbray. La différence paraît pourtant grande entre le noyau de prune, dont le désir disparaît avec la chair juteuse, et le citron intact, qui contient encore en lui mystères et songes. Ce cadeau impromptu de Laure de Lérins est pour Julien riche de sens, et les qualificatifs qu'il lui donne (« fermé, mystérieux, odorant, promesse de bonheur ») pourraient tout aussi bien désigner Laure elle-même. Du reste, l'allusion aux antiques Hespérides assombrit les pensées de Julien : le soleil qu'il tient entre les mains se révélerait vite un soleil couchant.

À l'opposé de ce goût de cendre, – que nous allons préciser, – proposé par ce fruit de l'Occident, nous trouvons les « Souvenirs d'Orient » du *Miroir des Heures* (1910) : « Et, sur ma langue avide et que le sucre allèche, / Il me semble, ô Damas, sentir encor le goût / De l'abricot confit et de la figue sèche[42] ! » Tandis que le fruit du Couchant offre une promesse ambivalente, ceux du Levant reviennent en bouche, par le biais de la mémoire, comme la plus exquise des réminiscences. Aucune mauvaise surprise ne se devine dans cette abondance sucrée. Si la couleur ou l'apparence du fruit frappe d'abord l'œil, c'est le goût qui commande le souvenir et garantit le retour de sa présence. Il y a chez Régnier un véritable inconscient gustatif : le goût appelle l'image.

---

40 *Ibid.*, p. 366.
41 *Ibid.*, p. 276-277.
42 Henri de Régnier, *Le Miroir des Heures*, *op. cit.*, p. 188.

Il est cependant des fruits que l'on ne goûte pas, à l'instar de la pomme de pin de l'« Autre Chanson », recueillie dans *La Sandale ailée* (1906) :

> Le fruit entr'ouvert, mûri par l'été,
> Que, mystérieuse,
> Une bête semble avoir habité,
> La pomme écailleuse
>
> Car le pin sylvestre imite la mer
> Et il a comme elle
> Odeur saine et forte et parfum amer
> Et voix éternelle[43].

Faute de goût, reste l'odorat, qui permet d'apprécier pleinement la richesse de cette pomme de pin, mystérieuse comme le citron de Laure de Lérins. Le songe de Régnier donne à son apparence un passé fantastique. La pomme de pin est un vestige déserté et, comme ces coquilles abandonnées par le crustacé qui logeait à l'intérieur, le double d'un fruit de mer inconnu. Le mystère de ce fruit qui ne peut être dégusté réside précisément dans cet inconnaissable, dans cet incomestible. La « voix éternelle » du pin peut renvoyer à Marsyas, écorché sur cet arbre, dont le tronc se rappelle la plainte. La pomme de pin figure-t-elle un vestige du satyre ?

Si la mémoire se règle sur le goût du fruit, son apparence reste le présage de sa succulence. Lorsque Nicolas de Galandot s'installe dans son palais romain, dans la troisième partie de *La Double Maîtresse*, il prend à son service une vieille femme nommée Barbara. Une excessive piété la prévient cependant contre l'excentricité de son maître. Elle exploite vite son faible caractère et aime lui faire apprécier son zèle :

> Elle ne lui faisait grâce de rien. Il fallait qu'il remarquât la belle fraîcheur des légumes et sentît à l'écorce la bonne odeur des melons qu'elle rapportait. Il les aimait jaunes et raboteux, à grosses côtes, de chair juteuse et ruisselante. Il prenait également plaisir à voir la vieille femme soupeser les oranges et les citrons et presser du doigt la peau mûre et flasque des grosses figues[44].

Experte dans le maniement des fruits, Barbara offre à Nicolas des gestes qui, avec d'autres personnages, feraient office de parade amoureuse. Mais

43 Henri de Régnier, *La Sandale ailée*, *op. cit.*, p. 184.
44 Henri de Régnier, *La Double Maîtresse*, *op. cit.*, 290.

ni Barbara ni Nicolas ne sont faits pour le plaisir. Les fruits ne peuvent ici suggérer : ils se substituent entièrement aux seins et aux corps qu'ils figurent habituellement. Ils sont appréciés pour le plaisir intrinsèque de leur dégustation. Même dépourvus de connotations érotiques, les fruits procurent un indéniable plaisir de la palpation.

Cette valeur intrinsèque du fruit, sa beauté effective, trouve pour Régnier sa consécration dans *Le Mariage de Minuit* (1903). Juliette de Bocquincourt, que nous avons rencontrée plus haut, voue une grande admiration au verrier et céramiste Serpigny, et n'hésite pas à asseoir sa notoriété dans le monde :

> Mme de Bocquincourt expliqua les nouveaux essais de M. de Serpigny. Il fabriquait à Louveciennes, par une aimable attention pour elle, des fruits en céramique. Il en réussissait d'admirables. Il imitait des naturels, non seulement la forme, mais le velouté et le grenu, et rendait à l'œil l'ouate des pêches et le vernis des cerises. Bien plus, au lieu de leur garder leurs couleurs véritables, il leur en composait d'artificielles, aux nuances subtiles et aux reflets inconnus, en laissant transparaître sous leurs écorces émaillées des lueurs métalliques qui les faisaient tout veinés d'or et leur donnaient l'aspect d'une matière inexplicable et délicieuse dont la vue seule suggérait au goût des saveurs imaginaires. [...] Le feu était la sève mystérieuse qui avait animé ces glaises inertes jusqu'à leur faire figurer les fruits d'une terre fortunée[45].

Admirable poésie en prose où l'artifice mène la vision du fruit jusqu'à l'explosion des sens. Serpigny réalise pour Régnier le songe extrême du fruit, dont la succulence s'apprécie pleinement avec les seuls yeux. La description est suffisamment riche pour apparaître vivante et, en même temps, l'imprécision de l'aspect de ces fruits fantastiques laisse au lecteur toute liberté de représentation. Leur forme définitive se trouve assujettie au seul désir. La « terre fortunée » où poussent ces fruits devient la poésie elle-même, qui génère l'imaginaire qui les fait paraître tels. Là encore, les fruits fantastiques n'ont plus besoin d'identification érotique, ils s'affirment comme pur plaisir des sens.

Nous les retrouvons, un peu plus loin dans le roman, dans un coin de l'atelier de Mme de Bocquincourt :

> Sur un socle de bois reposait une grande corbeille de faïence tressée. Des pommes rondes y soutenaient des figues inégales et des poires allongées que

45 Henri de Régnier, *Le Mariage de Minuit*, *op. cit.*, p. 56.

> couvrait à demi une lourde grappe de raisin. La terre cuite qui les formait était vernissée de couleurs exactes et vives. C'était charmant et un peu ironique, cette corbeille aux fruits éternellement mûrs, cette sorte de corbeille de Tantale[46].

Alors que le fruit régnierien reste intimement lié à la temporalité et à l'éphémère de l'existence, voilà que l'art de Serpigny rend sa maturité immuable. Cette éternité du mûrissement, Régnier l'écrit, prête à sourire. Comme Tantale, l'admirateur doit se contenter de regarder ces fruits sans aucun espoir de n'y pouvoir jamais goûter.

Cette éternité du fruit perd cependant toute ironie et retrouve son lyrisme dans « La Prière de Paul Cézanne », recueilli dans *Vestigia flammae* (1921) :

> Et c'est pourquoi, Seigneur, ayant vécu mon âge,
> Au moment de mourir aux lieux où je suis né
> Je t'offre ces yeux clairs en un pauvre visage
> Et ce front et ces mains et cet œil obstiné.
>
> Accepte-les et prends aussi ces pommes rondes,
> Ces grappes et ces fruits que j'ai peints de mon mieux,
> Car leur contour pour moi fut la forme du monde
> Et toute la lumière éternelle est en eux[47].

Tandis que Serpigny crée avec ses fruits un monde fantastique et un peu fou, Cézanne célèbre avec les siens la puissance de la présence *du* monde. L'éternité du fruit n'est plus associée au supplice, mais à la lumière. Quelque chose de primordial se dessine dans ces vers. Le citron et la prune sont associés au soleil mais la lumière éternelle de Cézanne revêt un caractère plus sacré encore. Comme si la vibration du monde se retrouvait dans ces fruits. Dans cette prière, pleine de force et d'humilité, Régnier retrouve des accents païens qui donnent aux fruits la lumière de l'âme universelle.

La temporalité, tout autant que l'érotisme, se retrouve dans le motif du fruit, tour à tour éphémère ou éternel. Deux fruits revêtent à cet égard un aspect tout particulier : la poire et le raisin.

---

46 *Ibid.*, p. 92.
47 Henri de Régnier, *Vestigia flammae*, *op. cit.*, p. 224.

LA POIRE

La qualité d'un fruit s'apprécie à son mûrissement. L'automne, saison régnierienne par excellence, porte à son apogée celui de la poire et du raisin. Le séjour de l'abbé Hubertet au domaine de Pont-aux-Belles, en compagnie du jeune Nicolas de Galandot et de sa redoutable mère, prend une tournure inattendue, la fin de l'été arrivée :

> Se jugeant un peu privé sur la table, il se rattrapait sur le verger. Certes, hors son fruit préféré [la poire], il ne négligeait pas les autres fruits et n'en dédaignait aucun. [...] Les groseilles et les framboises l'amusaient par leur acidité et leurs parfums ; il estimait les cerises, les plus aigres comme les plus douces, les plus rebondies et les plus molles ; les pommes lui agréaient assez. Quant aux pêches, elles le réjouissaient infiniment, celles dont le jus surabonde et celles dont une moiteur sucrée pénètre le fruit tout entier et se répand dans chacune de ses fibres [...].

Groseilles, framboises, cerises, pommes, pêches trouvent toutes grâce aux yeux de l'abbé Hubertet mais les sensations qu'elles procurent n'atteignent pas la richesse de celles de la poire :

> Il leur trouvait une diversité de goûts singulière. Elles sentent tour à tour la pluie, la feuille morte et la fourmi. Leur chair est granuleuse ou tendre, acide ou succulente ; elles ont une personnalité particulière ; leur saveur est individuelle ; leur maturité est longue, elle commence en été, remplit l'automne de ses surprises délicieuses et dure jusqu'en hiver ; elles sont tachetées et lisses comme des poissons et se faisandent comme des gibiers. Cette passion immodérée des poires faisait sa victime du pauvre abbé[48].

La liste des fruits ressemble à celle que dresse M. de Pocancy, dans *Le Bon Plaisir*, lorsqu'il évoque l'infinie variété des types de femmes, de leur peau, de leur goût[49]. L'abbé Hubertet ne s'apparente aucunement à un libertin. Sa « passion immodérée des poires » présente cependant des similitudes avec celle que peuvent susciter les femmes. L'image des poissons et des gibiers pourrait par exemple évoquer la prédation libertine. Le libertin chasse et l'abbé cueille. La science raffinée de ce dernier le pousse même à des modalités particulières de dégustation :

> Ces sauvetages fréquents avaient transformé un des tiroirs ventrus de la commode de l'abbé en un véritable fruitier. Le soir, retiré chez lui, son rabat

48 Henri de Régnier, *La Double Maîtresse*, *op. cit.*, p. 65-66.
49 Voir le passage cité plus haut (Henri de Régnier, *Le Bon Plaisir*, *op. cit.*, p. 25)

> enlevé, un mouchoir noué sur les oreilles par deux cornes de linge, en chemise et pieds nus, avant de se mettre au lit, il ouvrait le meuble odorant, puis, de l'œil et du doigt ayant choisi dans sa réserve son péché, il le mangeait délicatement avec des grimaces de gourmandise, tandis qu'à la chandelle se dessinait sur le mur son ombre familière et gloutonne[50].

C'est dans l'intimité de la scène du coucher que se révèle au plus fort la relation de l'abbé et de ses fruits. On imagine facilement, avec d'autres personnages, les poires remplacées par des femmes. Le fruitier, ici la commode, concentre toutes les sensualités, disponibles au moment de se mettre au lit. Le mode de conservation, le tiroir, implique aussi le secret et la révélation. L'abbé ne dévoile et ne consomme ses trésors que dans la solitude de sa chambre. La solitude dévoile tout l'intime du songe : d'abord à travers l'efflorescence sensuelle qui envahit l'abbé dégustant sa poire et ensuite par le même flot d'images qui suggère au lecteur le parallèle libertin et sa seule existence imaginaire.

Cet érotisme féminin de la poire se retrouve, de manière plus explicite, dans le quatrième roman de Régnier, *Les Vacances d'un jeune homme sage* (1903). Le héros passe tout l'été à la campagne et ce séjour est l'occasion de nombreuses rencontres. Ainsi l'une des premières images féminines qui alimentent la rêverie amoureuse de Georges Dolonne nous offre, en la charmante personne de Mme d'Esclaragues, un très beau fruit : « Mme d'Esclaragues, en effet, semblait fort à l'aise. Elle pelait une poire. Ses doigts habiles enlevaient délicatement au couteau la peau polie et juteuse. La chair du fruit apparaissait humide, grenue et délicieusement fondante[51]. » Régnier s'amuse, avec cette poire pelée, à suggérer le dévoilement de parties plus intimes de l'anatomie féminine. Georges Dolonne paraît toujours gauche et inexpérimenté, contrastant ainsi avec « l'aise » de Mme d'Esclaragues. On comprend la fascination que la jeune femme exerce alors sur le héros, après qu'il a assisté à une telle scène.

Si la poire tisse un lien entre le mûrissement automnal, le désir passionnel et le corps féminin, c'est le raisin qui consacre l'étrange fusion de ces deux motifs : temporalité et sensualité.

---

50 Henri de Régnier, *La Double Maîtresse*, *op. cit.*, p. 67.

51 Henri de Régnier, *Les Vacances d'un jeune homme sage* (1903), Bruxelles, éditions de la Chimère, 1921, p. 108.

LE RAISIN

Tout comme la flûte, le raisin est un attribut de Dionysos et il apparaît tel, dans le poème recueilli dans *Les Médailles d'argile* (1900) intitulé « Dionysiaque » dans lequel le dieu défile « la grappe à la bouche et les pampres aux reins[52] ». Les évocations automnales des vendanges sont nombreuses dans les premiers poèmes de Régnier. C'est dans son premier roman, *La Double Maîtresse*, que Régnier donne au raisin sa signification la plus ample. Le raisin joue un rôle décisif dans les deux scènes-clefs de l'œuvre. Orpheline à l'âge de huit ans après la mort de son libertin de père, Hubert de Mausseuil, la petite Julie est confiée aux bons soins de M. et Mme du Fresnay, seuls amis du défunt. Sa tante, Mme de Galandot, accepte, malgré bien des réticences, de prendre l'enfant chez elle durant les mois d'été. La présence de sa petite cousine bouleverse le quotidien monotone de Nicolas. S'il s'amuse d'abord des friponneries et des malices de l'enfant, la jeune adolescente le trouble bien davantage. Le passage au Fresnay du débauché M. de Portebize a porté ses fruits et « Gros-Ami » n'a guère de peine, nous l'avons vu, à éveiller la sensualité de la belle Julie.

L'été de ses quatorze ans marque une rupture définitive dans son comportement. Elle s'amuse de la niaiserie de son cousin maintenant trentenaire et tente de l'entraîner dans les jeux de la sensualité. Nicolas, depuis toujours surveillé par sa mère, n'a jamais eu aucune idée en ce domaine. L'effet corrupteur des provocations de Julie paraît d'autant plus fort qu'il s'adresse à l'inconscient animal qui sommeille en Nicolas. Durant une chaude après-midi d'été, tandis qu'ils se retrouvent tous deux seuls dans la bibliothèque, Julie se livre à une véritable parade nuptiale. Allongée, seins nus, sur la table de marbre, elle déguste une grappe :

> Elle mangeait lentement, avec délicatesse et gourmandise. Elle tenait le raisin haut devant elle. Chaque mouvement de son bras élevé et ramené à sa bouche laissait voir l'ombre blonde de son aisselle. La grappe diminuait peu à peu, et bientôt Julie ne garda plus à la main que le vert squelette végétal en sa structure délicate où chaque grain arraché laissait comme une goutte d'eau ambrée et liquoreuse. Un dernier grain restait ; elle le prit entre ses doigts et, avec un rire hardi, le lança à Nicolas qu'il atteignit au visage[53].

52 Henri de Régnier, *Les Médailles d'argile*, *op. cit.*, p. 88.
53 Henri de Régnier, *La Double Maîtresse*, *op. cit.*, p. 155-156.

La jeune odalisque au raisin offre une image mémorable. Régnier déploie des trésors de sensualité afin de rendre palpable la montée du désir de Nicolas. La description préliminaire du corps de Julie reste simple et dépouillée, Régnier ne l'orne d'aucune métaphore. Cette pureté descriptive permet de concentrer l'attention sur le seul raisin, qui passe de l'état de grappe fournie à celui de « vert squelette végétal ». Chaque grain avalé ajoute à la sensualité. Le raisin symbolise le désir lentement ingurgité, incorporé jusqu'au pénultième grain. Le jet du dernier grain constitue une forme d'apothéose sensuelle, – la seule que Nicolas puisse connaître. À la suite de cela, Nicolas se jette sur sa cousine, toujours rieuse, une main sur un sein et l'autre remontant la cuisse. C'est le moment que choisit Mme de Galandot pour paraître sur le seuil de la bibliothèque. Souffletant Nicolas et l'injuriant avec véhémence, elle scelle le traumatisme qui conditionne l'esclavage romain de Nicolas. Julie est irrémédiablement chassée de Pont-aux-Belles et Mme de Galandot ne survit que peu de temps à l'esclandre qu'elle redoutait depuis la naissance de son fils.

La sensualité de Nicolas de Galandot se résume donc à la parade de Julie, avec pour acmé le jet du grain de raisin. Le reste, généré par l'intrusion maternelle, n'est que frustration, honte et peur. La troisième partie du roman, « Galandot le Romain », se déroule une vingtaine d'années après cette scène. Nicolas s'installe à Rome, envoyé en mission archéologique par son ancien précepteur, l'abbé Hubertet, devenu entre-temps membre de l'Académie des Inscriptions et Belles-Lettres. Négligeant vite les antiquités, Nicolas sombre dans un quotidien monotone avec pour seule compagnie sa vieille servante Barbara et un tailleur bavard et cancanier nommé Cozzoli. Nicolas vit pourtant un moment décisif, lors d'une déambulation dans la ville éternelle, par une (nouvelle) chaude après-midi :

> Une terrasse bordait la rue à cet endroit par un balustre à colonnettes au-dessus duquel des plants de vigne formaient berceau et laissaient retomber leurs pampres où se mêlaient quelques grappes de raisins. Il y avait sur la rampe une femme couchée. Elle était étendue de toute sa longueur sur la pierre tiède et semblait dormir, tournée un peu sur le côté. On voyait sa chevelure tordue sur sa nuque grasse, son dos souple, la saillie de ses reins. Une de ses jambes repliée soulevait sa robe et on apercevait son pied un peu en dehors de la balustrade.

Alors que la scène avec sa cousine Julie relevait de la seule séduction, l'apparition d'Olympia s'apparente à une véritable contemplation poétique. Il s'agit presque d'une « médaille amoureuse » en prose. Olympia remarque la présence du promeneur silencieux et cueille nonchalamment une grappe de raisin :

> Elle mangeait, grain par grain, lentement, voluptueusement, en tenant la lourde grappe gonflée à hauteur de ses yeux, tantôt vite, tantôt s'arrêtant pour la faire tourner entre ses doigts. M. de Galandot, d'en bas, suivait ses gestes avec anxiété. À chacun des grains juteux et ambrés qu'elle mettait dans sa bouche, il éprouvait dans la sienne une fraîcheur délicieuse ; il lui semblait savourer je ne sais quoi de secret et de mystérieux [...] Cette jeune femme qui, les bras levés, la poitrine nue, mangeait un raisin, lui apparaissait comme debout au fond de son passé. Une heure lointaine et oubliée renaissait dans la minute présente. Il restait étourdi, le dos au mur. Ses lèvres balbutiaient un nom qu'il n'avait pas redit depuis de longues années : « Julie ! Julie !... »

La scène s'achève avec le même jet du grain, Olympia se substituant parfaitement à Julie :

> Elle faisait tourner rapidement la grappe entre ses doigts. Il n'y restait plus qu'un seul grain ; elle le cueillit, le roula un instant, se retourna, puis, avec un grand éclat de rire, elle le lança vers M. de Galandot qui, la bouche béante, les yeux écarquillés, les jambes flageolantes et les mains tendues, le reçut juste à la joue d'où il rebondit, tomba à terre et y resta, juteux, doré et comme tout sucré de poussière[54].

Les sensations sont conditionnées par le choc de la réminiscence. La perception tout entière est altérée par les songes de la mémoire. Nous retrouvons le mécanisme qui commande l'émergence de la poésie, tel qu'il est décrit dans la conférence du *Bosquet de Psyché* de 1894. Les « choses[55] », ici la présence et le geste d'Olympia, commandent le surgissement du songe. Le songe travaille avec la mémoire. Quel traumatisme revêt la plus grande importance ? Le désir frustré de Julie ou bien la violence et la vindicte maternelle ? Cette scène et le reste du roman ne donnent pas au lecteur de réponse précise. Les deux éléments successifs, malgré leur proximité, ne se confondent pas tout à fait. Seul le premier, centré

---

54 *Ibid.*, p. 306-309.

55 « Notre rêve s'aide du rêve inconscient des choses » dit Régnier dans *Le Bosquet de Psyché* (Henri de Régnier, *Figures et Caractères*, Paris, Mercure de France, 1901, p. 285).

sur le raisin et le désir, invite à la réminiscence. La scène de l'apparition d'Olympia s'achève avec le jet du grain de raisin, dans la dernière phrase du chapitre, et borne ainsi la réminiscence elle-même. Le passé qui surgit à l'intérieur de Nicolas s'extériorise dans la présence immédiate d'Olympia. Julie devient présente dans Olympia, qui scelle la fusion avec son double en jetant le grain de raisin. La double maîtresse est un seul personnage féminin à la gorge nue, qui unit passé et présent dans un même geste. Le terme « maîtresse », entendu d'ordinaire comme synonyme d'amante, retrouve ici sa pleine acception de possession et de domination. Mais la « maîtresse » est d'abord la réminiscence elle-même, qui trouble le temps, superpose les époques, confond passé et présent et domine entièrement le malheureux Nicolas de Galandot. Le raisin paraît comme l'incarnation de ce trouble poétique et temporel déterminant.

Du reste, Proust, grand lecteur de Régnier, ne s'y est pas trompé lorsqu'il lui écrit, le 18 novembre 1920 : « Des impressions telles que celle de la petite "Madeleine" mais ce *Du côté de chez Swann* vous ne devez plus vous en souvenir du tout n'a-t-il pas quelque chose des raisins et la "péripétie" de mon livre n'est-elle pas suspendue comme celle du vôtre à la brusque réminiscence d'une sensation[56] ? » Le « raisin de Régnier » n'a pas acquis la notoriété de la « madeleine de Proust » ; il avait pourtant la primeur, et, quoi que l'on puisse en dire, la portée du raisin dépasse celle de la madeleine. La madeleine est liée à un souvenir d'enfance du narrateur et, en dehors de ce contexte événementiel précis, Proust ne donne au petit gâteau aucune valeur intrinsèque. Le raisin de Régnier, lié à l'automne, au mûrissement, à l'égrenage, à l'éveil du désir, etc. multiplie au contraire les possibilités symboliques.

Dans la scène de la bibliothèque, Nicolas contemplait passivement Julie en train d'avaler le raisin grain à grain. Dans celle de la balustrade, chaque grain dégusté par Olympia se retrouve mystérieusement savouré par Nicolas. La réminiscence est d'autant plus fantastique que Nicolas ne goûte ni le raisin de Julie, ni celui d'Olympia. Là encore, le narrateur de Proust est celui qui mange les deux madeleines, la madeleine originaire et celle de la réminiscence. La fraîcheur qui vient à la bouche de Nicolas lui restitue un vécu de songe. Le malheureux n'a jamais rien consommé avec Julie, en aucun sens du terme. Le pouvoir suggestif du raisin en paraît d'autant plus fort : la dégustation « directe » n'est pas

56 Marcel Proust, *Correspondance*, tome 19, édition de Philip Kolb, Paris, Plon, 1991, p. 631.

nécessaire pour qu'il agisse pleinement. Cet effet surprenant du raisin est très habilement utilisé par Régnier à la toute fin du roman. Après être devenu l'esclave d'Olympia et de son complice Angiolino, Nicolas finit pratiquement ruiné, physiquement et financièrement. Les deux coquins entendent cependant bien le dépouiller jusqu'au bout. Tandis que Nicolas agonise dans sa chambre, Olympia tente de lui arracher la signature d'un testament fait en sa faveur. Faisant alterner violence et douceur, elle en arrive à un argument décisif : « J'irai chercher des raisins ; nous les mangerons ensemble comme le jour où tu m'as vue sur la terrasse. Veux-tu ? Je me coucherai sur ton lit, près de toi. Je tiendrai la grappe haute. Je la ferai tourner et je te mettrai moi-même les grains dans la bouche[57]… » Alors que jusqu'à présent il n'avait jamais goûté au raisin, la proximité de la mort autorise l'assouvissement du désir. Hélas pour lui, Nicolas meurt avant d'avoir pu remédier à sa frustration. Régnier utilise à dessein cette puissance onirique du raisin dégusté, dont Nicolas reste irrémédiablement privé. Le grain du désir ne lui est que jeté à la figure, et celui d'Olympia qui finit « juteux, doré et comme tout sucré de poussière » annonce le noyau de prune de M. Le Varlon, « tout doré dans le soleil ». Le grain de raisin, le désir, paraît comme suspendu, toujours disponible dans les tréfonds de la mémoire. La scène de la bibliothèque, avant l'arrivée de la mère, forme un songe sensuel qui ne prend pour Nicolas aucun aspect concret. La scène de la balustrade devient donc la réminiscence d'un songe bâti autour du raisin à la saveur imaginaire.

Les thèmes du passé, de la réminiscence et du double, associés au raisin, se retrouvent dans certains poèmes des *Médailles d'argile*, publiées la même année que *La Double Maîtresse.* Ainsi, dans « L'Échange » :

> J'ai senti vivre en moi la terre maternelle
> Et naître son printemps et croître son été,
> Et mon automne à moi et son automne à elle
> L'une à l'autre s'unir en leur maturité.
>
> Son sang mystérieux à ma sève se mêle
> Et c'est un même fruit que nos ceps ont porté ;
> Sa grappe chaque année à ma grappe est jumelle
> Et je me sens fécond de sa fécondité[58].

57 Henri de Régnier, *La Double Maîtresse*, *op. cit.*, p. 414.
58 Henri de Régnier, *Les Médailles d'argile*, *op. cit.*, p. 199.

Le poète présente son union avec la terre sous forme de miroirs. De sa contemplation, de son profond sentiment des choses naît le poème. Les doubles semblent se fondre dans une même unité. Il y a là une forme de panthéisme païen, confirmé par l'apparent mélange des fluides. De cette vie de la terre à l'intérieur de soi naît le fruit qui n'est pas nommé, mais aisément reconnu comme étant le raisin.

L'image s'étend, dans le même recueil, en prenant un tour plus mélancolique, dans le troisième « Sonnet pour Bilitis » :

Mes Sœurs, notre jeunesse a mûri lentement
Sa grappe savoureuse à nos treilles rivales
Et nos jours que le Temps presse de ses sandales
Ont coulé comme un vin dont l'ivresse nous ment ;

L'âge est venu, sournois, furtif, fourbe et gourmand,
Mordre et flétrir, hélas ! nos gorges inégales ;
Notre vendange est faite et j'entends sur les dalles
Marcher le vigneron dans le cellier dormant.

Vous, ô mes Sœurs, je vois vos mémoires perdues
Vieillir poudreusement comme les outres bues,
Et moi que visita la Muse aux ailes d'or,

Je resterai pareille à l'amphore embaumée
Où, captif aux parois qu'elle respire encore,
Vibre et rôde le vol d'une abeille enfermée[59].

Les trois « Sonnets pour Bilitis » forment un hommage, bien plus qu'un pastiche, à la poésie facétieuse et sensuelle de Pierre Louÿs. Le ton et les thèmes sont ici typiquement régniériens. Alors que « l'Échange » saisissait un moment, ce sonnet pour Bilitis décrit un processus. De fait, l'évocation du raisin va de la grappe au vin, en passant par la vendange. Le grain de raisin que lance Julie à Nicolas invite à la jeunesse, celui d'Olympia au retour de cette jeunesse disparue : ici le neuvième vers convie les mémoires perdues. La grappe de raisin offre une ivresse sensuelle plus forte que l'ivresse menteuse du vin. La vendange célèbre la vie et marque en même temps le commencement du déclin mais l'empreinte demeure présente, la jeunesse n'a jamais complètement disparu : il reste le parfum qui embaume l'amphore. Le temps s'écoule comme le vin et la mémoire survit en un vestige olfactif.

---

59 Henri de Régnier, *Les Médailles d'argiles*, *op. cit.*, p. 63.

Le raisin dévoile ici son ambivalence : il symbolise l'inéluctable vieillissement des êtres en même temps qu'il garantit l'inévitable réminiscence. Aussi n'est-il pas surprenant de le retrouver dans un poème de 1902 intitulé « Le Passé » :

Avec des mains de haine et de colère, Amour !
J'ai rompu rudement à mon genou farouche
Le beau cep qui porta la grappe dont toujours
Le goût voluptueux se ravive à ma bouche ;

Et j'ai fait, tout ce jour, des treilles de ma vie
Brûler le sarment sec et la feuille séchée
Pour qu'il n'en reste au soir que la cendre et la suie
Qui demeurent après une vaine fumée[60].

Le goût de la grappe revient à la bouche du poète, comme à celle de Nicolas admirant Olympia sur la balustrade. La réminiscence est ici interrompue par une volonté violente et destructrice. Le vestige de la jeunesse voluptueuse, naturel dans le cas du parfum de l'outre vide, devient ce qui reste d'une consumation. Régnier privilégie l'artifice dans ce poème et cette rupture avec la mémoire reste un mouvement d'humeur. Le feu a anéanti tout ce qui entourait le fruit.

LE FRUIT ET LA CENDRE

Nous avons déjà aperçu ce motif du fruit et de la cendre avec le citron que Laure de Lérins, dans *L'Amphisbène*, lance à Julien Delbray. Le citron, si semblable au soleil, si plein de promesses, pouvait bien ne contenir qu'une cendre amère. Ce motif hante Régnier qui l'utilise dès ses premiers recueils, comme dans les *Sites* de 1887 :

Et, l'Automne, dans ce verger où nous errons,
Nous vîmes se gonfler et mûrir sur nos fronts,
Sans les cueillir, les fruits, tentants comme la gloire,

Qui mènent les Héros fabuleux loin du Port
Vers leur trophée et la conquête dérisoire
D'une cendre qui gît sous une écorce d'or[61].

---

60 Henri de Régnier, *La Cité des Eaux*, *op. cit.*, p. 118.
61 *Sites*, X, dans Henri de Régnier, *Œuvres*, tome IV, Paris, Mercure de France, 1924, p. 125.

Jusque dans son dernier volume de poèmes, *Flamma tenax*, de 1928 avec « Les Présages » : « Tisbé, ce soir, la vie est belle, mais demain, / Quel fruit de cendre ou d'or cueillera votre main[62] ? » Les considérations de Régnier font alterner la vanité et l'amertume des choses. Mais le jeu de la cendre et du fruit a toujours partie liée à la temporalité, comme dans la troisième Ode de la « Corbeilles des Heures » : « La joie est brève et l'heure passe, / Et chacun marche vers un autre qui recule, / Et la fleur de l'aurore est fruit au crépuscule / Et le fruit d'or du soir est cendre dans la nuit[63]. » Plus encore que l'inéluctabilité, c'est la furtivité du temps qui est en cause. Le Temps est perçu dans la succession du fruit puis de la cendre. En revanche, ce simple constat de l'écoulement du temps se transforme en mélancolie quand les deux éléments ne sont plus successifs mais simultanés, comme dans « La Voix » :

> Ma tristesse me vient de plus loin que moi-même,
> Elle m'est étrangère et ne m'appartient pas,
> Et tout homme, qu'il chante ou qu'il rie ou qu'il aime,
>
> À son heure l'entend qui lui parle tout bas
> Et quelque chose alors se remue et s'éveille,
> S'agite, se répand et se lamente en lui,
> À cette sourde voix qui lui dit à l'oreille
> Que la fleur de la vie est cendre dans son fruit[64].

Que le raisin transformé en vin soit bu puis oublié, quoi de plus naturel ? Mais que le fruit qui contient la vie se révèle être de cendre, voilà qui devient illusion ou mensonge. À moins que le mensonge soit de croire que le fruit puisse mener à autre chose qu'à la cendre. Le fruit de la vie contient déjà en lui les germes du vieillissement. Avec le raisin, la réminiscence pouvait rendre le passé présent ; apercevoir la cendre dans le fruit, c'est appeler vers l'instant présent l'inévitable futur. La mélancolie naît de cette force prospective du fruit. La sensualité féminine en est la première victime, comme dans « Une femme parle » :

> « Je n'ai plus à t'offrir, ta maîtresse farouche,
> Les plaisirs de mon corps et ses jeunes secrets,

62 Henri de Régnier, *Flamma tenax*, Paris, Mercure de France, 1928, p. 117.
63 Henri de Régnier, *Les Jeux rustiques et divins*, *op. cit.*, p. 247.
64 Henri de Régnier, *La Sandale ailée*, Paris, Mercure de France, 1906, p. 30.

Une saveur de cendre est au fruit de ma bouche
Et c'est d'un triste amour que tu t'enivrerais[65]. »

Triste constat que cette avancée de la cendre dans le fruit : aucune réminiscence ne vient ici au secours de la femme. Si l'inéluctable vieillissement appelle la mélancolie, la précipitation vers la mort appartient à la tragédie ; tel le destin de Cléopâtre dans « C'est en vain… » :

Et, d'un geste d'esclave à sa reine obéie,
Vous tendre la corbeille où, sous le noir laurier,
S'entassent, grains épars d'un rustique collier,
L'harmonieuse olive et la figue turgide
Et d'où monte, odorante et lourde pyramide,
L'amas des beaux raisins qui croulent à demi,
Car votre pâle main, Cléopâtre, a frémi
Quand, dardant jusqu'à vous sa langue corrompue
L'aspic de la douleur au sein vous a mordue ;
Et désormais les fruits du plus royal été
N'ont plus pour vous le goût de leur suavité ;
Leur pulpe la plus délicate et la plus tendre
Ne conserve à vos dents qu'une saveur de cendre[66].

Les fruits sont là en abondance, réels et symboliques, et leur présence nombreuse autour du corps de la reine produit un effet miroir. Les fruits resplendissent toujours autour d'elles mais la cendre l'envahit de l'intérieur. L'aspic mord le sein et Cléopâtre mord le fruit : la cendre se répand et altère les saveurs, sa corruption est contagieuse. La jeunesse devient amère lorsqu'on est possédé par la mélancolie, ici désir de mort. On retrouve cette idée de morsure dans « le Fol Automne » :

Ma mémoire, ce sont des roses et des fleuves
Et ces oiseaux parmi le vent et les soirs clairs
Et des réveils tristes et plus las que des veuves
Et la forêt sanglante à l'orient des mers.

Et comme un fruit tombé dont le sang les enivre,
Voici mordre à mon cœur automnal et mûri
D'avoir vécu la joie et la douleur de vivre,
Les oiseaux éperdus parmi le vent fleuri[67].

---

65 Henri de Régnier, *Vestigia flammae*, Paris, Mercure de France, 1921, p. 71.
66 Henri de Régnier, *Flamma tenax*, *op. cit.*, p. 144.
67 Henri de Régnier, *Poèmes 1887-1892*, Paris, Mercure de France, 1895, p. 40-41.

Les oiseaux de la mémoire s'enivrent du sang des fruits tombés et ne manquent pas de mordre le poète. La volupté vouée au passé invite à la dévoration. Les fruits de l'automne sont encore pleins de sang et non de cendre. L'automne, saison chérie qui voit le mûrissement du fruit, alimente l'élément nostalgique de la mélancolie. L'automne représente à la fois l'acmé, le plein épanouissement de la vie, et en même temps la tristesse poignante de ce qui n'est plus. Le fruit devient l'agent privilégié de l'automne en témoignant de sa puissance et en garantissant son retour par la mémoire. Le fruit, mordu, dégusté, ou simplement observé, oscille toujours entre volupté et mélancolie. Son pouvoir d'évocation de la vie passée atteint cependant son paroxysme avec « Quelqu'un songe d'heures et d'années » :

> Les fruits du passé, mûrs d'ombre et de songe,
> En leur écorce où jutent des coulures d'or,
> Pendent et tombent,
> Un à un et un encor,
> Dans le verger de songe et d'ombre.
> [...]
> La Tristesse a mûri ses fruits d'ombre
> Aux doux vergers de notre songe
> Où le passé sommeille, tressaille et se rendort,
> Au bruit de ses fruits mûrs qui tombent,
> À travers l'oubli dans la mort,
> Un à un et un encor[68].

Le fruit, très éloigné ici du corps de la femme, se réfère autant aux événements de la vie passée qu'au souvenir de ceux-ci. Le poème instille avec lenteur un mouvement descendant. L'ombre et le songe valent ici pour la cendre et le sang ; ils sont cependant, à se fier à l'esthétique du *Bosquet de Psyché*, moins liés à la vie qu'à la puissante perception poétique. Le songe aiguise les sens et fait naître le poème à l'ombre de la lampe de Psyché. Le fruit, « mûri d'ombre et de songe », pourrait bien être le poème lui-même.

Le fruit retrouve cependant la femme dans le souvenir, trois ans après, dans *Aréthuse* (1895) avec « les Visiteuses » :

> J'honore ici, venue au travers de mes songes,
> Par les routes de ma mémoire, avec mon Ombre,

68 *Tel qu'en songe* (1892) dans Henri de Régnier, *Poèmes 1887-1892*, *op. cit.*, p. 228.

> Celle-là qui sourit et qui porte en ses mains
> L'Urne funèbre où sont mes jours et mes destins,
> Cendre qui fut l'amour, cendre qui fut la gloire !
> Victorieuse de la tragique victoire,
> Cette Passante vient du fond de mon passé,
> Souriante à demi de l'avoir traversé
> [...]
> Cette Passante vient des vergers de ma chair
> Où jute le fruit doux auprès du fruit qui saigne,
> Souriante elle a bu, penchée, à la fontaine
> De mes heures et pour y boire elle a souri[69] [...]

La suggestion onirique métamorphose le statut du fruit : cette passante, un peu évanescente, n'est nullement faite de fruits. Les fruits naissent de la chair du poète. La Passante de Régnier ne ressemble pas à celle de Baudelaire, bouleversante et fugitive ; elle s'apparente davantage à une revenante. Le songe sensuel qui la fait naître appartient pleinement à l'univers intérieur du poète. Une revenante un peu panthéiste, qui semble avoir assimilé les paysages qu'elle a traversés. Le « fruit doux auprès du fruit qui saigne » : la généralité du terme « fruit » permet à Régnier de représenter l'éventail des émotions, de la douceur voluptueuse à la blessure ouverte. Bien que dépourvue de toute allusion érotique, la Passante concentre en elle toute la récolte charnelle du poète. Elle devient un songe du songe, un songe mis en abyme : la réminiscence exprime le retour non d'événements, mais d'impressions poétiques elles-mêmes issues du songe.

Toutes ces visions qui mêlent le fruit et la cendre, le passé, le souvenir et la mort, prennent parfois l'allure de songes un peu abstraits. Quel contraste avec les fruits de la chair féminine ! Régnier exploite au mieux le spectre symbolique du fruit qui part du sein de la femme, passe par le souvenir et aboutit au poème. Toutes ces forces symboliques tendent à converger vers l'image du raisin dans *La Double Maîtresse*, comme si les textes antérieurs de Régnier la préparaient et ceux qui lui succèdent en découlaient. Le lecteur de Régnier se substitue sans cesse à Nicolas de Galandot contemplant Olympia sur la balustrade ; une saveur lui vient à la bouche, d'un fruit qu'il contemple sans cesse et qu'il ne goûte jamais.

Au fruit lui-même, il faut ajouter le geste qui pèle, caresse, lance ou ramasse l'exquise nourriture. *La Double Maîtresse* permet de résumer,

---

69 Henri de Régnier, *Les Jeux rustiques et divins*, *op. cit.*, p. 24.

une nouvelle fois, l'ambivalence du fruit, sensuel ou mélancolique, d'or ou de cendre. Possédé par l'image de Julie ressuscitée en Olympia, Galandot finit esclave de la courtisane et de son amant, le crapuleux Angiolino. Les agrumes riment alors avec amertume :

> On appelait Jacopo, mais M. de Galandot répondait involontairement au lieu du petit valet, comme si, à force d'en avoir rempli l'office, il en eût partagé l'état, et c'était lui qui revenait, apportant sur une assiette les oranges et les citrons que le drôle et la drôlesse mangeaient, à la fin de ces journées orageuses, pour se rafraîchir la bouche. Ils mordaient tour à tour, au même fruit, et M. de Galandot, sous sa grosse perruque, maigre en son habit gris usé, se baissait silencieusement pour ramasser les écorces et les épluchures[70].

Le geste de M. de Galandot porte peut-être à lui seul plus de mélancolie que les innombrables évocations du passé, de la fin de l'automne et de la cendre. Une sensualité à portée de bouche, et à jamais inaccessible…

LES PARURES DE LA NUDITÉ

Nous arrivons à l'acmé du songe sensuel et libertin de Régnier. Les figures libertines offrent des désirs et des attitudes ; la musique prépare à la sensualité par le charme et l'enchantement et les fruits nous font voir et toucher ce que la musique laisse entendre. Le centre véritable de toute la sensualité régnierienne, faite de chair et de songe, reste le corps féminin, et plus précisément le corps nu de la femme. Aussi pouvons-nous lire à présent la « scène primitive » à l'origine de la rêverie et du fantasme de M. de Bréot autour de la Nymphe des Fontaines :

> M. de Bréot regardait toujours Mme de Blionne, entre les quatre Sylvains masqués, debout, en sa robe d'argent, sur le fond des verdures éclairées. Il songeait, non sans un petit trouble, qu'à cause du poids de son ajustement et du mouvement qu'elle avait pris à danser, et bien qu'on fût en plein air, elle devait avoir chaud sous ses atours de Nymphe et la peau mouillée et le corps tout ruisselant. La sueur lui devait perler aux membres, couler au dos et entre les seins et lui coller étroitement à la chair son linge humide.

---

70 Henri de Régnier, *La Double Maîtresse*, *op. cit.*, p. 360-361.

Le songe sensuel altère peu à peu la vue de M. de Bréot. Il n'éprouve pas le besoin de la dépouiller de ses atours pour la voir nue, c'est au contraire le linge humide qui sert de révélateur :

> Et M. de Bréot, comme si la robe d'argent fût tout à coup devenue transparente ainsi que l'eau d'une fontaine, imagina soudain Mme de Blionne comme si elle eût été toute nue devant lui. Il lui vit, en pensée, les jambes longues, les cuisses fortes, les hanches larges, le ventre doux, la gorge renflée, avec la peau très blanche, et tout cela, si distinctement et si véritablement qu'il lui en semblait toucher la chaleur moite et fondante et qu'il ouvrit la bouche pour en respirer le parfum sain et voluptueux[71].

Si Mme de Blionne s'était montrée nue, sèche et immobile, on devine que la rêverie sensuelle eût pris une autre tournure. Le déguisement, la robe d'argent, achève la métamorphose. De la même manière, le costume de Sylvain révélait la nature profonde de l'hybride qui gît en M. de Bréot. Comme le raisin d'Olympia qui porte le goût délicieux à la bouche de Nicolas de Galandot, l'impression est si forte que M. de Bréot, en un réflexe inconscient du corps, se met à ouvrir la bouche pour recevoir les précieux effluves. Le révélateur du corps vient du corps lui-même : comme si la Nymphe secrétait naturellement l'eau de la fontaine qui rend ses atours transparents. L'élan de la danse, qui fait couler les perles de sueur, fait sortir la créature mythologique et sauvage de l'être civilisé. Celle qui suscite le désir ressemble à celui qui y répond. Il y a entre le libertin et la femme désirée une sorte de communication des profondeurs, une entente secrète entre les créatures qui sommeillent en eux.

Le songe modifie la vue et le regard : les vêtements deviennent transparents et M. de Bréot peut décrire chaque partie du corps ; cette même vision entraîne la sensation de caresse et de palpation. Cette dénudation par la pensée est le point de départ du désir du libertin. Chaque retour du désir survient après la réminiscence de cet onirisme voyeuriste.

NUE SOUS SES VÊTEMENTS

Régnier se complaît à évoquer la dénudation par le songe. Dans le cas de M. de Bréot, elle alimente la rêverie d'une possession prospective. La vision de la Nymphe des Fontaines précède toute caresse et tout attouchement, et même la rencontre.

---

71 Henri de Régnier, *Les Rencontres de M. de Bréot*, *op. cit.*, p. 15-16.

Une rêverie du même type survient dans *Le Bon Plaisir* (1902), mais dans un autre contexte. Le fils du bel Anaxidomène, Antoine de Pocancy, passe son adolescence dans l'hôtel parisien du maréchal de Manissart. Son goût des femmes n'est pas développé comme celui de son père et sa seule rencontre avec la sensualité féminine a lieu la veille de son retour au château paternel d'Aspreval, tandis que Mlle de Manissart, la propre sœur du maréchal, lui offre, pour le consoler de leur séparation, la chaleur et la douceur de son sein contre sa joue. En regagnant Aspreval, Antoine retrouve un père taciturne et déjà enfermé dans la mélancolie. Le départ de sa seconde épouse a définitivement mis fin à son désir de femmes. Antoine mène une vie tranquille et médiocre entre le château d'Aspreval et la petite ville de Vircourt.

Il connaît à vingt-six ans sa première véritable liaison avec l'épouse du commissaire Dalanzières, que nous avons aperçu plus haut avec ses deux jolies maîtresses durant le siège de Dortmüde. Antoine de Pocancy rencontre Mme Dalanzières lors d'une visite à M. de Chamissy, l'abbé du Val-Notre-Dame. La dame, sensuelle et peu farouche, devient rapidement sa maîtresse. Leurs ébats bousculent le quotidien d'Antoine. S'il peut profiter de son corps nu dans l'intimité d'une chambre, il n'en est pas de même lorsqu'ils se retrouvent en public : « Et il se plaisait à se l'imaginer nue, avec cette belle gorge dont il savait le poids à la main et dont le double bouton, doux et grumeleux, laissait à la langue un petit goût de sel[72]. » La rêverie d'Antoine de Pocancy tient à la fois du souvenir et de l'anticipation ; elle intervient, pour ainsi dire, entre deux étreintes. Au souvenir de la gorge, c'est encore le goût qui revient dans la bouche du rêveur.

Les *Esquisses vénitiennes* de 1906 figurent parmi les premiers textes que Régnier consacre à la Sérénissime. Il s'agit d'un recueil de courts récits, qui prennent la forme de descriptions poétiques ou d'historiettes. Parmi elles, se trouve « le Caprice de Bettine » :

> Je connais plusieurs hommes qui ont possédé Bettine et qui parlent de son corps. Moi aussi, sous la robe, je la devine comme ils me l'ont décrite. Je vois ses épaules, sa gorge petite et ronde, son corps qui respire, ses cuisses un peu grasses, et ses jambes. Lorsqu'elle vient à moi et me tend sa main dégantée, il me semble que je communique avec tout le reste de sa chair nue[73].

---

72 Henri de Régnier, *Le Bon Plaisir*, *op. cit.*, p. 52.

73 Henri de Régnier, *Esquisses vénitiennes*, Paris, L'Art décoratif, 1906, réédition Éditions Complexe, 1991, p. 91.

Le cas du narrateur du « Caprice de Bettine » paraît à mi-chemin entre celui d'Antoine, qui connaît le corps de sa maîtresse, et celui de M. de Bréot, qui rêve celui de Mme de Blionne. Ici, le narrateur se réfère à une description de ses camarades, appuyée, à n'en pas douter, par son propre désir. Le début du contact physique, avec la main nue, témoigne du pouvoir de propagation de la chair. On pourrait imaginer une sorte de rêverie fétichiste autour de la main dégantée, mais cette main n'est qu'un intermédiaire menant le désir vers des aspirations plus larges, plus profondes. La vision du narrateur semble dépasser le cadre de la simple rêverie :

> Elle s'assied, cause, rit, débite des choses indécentes. Je l'écoute et je crois quelquefois la voir nue, tant ses paroles la dévêtent. [...] Mais, avec moi, le plaisir de Bettine n'est point d'être nue de tout son corps, il est que je la voie telle à travers sa robe. Ne croyez pas pourtant que je lui déplaise, non ; elle trouve drôle, pour une fois, d'être désirée sans répondre au désir[74].

Le regard du narrateur qui dénude Bettine n'est pas le fruit de son seul songe, il répond à la provocation de la parole. Comme Mme de Blionne en sueur, Bettine donne à son soupirant les armes nécessaires pour la déshabiller. Elle se rapproche du libertin par l'évident pouvoir suggestif de la parole. Plus qu'à n'importe quel autre libertin, en excitant le désir sans y répondre, Bettine ressemble à Don Juan. Le narrateur se plie au jeu, malgré lui, en songeant qu'un rapport forcé le priverait du sourire qui dévoile la véritable intimité. Bettine devient donc un objet de désir qu'il effleure sans pouvoir le posséder : la frustration sait facilement accroître la suggestion.

En ce domaine, les œuvres d'art ne sont pas en reste, ainsi dans cette « Chanson d'aujourd'hui » :

> Dans le cadre où jadis l'a peinte
> Le bon peintre Pietro Longhi
> [...]
>
> Cette belle Dame m'évoque
> Le mystère vénitien.
> [...]
>
> Si cette offrande d'inconnue
> M'a fait songer plus d'une fois

74 *Ibid.*, p. 92-93.

À ce que de la gorge nue
Sous les dentelles j'aperçois,

La figure reste secrète
Aux yeux avides de la voir,
Car le regard déçu s'arrête

À l'ovale d'un masque noir,
Et, tandis qu'au bas se dessine
Comme un sourire présumé,
Sous ce masque obscur j'imagine
Le visage le plus aimé[75].

La main de Bettine permettait d'apprécier la chair nue de tout son corps ; ici, toujours à Venise, une simple portion de sein suffit à démasquer le visage. Le visage n'est pourtant pas la partie du corps féminin qui recèle le plus de mystère : « La nature garde au corps de la femme, quand elle est nue, une place d'ombre, afin de lui simuler, au moins là, une apparence de mystère[76]. » Si la vulve dissimulée est ce qui excite *a priori* le désir, le visage masqué ne déploie pas un mystère moins grand. La maxime désabusée de *Lui ou les femmes et l'amour* répond au poème de *Vestigia flammae*. La femme démasquée de Longhi perdrait immédiatement son mystère. La femme n'est mystérieuse qu'en apparence, mais c'est précisément sur cette apparence que se fonde le songe sensuel de Régnier.

Il parvient à s'émanciper du stratagème érotique ordinaire qui consiste à voiler pour mieux suggérer, car la nudité dévoilée n'apaise en rien le désir. Le songe ne cesse pas à la vue de la femme nue. La femme déshabillée du regard mène à la femme réellement nue. Le songe initial de la dénudation mène au songe paroxystique de la possession. Ces différentes étapes, et leurs ambivalences, se trouvent magistralement illustrées avec les protagonistes de *L'Amphisbène* (1912). L'alternance des narrations permet de multiplier les points de vue. Voici tout d'abord ce que Laure de Lérins confie à son ancien époux Jérôme Cartier qui demeure en Amérique :

> J'allais donc et je venais à travers l'atelier, quand, me retournant pour complimenter M. de Bergy d'une des statuettes qui me plaisait particulièrement, je m'aperçus qu'il crayonnait quelque chose sur une page de son carnet. Sûrement, sous les plis de ma robe, l'œil exercé de M. de Bergy avait

75 Henri de Régnier, *Vestigia flammae*, *op. cit.*, p. 174-175.
76 Henri de Régnier, *Lui, ou les femmes et l'amour*, *op. cit.*, p. 34.

> deviné l'attitude de mon corps et il en notait rapidement le dessin. À cette pensée, je rougis et je ressentis une impression de gêne subite. Quoi, à travers mes vêtements, je venais d'apparaître comme nue aux yeux de M. de Bergy !

Irritée par le comportement de l'artiste, Laure ne songe pas moins à cette scène singulière lorsqu'elle retrouve Julien Delbray, peu après :

> Je regardai M. Delbray. L'idée qu'il aurait pu me voir « sans voiles » ne m'était nullement désagréable. Ce fut une impression brève et indistincte, mais que signifiait-elle ? M. Delbray ne m'était donc pas indifférent[77] ?

Régnier livre rarement au lecteur le sentiment de la femme qui est déshabillée du regard. Lorsque l'artiste exerce son activité naturelle, Laure de Lérins se met en colère, – colère qui disparaît à l'idée qu'un autre homme, animé par son seul désir, puisse la contempler de la même manière. Régnier valorise le poète au détriment du sculpteur. Le dessinateur qui voit la femme nue à travers ses vêtements n'obéit pas à la loi du désir, mais à celle de l'art. Le songe, pour ainsi dire, est absent pour un œil exercé à la maîtrise du crayon. C'est paradoxalement ce regard sans désir qui indispose Laure de Lérins. La femme de Régnier se complaît dans la sensualité et dédaigne les regards froids.

Un peu plus loin, Julien Delbray note dans son journal :

> Elle me faisait place sur le divan, en remontant ses petits pieds, nus dans leurs mules de cuir vert. Ses beaux cheveux, aux nattes desserrées et ébouriffées, croulaient lourdement sur sa nuque. Sa robe, mouillée par un embrun, collait à l'un de ses genoux. Elle exhalait une odeur tout à la fois marine et voluptueuse. C'était le parfum de la Sirène !

Delbray s'abrite de la bourrasque qui bouscule le yacht en se réfugiant dans la salle des cartes. Il y trouve Laure de Lérins trempée et s'assoit auprès d'elle :

> Elle écarta l'écharpe dont elle était enveloppée. Elle portait une robe en étoffe légère et presque transparente et qui laissait deviner la forme de son corps. La mule verte se recourbait gracieusement à son pied nu. Au dehors, le vent soufflait avec brutalité, la mer se gonflait de lames furieuses. Cette violence des éléments contrastait singulièrement avec la fragile et délicate beauté de Laure. Ah ! que j'eusse voulu la prendre dans mes bras, la serrer sur mon cœur[78] !

---

77 Henri de Régnier, *L'Amphisbène*, *op. cit.*, p. 210.

78 *Ibid.*, p. 309-310.

L'image de Mme de Blionne paraît de nouveau. La Sirène se substitue comme figure mythologique à celle de la Nymphe, l'eau de la mer remplace celle de la fontaine. Bettine suscitait le désir et déclenchait le songe sensuel par la parole ; ici, Laure de Lérins se contente d'un geste, d'une invitation à peine esquissée, en écartant son écharpe. Hélas, Julien Delbray parle d'amour quand Laure de Lérins se contenterait de son désir. Le pied nu revient à deux reprises, comme un souvenir de la force suggestive de la main de Bettine.

Régnier soigne beaucoup le décor : on se rappelle certaines proses symbolistes des *Soirs intimes et mondains* (1888-1889) qui s'attachent à décrire des sentiments à travers le paysage, tout en constatant son influence sur ceux qu'il entoure[79]. Le contraste entre la tempête en mer et l'intimité de la cabine du bateau témoigne de la violence cachée des sentiments. La tempête, en inondant de ses embruns Laure de Lérins, la métamorphose en créature marine et révèle la nudité de sa nature profonde. L'orage ne symbolise pas tant la relation complexe entre Laure et Julien que le surgissement du désir lui-même.

Laure finit par quitter *L'Amphisbène*, sous le prétexte d'une tante malade, et écrit à Julien que si elle avait été prête à lui abandonner son corps ce soir de tempête, elle ne l'aimait pas. Deux jours plus tard, Julien note, toujours dans son journal :

> Soudain, j'ai repensé à mon appartement de la rue de la Baume, à mon ami Jacques de Bergy. Je l'ai revu dans son atelier, entouré de ses fines statuettes. De ces statuettes, une se détachait et se mettait subitement à grandir. Elle était voilée, mais, sous le voile qui la couvrait, je reconnaissais sa forme. Tout à coup la draperie s'écartait et j'apercevais Laure. Elle était nue.

Delbray ne réprime plus son désir et laisse libre cours à son imagination :

> Je la parcourais tout entière du regard. Je voyais ses jambes longues et souples, son ventre harmonieux, son buste jeune, ses seins, et j'étais saisi, à cette vue, d'un violent, d'un douloureux désir sensuel. Oui, ce que je regrettais avec fureur de Laure, ce n'était plus son amour, c'était son corps et tous les secrets de ce corps. J'aurais voulu toucher sa peau, respirer son odeur. [...] Le long, le timide, le grand amour que j'avais éprouvé pour elle s'était dissipé. Ce qui m'en restait était un désir violent, brutal, passionné, animal, un désir qui m'eût jeté sur elle, les mains avides et les lèvres goulues[80].

79 Voir « Adieu » ou « Soir monitoire ».

80 Henri de Régnier, *L'Amphisbène*, *op. cit.*, p. 347.

Le songe ne ment pas : il n'est question que de désir. De la femme aimée, il ne reste que la Sirène, sensuelle et violente, fruit de la tempête océanique. Le regard que Laure de Lérins prêtait à Julien Delbray en sortant furieuse de l'atelier de M. de Bergy, il le pose sur elle après son départ, dans son propre songe. La statuette modelée par M. de Bergy, et sa technique parfaite et sans désir, provoque le désir chez celui qui la regarde. Le songe paraît plus complexe : M. de Bergy n'est pas allé plus loin qu'un croquis, la Laure née de la statuette appartient au seul songe de Julien. Régnier joue avec le lecteur qui met nécessairement en rapport les deux scènes. La lettre de Laure contamine le journal de Julien, sans que celui-ci ait jamais pu en avoir connaissance. La tempête de la scène de la cabine annonce la submersion du désir dans la rêverie de la statuette. À chaque dénudation, Régnier en rappelle le détail et le parcours, des jambes à la gorge en passant par le ventre. Cette description attachée à Laure de Lérins renvoie à la créature qui sommeille en elle et à laquelle Régnier a consacré un long poème en 1895, « l'Homme et la Sirène » :

Vent de l'ombre ! viens-t'en des feuilles et des antres
Vers l'Étrangère en fleur qui dévoile son ventre
Et, les seins nus, étale, obscène en sa beauté,
Sa chair de printemps ivre et ses cheveux d'été !
[...]
Les paroles que cette bouche a prononcées,
Ivre de sa chair moite et de ses duvets chauds,
Qui, lèvre à lèvre, ont fait balbutier l'écho !
Et moi, si j'ai rêvé sa nudité impure
[...]
Un éternel soleil semble farder ta joue,
Ta chevelure au moindre geste se dénoue,
Ton sein sort de ta robe et ton ventre soulève
L'étoffe claire qui palpite quand tu rêves,
Lasse et molle de ton animale tiédeur,
Couchée avec les yeux ouverts, parmi les fleurs,
Ou paresseuse avec les coudes sur les roses ;
Je te sens odorante et je te songe fauve.
Va-t'en car je te chasse, impure, et je suis las
Des touffes d'ambre et d'or qui frisent sous tes bras,
De ta bouche où je bois comme des fruits qui fondent,
De ta chevelure dont la houle t'inonde
Et que je voudrais prendre à la poignée et tordre,

> De tes seins que tu me tends pour que je les morde,
> De ton ventre où je sens sous ma main qui le touche
> Un soubresaut de bête engourdie et farouche,
> Et de toute la vie ardente et bestiale
> Qu'autour de toi ta chair dans l'été roux exhale[81] !

La tempête qui se déchaîne sur *L'Amphisbène* se souvient de la bestialité de la Sirène décrite par l'homme qui croise son chemin. Toute l'ivresse décrite par Julien Delbray se retrouve ici jusqu'à la morsure, jusqu'au fruit. La répétition des mots et des images a valeur incantatoire. La bestialité de la Sirène, redoutée par celui qui l'évoque, ne paraît pas moins dangereuse que celle du Faune lorsqu'il se déchaîne. Couple parallèle à celui du Faune et du Sylvain, la Sirène semble le reflet débridé de la Nymphe, océan du désir en furie qui s'oppose au calme suggestif de la fontaine.

La Nymphe, pourtant, domine les figures de la nudité et Régnier l'exploite à satiété. La nudité féminine devient la limite indépassable, l'acmé du songe.

LA NYMPHE NUE

« La plupart des femmes se croient en elles une déesse qu'elles ne demandent pas mieux que de montrer nue[82]. » Le moraliste désabusé s'amuse de la vanité des femmes. L'expression pourrait se retourner en : « la plupart des hommes croient voir une déesse dans la femme et ne demandent pas mieux que de la voir nue. » Assurément Régnier est de ceux-là. On trouve de manière innombrable dans ses poèmes les expressions « Elle est nue » et « Elle était nue ». Il y a là à la fois un constat d'évidence et une nécessaire invitation au désir à s'éveiller, à prendre garde. Ainsi commence « La Vasque », deuxième des *Petites Fables modernes* de 1924 :

> Elle est nue, debout au milieu de la vasque carrée qui s'encastre dans le pavage de marbre blanc et noir. Elle est svelte et robuste comme les deux colonnes qui soutiennent le plafond invisible de la salle fraîche où elle baigne son corps doublement matinal, car la jeunesse en anime les formes harmonieuses. [...] Elle a l'air ainsi d'invoquer quelque dieu de la mer où elle est née, comme Vénus, et dont elle garde encore les fines algues au creux de ses bras onduleux.

---

81 Henri de Régnier, *Les Jeux rustiques et divins*, *op. cit.*, p. 65-66.
82 Henri de Régnier, *Lui, ou les femmes et l'amour*, *op. cit.*, p. 33.

Régnier inverse ici son procédé habituel : il part de la femme nue pour l'habiller par la suite et, plus encore, il part de la figure antique pour arriver à la Parisienne moderne :

> Quand le petit nègre, qui la regarde avec des yeux naïfs et émerveillés, lui aura tendu le peignoir et qu'elle aura séché son corps rafraîchi, c'est d'étoffes modernes qu'elle le vêtira, et elle deviendra une de ces élégantes dames d'aujourd'hui, dont nous admirons la grâce compliquée et délicieusement actuelle[83].

Régnier annonce déjà, dans cette fable de 1924, la maxime de 1928 citée plus haut. Il répète bien qu'il s'agit de la même femme : seul l'habillement, ou la dénudation, fait passer de l'antique à la moderne, et inversement. Un seul geste suffit à faire vaciller la temporalité.

On remarque qu'il n'est fait ici mention que de beauté et non de désir. Le libertin voit ressurgir en lui l'hybride dans le cadre d'une rêverie ou d'une excitation érotique. La Nymphe qui dort dans la femme n'a besoin d'aucun stimulus pour survenir. Cette conscience de la nudité qui se cache sous les vêtements, Régnier la rappelle en 1920 dans *La Pécheresse*. M. de Séguiran, après la mort de sa première femme, est intrigué par la volupté si simple et si facile de M. de la Péjaudie. Avant de le mener avec lui à Paris pour choisir sa nouvelle épouse, son imagination sensuelle ne cesse de vagabonder :

> L'esprit, aussi bien que le corps, a ses caprices dont nous sommes bien plutôt les témoins que les maîtres. […] Quand l'atmosphère brûle, on se sent comme nu dans ses habits et cette nudité de nous-même nous fait songer aisément à celle de l'autre sexe. Il en naît des images peu décentes, et c'était une de celles-là qui avait troublé M. de Séguiran[84].

M. de Séguiran, à l'école du libertinage avec M. de la Péjaudie, prend conscience de la nudité par le feu intérieur, rappelant ainsi la différence essentielle entre la nudité de la femme exigée du Faune et celle, naturelle, de la Nymphe.

Tout comme la double scène du raisin, dans *La Double Maîtresse*, concentre en elle toute la force et l'évocation symbolique du fruit, la puissance irradiante de la Nymphe nue se trouve dans un passage du

---

83 Henri de Régnier, *Scènes mythologiques*, *op. cit.*, p. 75-78.
84 Henri de Régnier, *La Pécheresse*, *op. cit.*, p. 69-70.

« Sixième Mariage de Barbe-Bleue », premier texte des *Contes à soi-même* de 1893, précédemment publié dans les *Entretiens politiques et littéraires*, en 1892[85]. Le narrateur du conte, en visite à Quimperlé, découvre, avec les ruines du château de Carnoët, l'histoire de son sinistre propriétaire. Nous apprenons que les pulsions criminelles de Barbe-Bleue s'enracinent dans un fétichisme peu habituel :

> Nues de leurs robes appendues au mur du réduit sinistre où le sang successif des cinq épouses avait rougi les dalles !… Comment eussent-elles erré autrement que nues puisque leurs belles robes avaient été la raison de leur mort et le seul trophée qu'eût voulu d'elles leur singulier mari[86].

Une même relique allie la mort et la sensualité. Régnier décrit vivement chaque robe, les habitudes et les décors qui entourent les épouses défuntes. Tout le conte évolue dans une atmosphère de réminiscence mise en abyme. Le narrateur évoque le souvenir des robes disparues, elles-mêmes souvenirs des épouses assassinées. Le songe de Barbe-Bleue se distingue très nettement de celui de M. de Bréot. Certes, il s'agit toujours de robes et de femmes mais, précisément, quand M. de Bréot voit disparaître la robe pour désirer la femme toute nue, Barbe-Bleue se débarrasse sans remords de la femme pour ne garder que la robe. L'érotisme est suscité par la robe non pas en tant qu'elle-même, mais en tant que vestige. La robe a besoin de la femme pour acquérir son pouvoir séducteur :

> Sitôt qu'elles avaient façonné les étoffes qui les vêtaient aux grâces de leurs corps, qu'elles y avaient imprégné le parfum de leur chair et communiqué assez d'elles-mêmes pour qu'elles leur fussent devenues comme consubstantielles, il tuait d'une main cruelle et sage les Belles inutiles[87].

Étrange passion meurtrière, pourtant très régnierienne. Barbe-Bleue se nourrit d'un passé disparu, d'un songe sensuel qui imprègne la matière : « l'Amant solitaire regardait la robe appendue devant lui en la mélancolie de sa soie[88]. » Barbe-Bleue entre dans la contemplation du poète. La matière suggère le sentiment et le sire de Carnoët se

---

85 *Entretiens politiques et littéraires*, n° 32, 01/11/1892, p. 221-232.

86 Henri de Régnier, *Contes à soi-même*, Paris, Librairie de l'Art indépendant, 1894, p. 15.

87 *Ibid.*, p. 18.

88 *Ibid.*, p. 19.

nourrit de ce que sécrètent les choses. La nostalgie n'est pas ici gratuite mais nécessaire. Le pouvoir érotique ignore la chair et s'épanouit dans l'abyme du songe. Aussi la *péripétie* du conte est-elle surprenante[89]. Le veuf vieillissant s'éprend d'une petite bergère nommée Héliade qui, dans sa simplicité, ignorait la réputation de son prétendant. Le jour du mariage, un événement suscite l'émerveillement de tous :

> Le Sire descendu de sa monture s'agenouilla devant la porte et y frappa trois coups ; l'huis s'ouvrit et l'on vit apparaître, sur le seuil, la Fiancée. Elle était toute nue et souriante. Ses longs cheveux s'appariaient à la couleur d'or des ajoncs fleuris ; à la pointe de ses jeunes seins, rosissait une fleur comme aux brins des bruyères. Tout son corps charmant était simple et l'innocence de toute elle-même telle que son sourire semblait ignorer sa beauté. À la voir si belle de visage les hommes qui la regardaient ne s'apercevaient pas de la nudité de son corps[90].

La nudité de la Nymphe, nous l'avons vu, se situe davantage du côté de la beauté que de celui du désir. Il y a là un retour de l'idée du beau, mise à mal par l'esthétique depuis Kant. Régnier modèle sa Nymphe comme une œuvre d'art antique. Il déploie toute sa poésie autour du corps d'Héliade et la nudité n'est plus que le moyen de parvenir à la beauté. L'enchantement se poursuit jusque devant le peuple présent dans l'église :

> Ils en furent d'abord stupéfaits et crurent à quelque sacrilège fantaisie de l'audacieux suzerain mais comme ils étaient, pour la plupart, d'âme naïve, et qu'ils avaient vu, maintes fois, peintes sur des vitraux et sculptées aux porches, des figures qui ressemblaient à celle-là : Ève, Agnès et Vierges martyres, douces ainsi qu'elle de leur corps fragile et nu embellies aussi de doux yeux et de longues chevelures, leur étonnement se changea en admiration à penser que quelque céleste bienveillance envoyait cette Enfant miraculeuse pour réduire de sa douce main l'incoercible orgueil et la cruauté du Pécheur.

Les Clercs ne s'y trompent pas : l'arrivée d'Héliade dans l'église, c'est l'intrusion, dans la magnificence, de l'univers païen dans la maison du Christ :

> Midi flamboyait aux rosaces épanouies et aux verrières incandescentes et les Clercs, glabres et sournois, songeaient, en voyant cette fille délicieuse

89 Jean de Palacio, qui évoque ce conte de Régnier dans les *Perversions du merveilleux* (Paris, Séguier, 1993, p. 107 et suiv.), ignore cet aspect pourtant fondamental du conte.

90 Henri de Régnier, *Contes à soi-même*, *op. cit.*, p. 23.

> qui passait au milieu d'eux, étrangère à leur concupiscence, que le Sire de Carnoët épousait là, par maléfice, quelque Sirène ou une Nymphe pareille à celles dont parlent les livres païens[91].

Paganisme conquérant qui détourne les images saintes, et la dévotion qui leur est attachée, à son profit. Les Clercs, « sournois » présentés négativement par Régnier, ignorent que cette Nymphe, qui porte l'ancienne Grèce jusque dans son nom, assure la rédemption de leur seigneur meurtrier.

Héliade non seulement meurt de sa bonne mort, mais encore survit à son époux. L'onirisme du conte est aussi travaillé par Régnier que le rythme des phrases, immense et hypnotique. La nudité, dans toute sa simplicité, devient un miroir qui reflète et absorbe tout ce qui l'entoure. Régnier joue avec les images, mais aussi avec des mondes d'ordinaire incompatibles. Le triomphe de la Nymphe ne fait cependant aucun doute. La poésie qui se déploie autour d'elle est à la fois simple et savante. Simple dans la blanche évocation de la chevelure ou des seins et savante par la multiplicité des références et des symboles suggestifs. Tout le conte paraît comme le long rêve du narrateur, la lointaine réminiscence d'un passé qu'il n'a pourtant pas connu. Et de conclure, en une seule phrase :

> Lorsqu'elle fut morte, après avoir survécu à son époux, et que le vieux manoir eut croulé d'âge et d'oubli, c'est ainsi qu'elle seule d'entre les ombres, hélas, nues, qui errent parmi l'antique décombre, y revient vêtue et qu'elle m'apparut, peut-être, sous les traits de la paysanne, qui m'introduisit là, ce soir, et debout de la rive, me regardait m'éloigner au bruit des rames sur l'eau morne et à travers la Nuit taciturne[92].

Le narrateur, même en achevant son récit, ne semble pas sortir du rêve, en hallucinant le retour de la bergère Héliade, mais au contraire pénètre plus profondément dans son voyage nocturne. Le surgissement de la Nymphe nue apparaît donc comme l'élément le plus fantastique et le plus palpable du conte. L'enchantement qui l'entoure, malgré tous ses artifices, lui donne une force de présence unique. Présence qui fait pâlir l'imposante figure de Barbe-Bleue au point de lui faire oublier ce qui forme son identité première : le meurtre de l'épouse. L'apparition de la beauté est aussi dispensatrice de bien. La poésie de Régnier, plus encore

91 *Ibid.*, p. 25-26.
92 *Ibid.*, p. 27.

que le désir, ne cesse de célébrer les bienfaits de la Nymphe, comme le rappelle la parole même de la source, dans « La Nymphe de la source » :

> […]
> Et si, dormant auprès de son âme sonore,
> Tu vois, nue à tes pieds, la Nymphe de ces lieux,
>
> Vénère-là. Reprends ton chemin sans offense,
> Contente-toi de l'ombre où tu t'es abrité,
> Du bruit mélodieux qui s'ajoute au silence,
> Et de la coupe bue à mon flot argenté[93].

Le poème est recueilli dans *La Sandale ailée*, il est quasi contemporain des *Rencontres de M. de Bréot*. Les symboles circulent de manière cyclique. La sueur de Mme de Blionne, eau de la fontaine intérieure, rend sa « robe d'argent » transparente et la transforme en Nymphe. Bien qu'originaire, le « flot argenté » de la source renvoie maintenant tout lecteur de Régnier à la sueur de Mme de Blionne. Le poème appelle à la vénération, peut-être la première étape de l'enchantement poétique.

Cet hommage témoigne de l'existence d'une nature profonde, qui a été oubliée. Régnier le rappelle dans « la Forêt » :

> La Nymphe fugitive et vaine a quitté l'eau
> Des sources, et son corps, comme elles transparent,
> N'en sort plus vaporeux et vain comme le vent,
> Et l'arbre a refermé son écorce fendue
> Silencieusement sur la Dryade nue,
> Prisonnière à jamais du tronc qui la retient,
> Et, merveilleux combat héraldique et païen,
> On ne reverra plus se heurter sous les branches
> Le Centaure au poil rouge et la licorne blanche[94].

La Dryade dort au fond de l'arbre, comme la Nymphe au fond de la femme. La nature, comme l'homme et la femme moderne, possède un passé devenu invisible, mais qui ne demande qu'à revenir. Le songe poétique en demeure la clef. La source n'est que momentanément désertée. Les deux poèmes de *La Sandale ailée* évoquent le même monde, de deux points de vue. « La Forêt » regarde la source et l'arbre d'un point de vue nostalgique. Le seul regret se complaît dans l'absence et ne révèle rien.

---

93 Henri de Régnier, *La Sandale ailée*, *op. cit.*, p. 102-103.
94 *Ibid.*, p. 106.

« La Nymphe et la source », au contraire, se concentre sur l'eau qui lui permet de faire revenir la Nymphe et de lui rendre hommage. De la même eau qui coule, le songe nous fait passer de l'absence à la présence.

LA STATUE NUE

Si la nature contient en elle-même tous les éléments qui attendent d'être rappelés par le songe, l'art ne se trouve pas en reste. Régnier modèle ses Nymphes poétiques comme des statues antiques, et Versailles leur donne plus d'une fois l'occasion de prendre cette forme. Ainsi dans le parc, en « Automne » :

> J'ai vu ton farouche visage,
> Ton visage triste et charmant,
> Encadrer ta vivante image
> Au miroir du bassin dormant.
> […]
>
> Lorsque nous passons, la statue
> Que rougit le soleil couchant
> Semble soudain être plus nue
> Dans le silence et dans le vent[95] ;

Si la nudité de la bergère Héliade est enchanteresse, celle de la statue paraît superlative. Le poème est tiré du dernier recueil de vers de Régnier, plus que jamais fidèle au songe de la Nymphe nue. L'art autorise le même surgissement que la femme réelle mais l'environnement et les éléments, – le silence et le vent, – et non une force intérieure, exacerbent la nudité. La saison fait office de songe et l'automne dispose le poète à voir l'invisible. Régnier privilégie la contemplation, tandis que certains poèmes de *La Cité des Eaux* (1902) donnent au poète un rôle plus actif, plus fusionnel. Tel le poème de « l'Ombre nue » :

> J'ai fait de mon Amour cette blanche statue.
> Regarde-la. Elle est debout, pensive et nue,
> Au milieu du bassin où la mire son eau
> Qui l'entoure d'un double et symbolique anneau
> De pierre invariable et de cristal fidèle.
> La colombe en passant la frôle de son aile,
> Car l'Amour est vivant en ce marbre veiné

95 Henri de Régnier, *Flamma tenax*, *op. cit.*, p. 18.

Qui de son long regard que rien n'a détourné,
Contemple, autour de lui dans l'eau proche apparue,
La fraîcheur de son ombre humide, vaine et nue[96].

Régnier multiplie les nudités et inverse les rôles. Le poète, non la saison, semble à l'origine de la vie de la statue. Le jeu de miroirs est amorcé dès l'impératif : « Regarde-la ». Il opère de manière insidieuse entre la contemplation et la nudité, plus encore qu'entre la statue et son reflet dans l'eau. La nudité change selon le regard qui est posé sur elle : celle que le poète contemple et celle que perçoit la statue diffèrent inévitablement. D'abord « pensive et nue » puis « vaine et nue » : quelque chose semble s'être perdu.

La vie en surabondance, qui gagne la statue, finit par se disperser dans la mélancolie. La première contemplation, celle du poète, invite à la rêverie[97] ; la seconde, celle de la statue, sombre dans la vanité. Que s'est-il passé ? L'Amour ne ressemble pas à Narcisse, il ne tire ni profit, ni détresse à contempler son reflet. La contemplation de la nudité, selon qu'elle touche la Nymphe ou le Faune, implique la beauté ou le désir, et l'Amour, pris dans son propre regard, en devient exempt. Le songe poétique anime la statue mais ne l'émancipe pas. Il faut inverser les données : il ne peut y avoir de désir dans le regard de l'Amour car c'est le désir qui lui donne vie ; il devient une condition d'apparition et non une finalité.

Dans le même recueil, quelques pages plus loin, Régnier nous offre une nouvelle « ombre », l'« Ombre d'eau » :

Cette statue est charmante
De la femme qu'elle fut
Avant que cette eau dormante
Reflétât son marbre nu[98] ;
[…]

Nous quittons l'Amour et retrouvons la femme, dans cette rêverie fantastique qui l'unit à la statue. Notons une nouvelle occurrence de la nature profonde qui ressurgit dans le reflet : la nymphe se fait oublier dans la femme, comme la femme dans la statue. Le reflet déclenche la réminiscence. Relevons également que la nudité s'applique ici au marbre et donne encore l'idée d'une nudité superlative.

96 Henri de Régnier, *La Cité des Eaux*, *op. cit.*, p. 100.
97 L'adjectif « pensif » suggère davantage la rêverie ou la méditation que la pensée véritable.
98 Henri de Régnier, *La Cité des Eaux*, *op. cit.*, p. 112.

À cette union étrange entre la femme nue et la statue, Régnier consacre un conte à part entière, « la Femme de marbre », qui ouvre le recueil des *Amants singuliers* de 1901. Il hérite d'une longue tradition[99] autour du thème de la « statue amoureuse[100] » qui commence avec la Sylphide des *Mémoires d'Outre-Tombe* de Chateaubriand, passe, entre autres, par *La Statue de marbre* d'Eichendorff, *La Vénus d'Ille* de Mérimée ou encore *Sarrazine* de Balzac et se prolonge jusqu'à la *Gradiva* de Jensen, publiée deux ans après le conte de Régnier.

Le narrateur, dont nous ignorons le nom, retrouve, après avoir passé cinq ans à se perfectionner dans l'art de la sculpture, le vieux fermier Bernardo et sa petite fille, Giulietta. Le vieillard avait comblé la jeunesse du narrateur de fruits et de légumes. Ce dernier retrouve avec étonnement la fillette devenue femme. La première phrase du conte donne le ton : « Je jure qu'en rencontrant Giulietta del Rocco, je ne pensais guère à la voir nue[101]. » La consécration de cette nudité ressemble à celle des poèmes en vers de Régnier. Le narrateur, bien que sculpteur, dispose des mêmes qualités contemplatives que le poète : « Le silence des pierres et les murmures de l'onde entretinrent tour à tour ma méditation solitaire[102]. » Le poème « Automne » témoigne d'une attention identique aux éléments. Tout est réuni pour faire de l'apparition de Giulietta un concentré de poétique régnierienne :

> J'étais arrivé à la vigne de Bernardo. Elle s'étageait en terrasses. Le raisin mûr pendait à ses arceaux. Je goûtai un grain d'une grappe. Je ne trouvai aucun plaisir à sa fadeur chaude et liquoreuse et je recrachai la peau trop sucrée. Quelqu'un riait derrière moi. Je me retournai. Une jeune fille était debout devant une grande corbeille pleine de raisins. Le bras haut tendu vers une grappe, elle me sembla svelte et forte à la fois. La beauté de son corps apparaissait sous une robe et une chemisette de toile commune[103].

Magnifique exemple de la constance des thèmes régnieriens, – ici le raisin, – et de leur traitement sous forme de variations. Le grain de raisin, lancé par Julie à la figure de son cousin Nicolas de Galandot,

99 Elle-même issue de la valorisation du mythe de Pygmalion au XVIIIe siècle.
100 Le philosophe Jacques Darriulat a consacré à ce thème un essai pénétrant, consultable en ligne : http://www.jdarriulat.net/Essais/StatueAmoureuse/StatueAmoureuse.html, consulté le 13 mars 2020.
101 Henri de Régnier, *Les Amants singuliers*, Paris, Mercure de France, 1901, p. 11.
102 *Ibid.*, p. 15.
103 *Ibid.*, p. 16.

dont le goût fantôme lui revient en bouche en admirant Olympia sur la balustrade, ne procure « aucun plaisir » au narrateur qui pousse le dégoût jusqu'à cracher la peau. Régnier se sert de toute la portée symbolique et métaphorique qu'il a donnée antérieurement à son motif pour en faire un autre usage. Le raisin, par la réminiscence qu'il provoque, entraîne l'esclavage de Nicolas de Galandot. En crachant la peau du raisin, le narrateur de « la Femme de marbre » refuse la soumission au désir, et donc la soumission tout court. Il ne tombe pas amoureux de Giulietta ; elle ne cause pas sa perte.

Comme Jacques de Bergy croquant Laure de Lérins subrepticement dans son carnet, dans *L'Amphisbène*, le narrateur pose sur la femme un regard artiste, dépourvu du désir faunesque ou libertin. Il peut aussi voir son corps nu sous ses vêtements, sans transformer sa vision en rêverie. Il décrit le physique de Giulietta en achevant ainsi : « La chair de ses bras et de son cou nus, de leur marbre tiède, achevaient en elle la statue[104]. » La femme paraît déjà statue avant même qu'elle ne se dépouille de ses vêtements. La nudité de Giulietta trouve sa seule finalité dans son éternisation par l'art. Le vieux Bernardo, connaissant la réputation d'artiste du narrateur, l'encourage de lui-même à faire le portrait de sa petite-fille. S'il songe d'abord à des images pieuses, il évoque un tout autre exemple :

> J'ai vu déterrer d'anciennes statues, dit tout bas et comme à lui-même le vieillard. Elles gisaient en terre depuis des centaines d'années. Elles n'avaient ni robes ni coiffures ; elles étaient toutes nues. Personne pourtant n'en riait, et on les entourait avec respect. Je crois bien que c'était parce qu'on les trouvait belles[105].

Il fait montre de la même admiration, de la même dévotion que les gens du peuple devant la fiancée de Barbe-Bleue, la bergère Héliade, entrant nue dans l'église. Les statues déterrées font aussi revenir un passé oublié, une vénération ancestrale inspirée par la nudité de la femme. Ce passé d'une piété si marquée semble s'emparer de Giulietta lorsqu'elle se rend dans l'atelier du narrateur. Alors que rien n'avait été convenu : « Sans rien dire, elle commença à se dévêtir. Elle agissait comme si elle accomplissait un ordre. Quand elle fut nue, elle me regarda au visage

---

104 *Ibid.*, p. 20.
105 *Ibid.*, p. 24.

et se tint immobile[106]. » Le narrateur s'enferme plusieurs jours avec son modèle, se livrant à toutes les formes possibles d'esquisses. L'intériorisation porte ses fruits à l'arrivée du marbre :

> J'en fis venir un bloc pur et magnifique ; il était légèrement rosé comme une chair solide qu'on pouvait entamer sans qu'elle saignât. Giulietta pourtant tressaillait à chaque coup de ciseau comme si ce fût son corps que j'atteignisse dans la pierre et comme si une sympathie secrète unissait sa chair vivante à la matière que sa forme animait peu à peu. Cependant je travaillais avec ardeur et joie. La statue s'ébauchait dans le bloc dégrossi. La figure naissait lentement. Je hâtais sa mystérieuse délivrance. Je la dépeçais de son écorce rugueuse. Enfin, le marbre vécut[107].

Nouvel exemple de dédoublement, et même de dédoublement par anticipation, dans cette pierre brute qui évoque déjà la chair nue. Une « sympathie secrète » : nous retrouvons la matière vivante, la vie des « choses » qui est le fond de la poétique du songe de Régnier. Le modèle fusionne avec la statue comme le poète se fond dans la matière onirique des choses pour faire surgir le poème. « Sympathie secrète », mais aussi « mystérieuse délivrance » : le secret précède le mystère. L'un peut être révélé tandis que l'autre demeure insondable. Le poète, à l'instar du sculpteur, se contente de donner à voir la vie de la matière, sans répondre pour autant à son énigme.

Le regard du narrateur, dépourvu de désir, contraste avec la frénésie de son geste. Il délivre la statue de « son écorce » et retrouve l'image de la femme en fruit, et avec elle tout son attrait érotique. Cet aspect essentiel dégagé par le sculpteur ne s'adresse pas à lui pour autant. L'œuvre achevée, le conte nous livre une acmé inattendue : « Giulietta s'avançait à pas lents vers la statue. Elle enlaça tendrement le marbre, qui sembla lui rendre sa caresse, et posa ses lèvres éphémères sur les lèvres éternelles. Leurs deux sourires se touchèrent. Après cet adieu, Giulietta reprit ses habits[108]. » Les deux femmes nues miment l'amour. Les scènes de saphisme sont assez rares chez Régnier pour que celle-ci soit relevée. Les doubles s'enlacent comme pour se transmettre leurs qualités réciproques. La scène a un aspect à la fois prosaïque et fantastique : le modèle s'approche de la statue finie et la statue caresse la femme qu'elle

106 *Ibid.*, p. 25-26.
107 *Ibid.*, p. 29.
108 *Ibid.*, p. 29-30.

n'a jamais été. Chacune cherche dans l'autre quelque chose de sa nature profonde, – toutes deux sont nues. Il s'exerce là une forme de fascination. Plus qu'un hommage respectueux à l'art du sculpteur, Giulietta répond à une sorte d'attraction irrésistible. Du désir ? Du mystère ? Régnier n'oriente vers aucune interprétation. Comme le sculpteur, il nous livre le fait sans en dévoiler le mystère.

Deux amis du sculpteur, les cousins Corcorone, croisent le modèle qui sort de l'atelier et en tombent éperdument amoureux. Giulietta devient alors la maîtresse d'Alberto de Corcorone. La détresse de Conrado, prétendant malheureux, est telle que le narrateur décide de lui offrir la statue qu'il vient d'achever. Ce cadeau de consolation provoque l'ire d'Alberto, dont la jalousie s'étend à la créature de marbre. Il finit par se résigner, non sans garder une sourde rancune envers le narrateur. Aussi lui déclare-t-il : « Quel tourment ce doit être ! Il l'aime et elle est immobile, froide, silencieuse et insensible. Il parle, elle ne répond pas. Qu'il tourne autour d'elle, ses yeux vides ne le voient pas. Elle a l'air d'être et ne sera jamais[109]. » Alberto tente alors de provoquer le narrateur par des ébats ostentatoires avec Giulietta. Le sculpteur reste impassible et son absence de désir désempare l'amant jaloux. Hélas, le mauvais air des premières chaleurs estivales emporte la belle Giulietta. Le prétendant malheureux, Conrado, devient alors l'amant chanceux ; il écrit au narrateur : « Ami, Giulietta est revenue. La vaine chair qu'elle anima pourrit maintenant dans la terre. Elle habite désormais la forme éternelle que tu lui avais préparée au marbre incorruptible. Merci, je suis heureux[110]. » La douleur d'Alberto se montre à la hauteur du bonheur inopiné de Conrado et tous deux finissent par s'entretuer au pied de la statue. À la suite de cela, le sculpteur décide d'anéantir son œuvre :

> C'était moins une destruction qu'un combat. Un fragment aigu me jaillit au front ; je saignai. Une sorte de fureur m'avait saisi qui se changea en une rage forcenée. [...] J'éprouvais une étrange colère, quelque chose d'insensé, je ne sais quoi d'inconnu. Je martelai furieusement les seins dont les rondeurs s'ébréchèrent. Les bras se brisèrent ; je m'attaquai aux genoux ; une jambe cassa, puis l'autre, et la statue oscilla ; elle tomba en avant sur la dalle. Ce n'était plus qu'un bloc indistinct[111].

---

109 *Ibid.*, p. 42.
110 *Ibid.*, p. 46-47.
111 *Ibid.*, p. 49-50.

La scène de destruction semble le miroir de celle de la création. La même frénésie répond à l'absence de désir. La femme reste présente dans la statue, d'où les sentiments mitigés dont témoigne l'acharné. La scène fait aussi écho au grain de raisin trop sucré et à la peau crachée : elle fait état du même refus et du même rejet. La figure du narrateur détonne parmi les modèles régnieriens. Ceux qui touchent une sensualité si brûlante connaissent souvent les affres du basculement (le libertin frappé par l'amour, l'amoureux frappé par le seul désir, etc.). Le narrateur présente un cas unique d'une double fureur apparemment immotivée. Régnier ne donne qu'un indice à la toute fin : le sculpteur enterre la tête dans un bois de pins, après avoir soigneusement baisé ses lèvres de pierre. Dernier hommage à son œuvre ou prémices d'un désir ?

Le conte est construit en deux temps bien marqués : le premier est tout entier centré autour de la nudité, le second autour du drame des personnages. La confusion de départ entre chair et marbre fait mieux entendre le vers d'« Ombre d'eau » : « Reflétât son marbre nu ». Ce n'est pas tant la nudité de la pierre qui se reflète dans l'eau que la nudité de la chair contenue dans la pierre. Dans ce jeu de doubles, le reflet n'est jamais l'image exacte ou déformée d'un original. Les deux formes subissent une influence réciproque qui met en valeur dans l'une des qualités plus visiblement contenues dans l'autre. La révélation se fait mise en valeur réciproque : toute nudité reflétée devient nécessairement une nudité superlative. En ce sens, la statue de la femme nue offre toujours la nudité par excellence.

LA FEMME NUE

Que reste-t-il alors de la nudité féminine tout court ? La Nymphe et la statue offrent une médiation onirique et symbolique qui métamorphose la crudité en poésie. La nudité féminine rêvée par Régnier possède une lenteur, une langueur, un abandon qui troublent les sens et la temporalité. Olympia, courtisane capricieuse et paresseuse, entièrement nue sur la balustrade, pourrait résumer à elle seule cet abandon. Régnier se souvient-il d'elle en dessinant l'allégorie de la Paresse dans le poème « Midi », quelques années plus tard, dans *La Sandale ailée* :

> La Paresse, aux doux yeux baissés et qu'elle a clos
> Pour mieux de sa langueur savourer le repos,

Sur le fauteuil d'osier longuement étendue,
Sourit d'être invisible et de se sentir nue[112].

Le féminin du mot « paresse » sert ici la cause de Régnier. Contrairement à l'allégorie, Olympia est bien visible. Ce fait mis à part, la strophe de « Midi » pourrait se rapporter exactement à la scène de *La Double Maîtresse.* L'invisibilité de la Paresse évoque plutôt les diverses robes transparentes, qui mettent en valeur le nu. À quoi bon la nudité si la Paresse est invisible ? Au-delà du fantastique de l'image poétique, on sent bien que la nudité dépasse son cadre strict. « Se sentir nue » ne signifie pas seulement exhiber sa chair mais établir d'emblée un certain climat poétique, créer une disposition sensuelle.

Pourtant, malgré ces dispositions, de nombreuses femmes, parmi les figures de Régnier, semblent se défaire de leur vêtement sans voir, après cela, autre chose que leur corps. Telle la maîtresse délaissée dont Régnier écrit, toujours dans *La Sandale ailée*, « le Reproche » :

Quoi ! vous avez avec tout mon visage
Et mon corps qui est nu
Et qui frissonne tout du don et de l'usage
Que vous en avez eus !

Quoi ! votre bouche avide a respiré ma bouche
Et je fus en vos mains
Celle qui vit et qui soupire et dont on touche
Le doux ventre et les seins !
[…]
Vous m'avez contemplée anéantie et nue

[…]
Mais non ! Si vous m'aviez ainsi, nue et farouche,
Étreinte entre vos bras
Sans que tout votre amour criât par votre bouche,
Vous ne m'aimeriez pas[113] !

Régnier oppose de nouveau l'amour et le désir. Le brouillon du poème montre qu'il s'intitulait d'abord « L'Amoureuse parle[114] ». La parole de la femme amoureuse est-elle synonyme de reproche ? La nudité reste

112 Henri de Régnier, *La Sandale ailée*, *op. cit.*, p. 43.
113 *Ibid.*, p. 67-69.
114 Bibliothèque de l'Institut, Ms. 6302-3.

centrale : la femme ne séduit pas par l'artifice des robes et du maquillage. Le reproche adressé par la femme ne se place que sur le plan intime, autour de la possession du corps. Le « reproche » en lui-même n'arrive qu'à la dernière strophe. Régnier aime la facétie, en prose comme en vers, et on pourrait légitimement douter de la sincérité de cette longue litanie.

Reproche-t-elle une absence d'amour ou au contraire une insuffisance du désir ? Il y a une grande complaisance à exhiber la fragilité et l'érotisme du corps nu. Chaque strophe fait revivre la caresse qu'elle énonce. Le plaisir du reproche se confond avec le plaisir de l'instant, jusqu'à l'évocation du temps suspendu de l'aube. Nul doute en tout cas que ce qui compte ici, pour le poète et pour la femme qu'il fait parler, c'est le désir, incarné par le corps nu, invitation incessante à la caresse.

Régnier publie dix-neuf « Médailles amoureuses » au sein du recueil des *Médailles d'argile* de 1901, il reprend ce motif en 1928 avec *Sept Médailles amoureuses*, sonnets parus simultanément à La Centaine et au Mercure de France dans le recueil *Flamma tenax*. Plus encore que dans l'ensemble de 1901, la nudité de la femme est omniprésente et dès la « Naissance de l'Amour » :

> Quand j'eus fermé la porte et lorsqu'elle fut nue
> Comme il sied d'être pour aimer ou pour mourir,
> Je sus qu'elle était belle et propice au plaisir
> De tout son jeune corps agréable à la vue.
>
> L'épaule était gracile et la gorge menue,
> Mais douce pour la main qui la voudrait saisir.
> Moi, j'étais dévoré du feu de mon désir,
> Elle, sans pudeur feinte ou faux air d'ingénue[115].
> […]

Le point de vue masculin ne laisse aucune place au regard artiste, il apparaît entièrement réservé au désir. Nous retrouvons la grande simplicité de la nudité qui sollicite la vue autant que le toucher. La même image se prolonge dans un autre sonnet, « Le Double Hommage », dans lequel Régnier s'adonne à son parallèle préféré :

> Lorsque vous êtes nue et docile au plaisir,
> De tout votre long corps qui s'apprête à l'étreinte,

115 Henri de Régnier, *Sept Médailles amoureuses*, Paris, La Centaine, 1928, p. 11.

Et que votre visage avec ardeur se teinte
Des chaleurs de l'attente et des feux du désir,

J'aime, voluptueuse et tendre, à vous saisir
En mes bras, consentante et cependant contrainte,
Afin d'entendre s'exhaler de vous la plainte
Dont le cri s'alanguit et s'achève en soupir.

Les lourds rideaux tirés rendent sombre la chambre ;
Sur la commode peinte une Nymphe se cambre
Sous le Faune cornu qui pénètre sa chair ;

Et l'Amour, invisible au couple qu'il enflamme,
Compare, double hommage à son autel offert,
Le plaisir de la Nymphe au plaisir de la Femme[116].

La comparaison n'empêche pas la distinction et la femme semble bien l'emporter sur la Nymphe. L'amant se détache dans les deux tercets : les pronoms passent à la troisième personne. La nudité apparaît purement sensuelle avant de devenir facétieuse. Les *Médailles amoureuses* ne cessent de gagner en érotisme d'un sonnet à l'autre.

Régnier prend plaisir à répéter ce mot « nue » comme une incantation et les vers forment une sorte d'écrin qui met en valeur le corps au naturel. Est-ce l'apanage des vers d'orner ainsi la nudité de la femme ? Régnier offre le parfait exemple d'une « Médaille amoureuse » en prose deux ans auparavant dans *L'Escapade* (1926). L'intrépide Anne-Claude de Fréval se rend dans le repaire du brigand Jean-François Ducordal, dit le capitaine Cent Visages, qui terrorise la France de Louis XV. Une fascination mystérieuse la pousse dans les bras du meurtrier, dont elle devient la maîtresse. Régnier la présente ainsi après leur première nuit d'amour :

> Elle était étendue nue sur le grand lit. […] Anne-Claude fit un léger mouvement. Elle ne sentait plus auprès d'elle le corps qui, après avoir pesé sur le sien, d'un poids déchirant et brutal, s'était allongé à son côté. Elle était seule sur le lit dans le silence de la vaste chambre, en sa nudité meurtrière. Elle ne voyait plus, penché avidement sur elle, ce visage où elle avait guetté, entre ses cils baissés, la figure de l'amour… Elle était seule, lasse et nue… Maintenant elle savait, et elle frissonna de tout son corps, de tout ce corps sur lequel avait pesé un autre corps, que des mains avaient saisi, palpé, caressé, caressé avec curiosité, avec brutalité, avec fureur, avec délice[117].

116 *Ibid.*, p. 19.
117 Henri de Régnier, *L'Escapade*, *op. cit.*, p. 242-243.

Le corps nu de la femme est encore plein des ébats qui viennent de s'accomplir. « Maintenant elle savait » : de quel savoir s'agit-il ? Régnier donne la réponse quelques lignes plus loin : « elle savait maintenant le vrai visage » de l'homme qui avait la réputation d'en posséder cent. Ce visage de l'homme pendant l'amour, la face contractée par le spasme, paraît dépouillé de tout artifice : il surgit enfin dans toute sa nudité. Le désir assouvi porte en lui la seule vérité.

Chaque « Médaille amoureuse », en vers ou en prose, jalonne une quête. On retrouve le même phénomène dans la deuxième partie de *La Double Maîtresse.* Mlle Damberville, première danseuse à l'opéra, suscite bien des convoitises et des jalousies, surtout lorsqu'elle devient la maîtresse de François de Portebize, le propre fils de Julie de Mausseuil :

> Chacun voulait pour lui seul de Mlle Damberville, car les hommes prennent un grand plaisir à toucher les éléments naturels qui ont contribué à leur illusion et l'étreindre, si l'on peut dire, en sa nudité. Ils recherchent l'intimité du corps dont la vue a été la raison de leur volupté[118].

Négligeant son amant habituel, M. de Gurcy, Mlle Damberville s'amuse avec le jeune Portebize et en use à sa guise. La légèreté des rapports sensuels contraste avec la pesanteur des traumatismes de Nicolas de Galandot, nœuds dramatiques de la première et de la troisième partie du roman.

Régnier, qui fait alterner sensualité solaire et mélancolie, n'ignore pas le revers de cette fascination de la nudité féminine. Dans *Le Bon Plaisir*, après une longue carrière de libertin, M. de Pocancy, le bel Anaxidomène, s'éprend d'une toute jeune femme, Annette Courlandon, au point d'en faire sa seconde épouse. Devenu jaloux, celui qui partageait jadis sa maîtresse avec le maréchal de Manissart décide de quitter Paris pour s'enfermer dans son manoir d'Aspreval, dans la Meuse. Hélas, la jeune femme vit très mal cet isolement et cette retraite forcée. Elle finit par s'enfuir et, tandis qu'on la fait rechercher partout, elle trouve refuge à l'abbaye du Val-Notre-Dame, proche d'Aspreval. Voici comment elle s'y prend pour séduire l'abbé du lieu :

> J'étais à l'entrée d'une allée de charmilles. L'abbé s'y promenait justement. Il s'appelait M. de Chamissy. Une idée subite m'inspira. Je me retirai à l'écart

118 Henri de Régnier, *La Double Maîtresse*, *op. cit.*, p. 205.

> derrière un arbre et j'enlevai mes vêtements puis, rentrant sous la charmille, je marchai droit à M. de Chamissy toute nue et sans pouvoir m'empêcher de rire à la mine qu'il faisait de cette rencontre inattendue. Elle ne lui fut pas désagréable car il me conduisit dans un petit oratoire rustique dont il avait la clé[119].

Ce passage, extrait du manuscrit, n'a pas été retenu par Régnier dans la version définitive du roman publiée en 1902. On constate, du reste, une forme d'autocensure qui tend à gommer les passages trop crus du roman. Quelles furent ses motivations ? Il est difficile de le dire en l'absence d'assertions directes. Toujours est-il que l'élan premier de l'auteur, en décrivant la séduction de l'abbé par l'épouse en fuite, est de la mettre toute nue. Elle réussit même à avoir un fils du vénérable abbé, qui rejoint en temps voulu la communauté.

La nudité des femmes exerce sur les hommes un pouvoir qui appelle la méfiance, sinon la défiance. Comme l'illustre ce terrible « Pressentiment » :

> Il épiait chaque présage
> De mensonge et de trahison,
> Comme on observe au ciel d'orage
> Qui rampe au ras de l'horizon ;
>
> Quand il la prenait dans ses bras,
> Voluptueuse, ardente, nue,
> Et sournoise, il ne savait pas
> Où frapperait la lame aiguë
>
> Qui, de sa pointe envenimée,
> Haine ou ruse, flèche ou couteau,
> De son amour, cendre et fumée,
> Ferait une ombre sans tombeau[120].

L'attention que le poète porte d'ordinaire au moindre geste sensuel change de nature. La vigilance remplace la pure jouissance. La lame peut être prise au sens propre ou au sens figuré. La femme s'arme en se débarrassant de ses vêtements. Le poème peut être en mis en parallèle avec cet aphorisme de Régnier qui lui est contemporain : « En se mettant nues pour aimer, les femmes entendent par là se montrer à nous sous un aspect de vérité. Elles font ainsi semblant de renoncer à tout subterfuge.

119 Bibliothèque nationale Ms. N.A.F. 14 951.
120 Henri de Régnier, *Flamma tenax*, *op. cit.*, p. 151.

Ne nous fions pas trop à cette vérité. Elle mène droit au puits[121]. » Cette vérité trompeuse de la femme dénudée fait pendant au « vrai visage » de l'homme qu'Anne-Claude de Fréval découvre durant sa nuit d'amour.

La nudité du corps reste une fausse nudité ; sa révélation s'accompagne toujours d'une nouvelle part de mystère. Au-delà de l'amertume du Régnier moraliste, il faut percevoir cette perpétuelle ambivalence du nu féminin. Un sourire semble se dessiner néanmoins derrière l'image du puits. Il ne s'agit jamais que de précipiter l'inéluctable. Le corps nu, tel au moment de la naissance, augure aussi la fin. « Le Sommeil », la première des « Inscriptions lues au soir tombant » nous le rappelle : « Si j'ai drapé mon corps de pourpres et de bures, / N'en savais-je pas moins que mon corps était nu / Et que ma chair n'était que sa cendre future[122] ? » Le corps, comme le fruit qui le représente souvent, contient déjà sa propre cendre. La nudité renvoie aussi à la jouissance d'un instant fugitif. Comme le mûrissement du fruit à l'automne atteint son apogée et, au même moment, commence son déclin.

AU BOUT DU DÉSIR : EN FORME D'INVENTAIRE

« Julie provoquait plus le désir qu'elle n'attirait l'amour[123] » lit-on au début de *La Double Maîtresse*. L'érotisme de Régnier invite tout naturellement à une réflexion sur le désir lui-même. Les rêveries fruitières et féminines n'œuvrent pas seulement dans l'éther. Le poème ne suspend pas l'étreinte, il la magnifie. Les étreintes sont partout et leur éventuel inassouvissement n'en diminue pas leur importance, tant s'en faut. Les péripéties de M. de Galandot en demeurent la plus éclatante démonstration. Le roman de 1900 est construit autour de la scène centrale de la bibliothèque de Pont-aux-Belles qui ne constitue ni plus ni moins que des préliminaires interrompus, qu'une scène d'amour charnelle manquée. Si Nicolas avait perdu son pucelage avec sa cousine Julie, par cette chaude après-midi d'été, *La Double Maîtresse* n'aurait pas existé.

121 Henri de Régnier, *Lui, ou les femmes et l'amour*, *op. cit.*, p. 34.
122 Henri de Régnier, *La Cité des Eaux*, *op. cit.*, p. 160.
123 Henri de Régnier, *La Double Maîtresse*, *op. cit.*, p. 15.

L'inassouvissement n'est cependant pas la règle et les corps s'étreignent souvent sans restrictions.

Ainsi pour faire l'amour, dans les œuvres de Régnier, il est bon d'être endurant. On se rappelle la verdeur d'un maréchal de Manissart déjà aguerri dans *Le Bon Plaisir*. Le siège de Dortmüde et l'enfermement dans la ville offrent au militaire une occasion rêvée. Logé chez le bourgmestre, il y découvre une femme aux charmes non dissimulés, tandis que Berlestange, chargé par l'épouse suspicieuse de surveiller de près ses escapades, se trouve alité par une attaque de pierre, le rendant impropre à ses fonctions d'espion :

> M. de Manissart s'y trouvait, en effet, à merveille, surtout depuis cinq jours, car il ne s'en était point passé deux que Mme Van Verlinghem n'eût montré qu'elle voulait contribuer à sa façon au bien-être de leur hôte. M. le Maréchal [...] se crut aux cieux, d'autant plus que la dame avait le corps frais et mignon, la figure avenante et jolie et la peau ambrée à la lampe, ce qui rendit M. de Manissart fort amoureux[124].

Dans la version publiée du roman, Régnier fait montre d'une étrange pudeur vis-à-vis des entreprises du maréchal. Le passage original du manuscrit paraissait d'une autre teneur :

> Le Maréchal qui jeûnait depuis le commencement de la campagne fut transporté et se crut aux cieux d'autant plus que la dame avait le corps frais et mignon et la peau ambrée à la lampe ce qui le rendait fort amoureux. M. de Manissart s'en donnait tout son saoûl jusqu'à s'essouffler et à rester sur le flanc, les yeux ouverts et l'haleine courte[125].

Les variantes offertes par le manuscrit du *Bon Plaisir* opèrent toujours dans le même registre, passant du troussage et de la culbute à la simple suggestion. On remarque là une étonnante réserve de Régnier qui censure, dans le cas précis du maréchal, l'enthousiasme vigoureux du coït en le réduisant à un état « amoureux ».

Il faut donc « donner tout son saoûl » : voilà une leçon retenue par le duc de Nèvres, père des « Petits Messieurs de Nèvres », qui ne perd pas une occasion d'entreprendre son épouse :

> Il l'a beaucoup aimée et continue à l'aimer beaucoup pour la secrète mortification de la pauvre dame, confondue de la persévérance de cette ardeur que

124 *Ibid.*, p. 164-165.
125 Bibliothèque nationale Ms. N.A.F. 14 951.

> rien n'a lassée, pas même un usage de quinze années, la nuit et souvent le jour, quand l'envie lui en prend et cela plus d'une fois presque au vu et su de tous et, je puis dire, presque sous mes yeux, si j'en juge par les fâcheuses postures où il m'arriva de les surprendre, sans que M. le duc s'en embarrassât le moins du monde[126].

Le duc de Nèvres dispose d'une liberté proche de celle de Casanova, ce qui en fait un personnage tout à fait remarquable de l'œuvre de Régnier, malgré ses brèves apparitions dans un texte non moins court. La duchesse ne semble pas tirer grand profit de cette vigueur indéfectible et l'on ne voit pas toujours si l'attitude du duc relève de l'usage immodéré de ses libertés ou du simple sans-gêne.

Mme de Galandot se montre plus avisée que la duchesse de Nèvres. Le père de Nicolas paie d'une autre manière ses entreprises : « Quant au besoin qu'il avait d'elle, elle y voyait le plus ferme soutien de son pouvoir et ne manquait pas à l'entretenir, tout en en modérant l'usage afin d'en mieux sauvegarder la durée[127]. » Jacqueline de Galandot s'évertue à contrôler son époux, comme plus tard elle dirige la vie de son fils Nicolas. Modérer les ardeurs de l'un, supprimer celles de l'autre semblent ses mots d'ordre.

Il est encore question de vigueur dans « L'Amour et le Plaisir » (1906). Deux jeunes femmes, Laurence et Amélie, se trouvent en villégiature chez la marquise de Rochemaure, hôtesse singulière et maîtresse en titre de leurs deux maris, MM. De Beaugisson et de la Blanchère. Afin de jouir tour à tour des appâts de la marquise, les deux hommes laissent leurs épouses battre la campagne sur le dos de petits ânes gris et espiègles. S'aventurant chaque jour un peu plus loin, elles pénètrent dans une forêt sauvage et découvrent un ermitage entretenu par un vieillard farouche. Les chassant dans un premier élan, l'ermite les invite à revenir le lendemain écouter son histoire.

Loin d'être un homme de Dieu, le solitaire a fui le monde à cause de l'effroi que lui cause le sexe féminin. Fiancé éconduit, amant malheureux, il se jette avec rage dans les campagnes révolutionnaires. Suivant l'Empereur dans les plaines allemandes, à la veille de la bataille, il se livre avec ses cavaliers au féroce pillage d'un couvent. Le futur ermite force une cellule fermée et pénètre dans le lieu obscur :

---

126 Henri de Régnier, *Le Trèfle blanc*, *op. cit.*, p. 124-125.
127 Henri de Régnier, *La Double Maîtresse*, *op. cit.*, p. 31.

> Je me jetai sur le lit et j'y trouvai un corps étendu. Il était jeune et frais, et j'en usai à mon aise. Il faut croire que ma visite, pour être inattendue, n'avait rien de trop désagréable, car des soupirs répondirent à mes étreintes et des bras me serrèrent avec force. La volupté a des effets merveilleux et soudains. Celle que je donnais augmenta celle que je ressentis et je fus reconnaissant de celle que j'avais éprouvée. La fatigue seule mit fin à ces ébats[128].

Après son réveil, à l'aube, il constate la disparition du corps qu'il avait tenu entre ses bras durant la nuit.

Régnier sublime ce qui aurait pu n'être qu'un viol brutal. À la faveur de l'obscurité, l'anonymat des corps entrelacés donne à l'étreinte une force supérieure. Le désir les parcourt et les unit en un même flux. Un élan identique se retrouve dans le texte inédit intitulé « Adèle » : « Mon ardeur éparse en mes membres se concentre en elle. Je sens que [je] la lui communique et la lui mesure par mouvements[129]. » La volupté rend la vigueur et l'endurance communicative. Le récit de l'ermite constitue la scène centrale de « L'Amour et le Plaisir » : tout semble se dénouer après lui. Le solitaire quitte sa retraite et se comporte de nouveau en satyre sauvage lorsqu'il croise la marquise de Rochemaure sur son chemin. Laurence et Amélie, délaissées par leurs maris respectifs, se consolent tout bonnement entre elles. Régnier, qui avait déjà utilisé le procédé dans *La Double Maîtresse* avec Julie chevauchant le Triton, utilise les montures des dames pour donner une idée de leurs ébats :

> [...] les sabots durs des petits ânes glissaient sur les rondins moussus du pont rustique, tandis qu'ils écartaient leurs longues oreilles mouillées et alourdies et que la houppe en poil de leurs queues nues s'égouttaient sur le poil humide[130].

Par l'intermédiaire des ânes, les sexes féminins semblent se frotter et glisser sur leurs sécrétions réciproques dans une description imagée digne de l'Arétin. « L'Amour et le Plaisir » constitue un véritable réservoir fantasmatique où le viol devient passion, où le saphisme devient un remède à l'échangisme et où l'ermite redécouvre la bestialité de l'hybride.

L'obscurité favorise-t-elle cette croissance de vigueur réciproque ? Dans la deuxième partie de *La Double Maîtresse*, lors du dîner organisé chez

128 Henri de Régnier, *Couleur du Temps*, *op. cit.*, p. 128-129.

129 Voir Annexe III, p. 226-227.

130 Henri de Régnier, *Couleur du Temps*, *op. cit.*, p. 137.

Mlle Damberville, les convives se mettent à raconter leurs exploits. L'un d'eux évoque sa vie oisive et voluptueuse après avoir quitté les Fermes générales. M. de Bercherolles, revenant de la chasse à la tombée de la nuit, trouve un gîte impromptu dans le grenier de la chaumière d'un paysan. Alors qu'il se trouve allongé dans le foin, il entend quelqu'un grimper à l'échelle et le rejoindre. D'abord inquiet, il est vite rassuré par cette présence invisible dans l'obscurité de la nuit :

> Ma main, étendue, rencontra une gorge ronde et la toile d'une chemise que je soulevai. Je sentis une peau douce et fraîche. Une bouche savoureuse baisa la mienne et je m'abandonnai à cette volupté nocturne et singulière. [...] Ah ! la belle nuit amoureuse et rustique ! Le foin et la chair sentaient bon dans l'air doux et tiède et tout parfumé[131].

Il se réveille seul le lendemain et ne connaîtra jamais l'identité de son amante d'une nuit. Ces ébats ne prêtent point à conséquence et Régnier se plaît à faire revivre une galanterie toute innocente.

Tel n'est pas toujours le cas. À l'instar de l'histoire de M. de Bercherolles, « La courte vie de Balthazar Aldramin Vénitien » (1901) se déroule dans la seconde moitié du XVIIIe siècle et nous est rapportée par l'ami du protagoniste, Lorenzo. Aldramin et Lorenzo sont jeunes et aiment les femmes. Le récit, digne des *Diaboliques* de Barbey, tourne autour de l'étrange visite que rend Aldramin à son vieux parent, le sénateur Baldipiero. Après une longue visite des jardins et un dîner enivrant dans une salle toute en miroirs, le sénateur propose à son hôte de passer une nuit avec une femme à la seule condition de renoncer à connaître l'identité de cette dernière. Aldramin est conduit dans une chambre calfeutrée de la villa. À l'intérieur, dans les ténèbres, il s'approche d'une dormeuse invisible. S'ensuit une étreinte étonnante :

> Ce fut une nuit singulière et incertaine ; un combat muet et terrible. Son corps glissait et se dérobait à mon étreinte avec une force et une souplesse admirables et sans autre bruit que nos souffles confondus. La lutte fut longue, puis les forces de l'inconnue mollirent, ses reins s'assouplirent, ses bras se lassèrent en même temps que ses cuisses desserrées. Une sueur moite mouilla son ventre ; ses cheveux humides collèrent à ma joue. Je vainquis. Pendant des heures, je restais lié à ce corps[132].

---

131 Henri de Régnier, *La Double Maîtresse*, *op. cit.*, p. 231.
132 Henri de Régnier, *Les Amants singuliers*, *op. cit.*, p. 197-198.

Le songe sensuel devient un roman dans le roman. Régnier prête au personnage une capacité onirique identique à celle du poète. D'où l'importance de créer un sentiment d'imprévu et d'inattendu afin de renforcer cette impression auprès du lecteur. L'inattendu, du reste, est ici sans surprise associé au merveilleux. Régnier renouvelle à sa manière les étranges nuits d'amour d'Éros et Psyché, en inversant les rôles masculins et féminins[133]. Aldramin fait le récit de la nuit d'amour à son ami Lorenzo dans une nouvelle atmosphère de mystère et de rêve. La fureur insistante qui qualifie l'envie et le regret pourrait être une réminiscence de la férocité faunesque. Régnier se plaît ici à tout inverser. En effet, ce n'est pas l'homme en rut qui exerce sa violence contre la femme mais cette dernière qui se venge du traitement infligé par le sénateur et par son neveu. Après avoir empoisonné l'oncle Baldipiero, elle réussit à poignarder Aldramin, aisément trompé par la belle, travestie en homme. D'Apulée à Régnier, la confusion poétique de la reprise se révèle de même nature que la confusion des souffles de la nuit d'amour car si l'hybride pointe, il se débat avec l'androgyne[134]. Nous songeons aussi au chevalier de Faublas, que la succession de travestissements mène sans faillir dans le lit des belles. La fureur de l'envie et du regret se heurte à la fureur vengeresse de celle qui se fait appeler Leonello.

À la faveur de la nuit, le crime se mêle aisément à la passion charnelle. Dans *L'Escapade* (1926), la jeune fugitive Anne-Claude de Fréval s'éprend d'un bandit de grands chemins, recherché par les soldats du roi, Ducordal, surnommé le capitaine Cent-Visages. Après une brève mais décisive rencontre au début du roman, elle vient le trouver dans sa cachette, au milieu de ses comparses. Sans bien comprendre ses intentions, le brigand la garde auprès de lui et l'invite à partager sa couche :

> Dans l'enlacement, sous le poids et au contact de cette force et de ce désir, sa chair avait frémi, palpité, à la fois consentante et révoltée, pâmée et roidie, et quelque chose de violent et de rude s'était emparé d'elle, l'entraînant en une sorte de vertige[135].

---

133 On retrouve l'une des plus anciennes reprises d'Apulée qui inverse les sexes dans le roman anonyme du XIIe siècle, *Partonopeu de Blois* – Régnier connaissait-il ce texte ?

134 Androgyne d'apparence seulement – comme M. de Bréot se costume en Sylvain.

135 Henri de Régnier, *L'Escapade*, *op. cit.*, p. 243.

De nouveau, la vigueur de l'homme est communicative et Anne-Claude sent grandir en elle des sensations et des sentiments inconnus. Régnier décrit le détail des étreintes, contrairement à ses habitudes :

> Elle avait senti le flot enflammé de son sang battre à son cœur et à ses tempes, puis elle était retombée au fond d'elle-même jusqu'à ce que, de nouveau, ce même visage se penchât sur le sien, jusqu'à ce que ces mêmes mains curieuses, ardentes, de nouveau, de nouveau caressassent son corps maintenant immobile et las, étendu sur ce lit solitaire d'où pendaient les draps froissés et où, dans le silence, il lui semblait encore entendre à son oreille un souffle balbutiant des mots, à la fois brûlants et grossiers, les mots que lui avait murmurés et râlés dans l'amour l'homme dont elle connaissait maintenant le contact velu et brutal, dont elle savait maintenant le vrai visage, et qui était maintenant le maître de sa chair et de sa vie[136].

La contradiction et l'ambiguïté des sentiments et des désirs se retrouvent dans les étreintes. L'intériorité, qui mêle à la fois le sentiment et le flot de sang, se débat avec le toucher extérieur. Anne-Claude, pourtant déterminée et indépendante, cède à la brutalité de l'homme sans trop savoir pourquoi. Régnier décrit la scène comme jadis il écrivait des paysages symbolistes : les draps froissés correspondent à ce désordre intérieur. Il accentue les contrastes ; ainsi les mots de la langue s'opposent au silence de la remémoration, la finesse intérieure à la brutalité des gestes. La scène est violente. Le désir n'implique ici aucun plaisir.

La violence sexuelle était déjà présente dans la première partie de *La Double Maîtresse*. Le père de Julie, libertin ordurier et peu scrupuleux, cause involontairement la mort de son épouse. Une nuit, Anne de Bastan contemple ainsi le triste spectacle qui se déroule sous ses fenêtres :

> [...] elle crut entendre du bruit sous sa croisée et, s'étant penchée, vit, au bas du mur, la petite gardienne de la chèvre tenue à la gorge, ses vêtements en lambeaux laissant apercevoir sa chétive et dégoûtante nudité, et rué sur elle, le tricorne à bas, la perruque de travers, le linge dehors, le cauchemar de M. de Mausseuil, brutal et monstrueux, qui était en train de forcer l'infirme[137].

La malheureuse épouse défaille et les blessures dues à sa chute entraînent sa mort quelques semaines plus tard. Cette perte rend le libertin inconsolable

---

136 Henri de Régnier, *L'Escapade*, *op. cit.*, p. 243-244.

137 Henri de Régnier, *La Double Maîtresse*, *op. cit.*, p. 72.

et il ne tarde pas à la suivre dans le tombeau. La violence de la scène est à peine atténuée par le grotesque de la situation.

Le libertin retrouve la fureur du faune. La scène de viol est comme un lointain écho de celle qui figure dans *Monsieur d'Amercœur*. Monsieur d'Amercœur conte la mort de M. de Nouâtre et de Madame de Ferlinde. Rendant visite à cette dernière, il découvre un terrible spectacle :

> Madame de Ferlinde gisait à demi-nue sur le parquet, ses cheveux se répandaient en une longue flaque d'or et, accroupie sur sa poitrine, une sorte de bête velue, informe et hargneuse, l'étreignait et lui dévorait les lèvres[138].

Le Faune féroce possède la femme au point de la tuer. Hubert de Mausseuil ne tue son épouse que par procuration. L'étreinte de l'hybride déploie toute la violence de la bête : le désir consume entièrement son objet.

Dans l'œuvre de Régnier, le coït prend presque toujours une forme grotesque ou monstrueuse. Lorsque l'amour se mêle au désir, la pudeur s'impose et la description devient plus subtile. Ainsi se présentent les amours des protagonistes de *La Pécheresse*. La première nuit d'amour de M. de la Péjaudie avec Mme de Séguiran se déroule par fort mauvais temps. À la faveur de l'obscurité, le libertin pénètre par la fenêtre dans la chambre de la dame. Afin qu'un cri de surprise ne vienne pas malencontreusement donner l'alarme, La Péjaudie bâillonne la bouche de celle-ci avec sa main et la porte jusque sur le lit :

> Ils tombèrent tous les deux, si fortement et si étroitement enlacés qu'ils ne semblaient faire qu'un seul corps, car M. de la Péjaudie qui, par nature et par expérience, n'ignorait aucune des façons de l'amour et aucun des moyens par lesquels un amant impose son désir et sa volonté, excellait particulièrement à ces brusques prises de femmes[139] [...]

Régnier n'en dit pas plus sur les étreintes, pourtant réputées savantes, de M. de la Péjaudie. La brusquerie coupe court à tout préliminaire. Le lecteur se contente ici de la force de l'enlacement, seul point de départ de l'imagination.

---

138 Henri de Régnier, *La Canne de Jaspe*, *op. cit.*, p. 76.
139 Henri de Régnier, *La Pécheresse*, *op. cit.*, p. 248.

La même pudeur se retrouve chez Jean de Franois et Antoinette de Jonceuse dans *Le Passé vivant*. Après une pluie violente, les deux amants se retrouvent dans la chambre secrète du château de Valnancé.

> Elle éprouva une singulière douceur à être étendue. Une voix murmurait à son oreille des paroles indistinctes et son nom. Elle l'entendait, comme si on l'eût appelé de très loin, il y avait très longtemps, et, défaillante, elle s'abandonna, comme on s'endort… […] Maintenant il était à elle et elle était à lui. Il connaissait le goût de sa bouche, l'odeur de sa peau, le secret de son corps[140]…

Ces moments d'amour scellent le destin de Jean de Franois : pleinement identifié à son ancêtre, il retourne en Italie se suicider sur sa tombe. Les étreintes semblent joindre les corps par delà les siècles. Régnier utilise les seuls pronoms « il » et « elle » pour garantir l'anonymat des amants. Ces caresses sont aussi des retrouvailles : les personnages se confondent avec leurs ancêtres homonymes en cédant à leur désir, en unissant leurs corps.

Fi de la pudeur ! Régnier a-t-il jamais cédé à la tentation pornographique, si riche chez ses contemporains ? Les archives de l'écrivain conservées à l'Institut nous apprennent que oui. On trouve tout un lot de feuilles éparses, contenant vers et proses, que l'on daterait du début des années 1890 jusqu'aux années 1910. Ont-ils été écrits sous l'impulsion de ses camarades de l'époque ? Tout le laisse croire : ainsi ces vers composés à trois mains par Hérold, Louÿs et Régnier, publiés aux éditions À l'Écart en 1983 et récemment réédités par Jean-Paul Goujon en annexes de la correspondance Louÿs-Régnier. Ces vers ont été composés lors du séjour que Régnier fit à Bruxelles en février 1894, lors duquel il prononça la célèbre conférence du *Bosquet de Psyché*. Nous y lisons dans un « Sonnet pour le Parnasse satyrique » ce vers immortel de Régnier : « Du vit joyeux qui bande vers le con énorme[141] ». Autre témoignage : un sonnet composé de nouveau à trois mains par Louÿs, Marie et Henri de Régnier, conservé à la bibliothèque de l'Arsenal et également édité par Jean-Paul Goujon. Louÿs inaugure le dernier tercet : « Disons : Ma foi c'est fait de moi, car Isabeau / (Fort excitante avec ses seins et ses sabots) » et Régnier de conclure : « Me tend sous le jupon sa fesse que je baise[142]. »

140 Henri de Régnier, *Le Passé vivant*, *op. cit.*, p. 330.
141 Pierre Louÿs-Henri de Régnier, *Correspondance 1890-1913*, *op. cit.*, p. 344.
142 *Ibid.*, p. 361.

Enfin, il y a les trois poèmes inédits[143] conservés à l'Institut « en réponse aux Sonnets érotiques de Paul Adam ». Le premier sonnet de cette série fait songer à la courtisane fameuse de *La Double Maîtresse*, Olympia. La fille de Dafné est elle aussi prostituée romaine talentueuse et évolue dans un décor à la fois innocent et satyrique ; elle nous apparaît comme une préfiguration sans fard de la petite Lucia appelée à devenir Olympia. Le deuxième sonnet « Les Enjeux » pourrait être une variation lointaine du « Faune au miroir » (*Aréthuse*, 1895) : leur rédaction serait-elle contemporaine ? Le « poil brun », la « toison d'ambre », le « torse velu » alliés à la brutalité du désir évoquent l'animalité de l'hybride. Les jeux de l'étreinte répondent à la danse et au rire du Faune. L'image du miroir commande la composition du poème, non sans quelques facilités : le balancement fréquent à l'hémistiche côtoie les expressions « côte à côte », « corps à corps », « membre à membre » ; les synonymes dans le même vers (« reflète » et « redouble », « refuge » et « abri ») ; les rimes internes (« lutte » et « rut », « frémir » et « surgir »). Les amants ne portent pas de nom et ce caractère impersonnel se retrouve dans le dernier poème du cycle. Tout comme la « Fille de Dafné » pourrait préfigurer le personnage d'Olympia, « J'aime une enfant aux sombres yeux » fait songer à Julie de Mausseuil, qui « provoquait plus le désir qu'elle n'attirait l'amour[144] », pour reprendre une phrase précédemment citée ou encore à « l'Estampe amoureuse » de 1910, « Julie aux yeux d'enfant », également évoquée plus haut. Régnier détaille chaque partie du corps, chacune devenant un fétiche, et ce corps devient une pure incarnation du désir. « Elle est mon désir » : ce désir est gradué. Il commence par la fantaisie et la jeunesse, passe par les pieds et les mains, avant d'aboutir au sexe. Ce poème « en réponse à Paul Adam » n'est pas qu'une simple réponse, il offre la quintessence du désir régnierien de jeunesse et de beauté. « La Fille de Dafné » possède un caractère insolent et un peu comique, digne de la revêche Olympia, tandis que « J'aime une enfant aux sombres yeux » est entièrement dédié à la rêverie poétique et à la profonde innocence du désir. Cette jeune fille, à l'instar d'une petite cousine Julie, pourrait agir comme une enfant perverse mais le désir qu'elle suscite reste pur et solaire ; la « place obscure » est toujours située sous un « chaud duvet ». Régnier conclut sur les « délires inconnus »,

---

143 Voir Annexe III, p. 223-225.

144 Henri de Régnier, *La Double Maîtresse*, *op. cit.*, p. 15.

c'est-à-dire sur le désir qui, poussé dans ses retranchements, aboutit toujours à son propre mystère.

Faut-il relier à cet ensemble, et singulièrement au premier poème, le sonnet intitulé « Dafné » ? Régnier utilise parfois le même prénom pour des poèmes différents (Il existe par exemple deux poèmes distincts intitulés « Aline » et une esquisse de prose, « Histoire d'Aline »). Celui-ci se rattacherait davantage aux « Médailles amoureuses » ; ou plutôt il se situerait entre une « médaille amoureuse » et une « médaille érotique ». Nous retrouvons certaines facilités déjà présentes dans « Les Enjeux », dont le célèbre balancement à l'hémistiche ainsi que le « et » en début de vers et à l'hémistiche (trois « et » dans le seul dernier tercet). De même que dans « Les Enjeux », il n'est pas question de « con » ni de « vit » ; les images sont explicites mais le vocabulaire privilégie « le lys » et « l'ardeur ». Régnier décline son désir en autant de femmes et de prénoms. Il y aurait là un souvenir de Ronsard si ces femmes avaient été réelles. Chaque prénom féminin permet de nommer au plus près une singularité très précise du désir ; « Dafné » est bien l'une d'elles.

Comme chez Pierre Louÿs, il y a toujours dans la pornographie un côté humoristique et grotesque. « Compain, je ne te comprends guère » ressemble à une ballade obscène de l'ancien temps. Régnier joue également sur l'effet de surprise. Le premier poème de « Mademoiselle de Fougère » ne laisse guère présager le « pinceau de poil » qui termine le second. De même les « pastilles de chocolat » ne laissent pas imaginer « le plus beau con que l'on ait vu ! » au fond de la « boîte hypocrite ».

La préférence de Régnier, dans l'évocation du rapport sexuel, va tout de même à la « Médaille ». Ainsi peut-on qualifier les poèmes en prose « Adèle » et « Julie[145] ». Ici encore, le désir, infiniment multiforme, se cristallise autour d'un prénom. Jamais Régnier n'a décrit le rapport sexuel avec autant de détails. Le rythme des phrases reflète celui des étreintes. La gradation est minutieuse. Régnier semble avoir apporté un soin particulier à l'écriture de ces deux textes. Les manuscrits de l'Intitut sont dépourvus de ratures. Répondent-ils à une inspiration parfaitement maîtrisée ou existait-il des brouillons que nous avons perdus ? Le caractère impubliable de ces textes ne peut aucunement justifier un éventuel manque de soin. « Adèle » et « Julie » ont été rédigés avec la plus grande attention et le plus grand art et nul doute que ces textes, pieusement

145 Voir Annexe III, p. 227-228.

conservés, devaient avoir quelque valeur pour leur auteur. Cette maîtrise témoigne d'un aboutissement dans l'art de la « Médaille » en prose. Cette écriture en prose est d'autant plus intéressante qu'elle paraît offrir une plus grande liberté que le vers, sans nuire, bien au contraire, au rythme et à la prosodie. Le lecteur reste frappé par une originalité qui porte indéniablement la marque de son auteur. La singularité de ces deux textes ne les rend pas moins exemplaires. L'intensité de la description doit tout à une sensualité exacerbée. Le dernier paragraphe de « Julie » montre comment le corps est traversé par l'énergie du désir.

Dans toutes les scènes entrevues, le désir de l'homme, celui du poète lui-même, s'exprime tout autant que le mystère suscité par la sensualité féminine. Le saphisme, obsessionnel dans l'œuvre érotique d'un Louÿs, apparaît pourtant rarement ; il surgit au milieu de « La Femme de Marbre » et conclut « L'Amour et le Plaisir ». Il est déjà une forme de sensualité en miroir qui trouve son aspect le plus accompli dans l'onanisme féminin. Achevons donc ce panorama sexuel sur la dernière des *Sept Médailles amoureuses*. Après avoir célébré le sein nu de Cariste, Régnier fait culminer le désir avec « Chloris » :

> Chloris, aux bras de son amant, nue, est pareille
> À ces Nymphes que peint Fragonard ou Boucher,
> Qui, fuyant le Satyre ou le divin Archer,
> Montrent un frais contour à l'œil qui s'émerveille.
>
> Chloris est nue. Alors il lui parle à l'oreille.
> Elle rit. Elle sent un corps se rapprocher
> Du sien, et dans sa chair délicate au toucher
> Délicieusement la volupté s'éveille.
>
> Chloris aux yeux charmants est ardente au plaisir ;
> Elle aime tour à tour et selon son désir
> L'étreinte vigoureuse ou la longue caresse ;
>
> Mais, si parfois Chloris préfère d'autres jeux,
> Elle est son propre amant et sa propre maîtresse,
> Se contente elle-même, et laisse faire aux Dieux[146] !

Souvenir d'Ovide ou de Théophile de Viau, Chloris appelle toujours le plaisir. L'onanisme de Chloris naît du désir de son propre corps, sans

146 Henri de Régnier, *Sept Médailles amoureuses*, Paris, La Centaine, 1928, p. 35.

recours à aucun double comme dans *La Femme de marbre* avec Giulietta et sa statue. Cette envie de l'homme et de la femme, alternative ou simultanée, libère le désir qui semble se métamorphoser à volonté, suivant des jeux que l'on attribuerait à un sexe ou à l'autre. La nudité de Chloris symbolise une forme ultime de libération mais le désir lui-même offre une infinie liberté.

CONCLUSION

Évoquant Wagner et son succès auprès de la génération symboliste dans *Le Symbolisme tel qu'en lui-même*, Guy Michaud note : « Nul plus que Wagner ne fut ennemi des théories abstraites. Wagner est un intuitif, il est l'homme-artiste[1]. » Comme Wagner, Régnier est un « intuitif ». Ses conceptions poétiques doivent presque tout à son intuition : Régnier se laisse d'abord guider par ce qu'il perçoit et par ce qu'il ressent. Dans les romans, le désir est inséparable de la rêverie : depuis qu'il a assisté à la Danse des Sylvains, M. de Bréot voit grandir en lui l'image de Mme de Blionne en Nymphe des Fontaines et Mme de Séguiran, lorsqu'elle vient de ressentir le plaisir de l'étreinte de son amant, M. de la Péjaudie, prolonge la rêverie, la « songerie », « en étreintes, en baisers, en soupirs et en mignardises[2] ». La contemplation poétique crée dans le roman un rythme particulier. Nous l'avons vu à propos du discours du Sylvain à la fin des *Rencontres*, les passages lyriques ont la même fonction que l'air d'opéra. La rêverie des personnages de Régnier – l'*aria* – suspend l'intrigue, pour créer l'émotion et pour laisser cette émotion grandir. C'est pourquoi la rêverie demande une certaine lenteur et beaucoup d'oisiveté.

M. de Bréot, comme Casanova, n'a pas d'autre but que de vivre. Régnier écrit, à la fin de l'avertissement des *Rencontres de M. de Bréot* : « je n'ai jamais, en écrivant, cherché quoi que ce soit d'autre que le plaisir délicieux et toujours nouveau d'une occupation inutile[3]. » Ravel a fait ses délices de cette phrase de dandy en la plaçant comme épigraphe aux *Valses nobles et sentimentales* de 1911. Du côté du personnage, la rêverie demande un abandon bien distinct de la paresse. La passivité apparente du rêveur requiert une grande activité intérieure. La disponibilité implique l'écoute attentive. Du côté du poète romancier, il n'en va pas tout à fait de même. La rêverie est prolongée par l'écriture – activité exigeante qui

1 Guy Michaud, *Le Symbolisme tel qu'en lui –même* [1947], Paris, Nizet, 1995, p. 106.

2 Henri de Régnier, *La Pécheresse*, *op. cit.*, p. 255-256.

3 Henri de Régnier, *Les Rencontres de M. de Bréot*, *op. cit.*, p. 9.

exclut toute forme d'abandon. En parlant d'une « occupation inutile », Régnier feint d'être comme ses personnages. M. de Bréot suit son intuition, s'abyme dans la rêverie et finit par tenir Mme de Blionne entre ses bras. Régnier s'abyme également dans la rêverie qui donne naissance à ses personnages et incarne sa rêverie en écrivant son roman. Les deux rêveries, celle du personnage et celle du romancier, se concrétisent donc : l'une par l'étreinte, l'autre par le livre.

Cette importance de la rêverie poétique commande aussi les reprises des personnages de libertin : le Don Juan des *Scrupules de Sganarelle* se distingue par un discours d'un lyrisme inhabituel et Casanova apparaît toujours à l'écoute des sensations, les siennes et celles des autres. La poésie printanière et amoureuse de Don Juan atténue un peu la noirceur du personnage. Don Juan rêve d'une future conquête, sans l'avoir nécessairement identifiée. La disponibilité sensuelle de Casanova, quant à elle, ne donne pas lieu à une rêverie en tant que telle. Cette écoute des êtres et des choses qui caractérise Casanova le mène directement à l'étreinte puis à l'écriture. Casanova est idéalement à la fois M. de Bréot et Henri de Régnier, mais il réduit la rêverie à sa plus simple expression. Le Vénitien rencontre une jolie servante, se met à l'écoute des sensations, répond à leur désir réciproque, garde la jeune femme toute une nuit dans son lit et relate le tout (des années plus tard) dans son *Histoire de ma vie*. Avec Casanova, l'étreinte s'approprie le lyrisme de la rêverie.

Régnier prend Casanova comme modèle de libertin. La rêverie intervient alors de deux manières. D'une part, Régnier se met à rêver autour des aventures de Casanova. D'autre part, il fait du libertin un Casanova rêveur. Régnier perçoit bien qu'il y a chez Casanova une écoute sensuelle qui n'est pas différente de celle du poète attentif au rêve que propagent les choses. M. de Bréot agit avec la belle luthière strictement comme Casanova : il ne rêve pas à la jolie Marguerite, il la possède. En revanche, l'image de Mme de Blionne transporte Bréot/Casanova dans le monde du rêve.

Régnier assimile le sexe à la lyre. Le lyrisme du libertin le mène volontiers à la pratique musicale. Les concerts de flûte de M. de la Péjaudie ou ceux de luth de M. de Bréot, plus intimes, provoquent aussi la rêverie et le suspens. À l'écoute de la flûte et du luth, M. de Tourves ou la petite Annette Courboin cessent toute activité et tombent en rêverie. Selon les notes des *Cahiers*, Régnier considère souvent une pièce musicale comme une poésie inachevée. Il semble troublé par cet inachèvement : il peine à être un pur mélomane. Aussi la musique prend sens lorsqu'il l'introduit dans ses romans. Elle joue le même rôle que la rêverie, sans toutefois s'y substituer. L'air de flûte ou la pièce de luth sont contraints par le temps de l'exécution. Leur force est très en deçà de celle de la rêverie sensuelle. La musique pourrait même faire obstacle à la contemplation. Si M. de Bréot, durant les fêtes du Verduron, s'était concentré sur l'écoute de la musique, peut-être n'aurait-il pas prêté attention à la Danse des Sylvains autour de la Nymphe des Fontaines ? La musique restreint l'écoute véritable : le poète, comme le libertin, doit écouter *tout* ce qui l'entoure pour percevoir le rêve que propagent les choses.

Cette attention et cette écoute atteignent leur paroxysme lorsqu'il s'agit du désir, dont le corps féminin incarne l'objet ultime. Toutes ces chairs nues, montrées ou suggérées, renvoient à une même énigme du désir. Régnier décompose : il nous offre mains, pieds, seins et renouvelle à chaque fois une interrogation qui ne semble jamais trouver de réponse. Ce renouvellement renvoie cependant à l'obsession de la quête. En dénudant la femme, Régnier interroge le désir. On songe à la rage du narrateur de *La Femme de Marbre* qui détruit sa création dans une même décomposition, une même fragmentation des parties du corps. Les deux cousins qui se sont aventurés dans la possession, l'un de la femme, l'autre de la statue, finissent par s'entretuer. Pour rester l'interrogation fondamentale, le désir ne doit pas être assouvi.

Pour Régnier, Aphrodite rejoint les Muses et Éros est son intercesseur. Félicien Champsaur écrit en 1903, dans l'avant-propos de *L'Orgie latine* : « La sensualité n'est ni un vice ni un péché ; c'est le but vers lequel convergent toutes nos aspirations, nos rêves, nos efforts, et c'est d'Elle que sort, dans l'univers, la perpétuation des espèces et des races[4]. » Régnier aurait pu reprendre cette assertion à son compte. Champsaur allégorise ou divinise la sensualité en mettant une majuscule au pronom personnel. L'érotisme appartient à une théologie, ou mieux à une cosmologie panthéiste. On pourrait comprendre ainsi l'inassouvissement du désir et de son mystère : il se perd dans les cycles cosmiques et nul ne peut concevoir son achèvement. L'érotisme régnierien nous fait entrevoir l'infini.

4 Félicien Champsaur, *L'Orgie latine*, Paris, Eugène Fasquelle éditeur, 1903, p. x.

ANNEXE I

Don Juan au Tombeau (1909)

Le poème « Don Juan au Tombeau » est d'abord publié dans le numéro de la Revue de Paris *du 15 janvier 1910 (p. 314-320) avant d'être repris dans le recueil du* Miroir des Heures, *au Mercure de France, en avril de la même année (p. 221-232). Le manuscrit du* Miroir des Heures, *conservé à la Bibliothèque nationale (Ms. N. A. F. 14 943), donne trois états du poème : un brouillon (B), une première version complète (V1) datée du 30-31 août et 1er septembre et une seconde version (V2), datée du 3 septembre 1909 à la Baule. On trouve également les premières esquisses du poème à la Bibliothèque de l'Institut, sous la cote Ms. 6307-4. Ces fragments de vers sont précédés de la mention suivante :*

Il est la vie, il est ce qui change
mort – marque violette au bras. La main du commandeur

Le texte donné ici suit l'édition définitive du Miroir des Heures, *avec les variantes les plus significatives offertes par les différents états manuscrits. Seule la ponctuation varie, pour l'essentiel, entre la version de la* Revue de Paris *et le volume du Mercure de France.*

Don Juan au Tombeau

La flamme a jusqu'au bout fondu la cire ardente[1]
Des cierges consumés[2] au ras du chandelier,
Et voici que s'éteint la mèche grésillante.

Les deux moines en froc[3] qui sont là pour prier
Et qui, toute la nuit, à genoux sur la dalle,

1 *Var.* : brûlé la cire lente (V2)
2 *Var.* : et consumé le cierge (V2)
3 *Var.* : muets (B)

Ont suivi l'oraison aux pages du psautier,

Soudain lèvent les yeux vers la lumière pâle
Qui glisse lentement[4], avec l'aube qui vient,
De la haute fenêtre, au pavé de la salle ;

Puis un verset final penche[5] leur front chrétien
Et, debout, côte à côte, ils regardent en bière
Ce mort inquiétant dont l'aspect les retient :

Car, pour eux, cette nuit de veille et de prière
Fut longue de frissons[6], d'angoisses et d'effrois,
À s'en ressouvenir jusqu'à l'heure dernière[7],

Et, malgré l'eau bénite et les signes de croix,
Malgré les chapelets et malgré les reliques,
Dans l'ombre il leur parut[8] ouïr, plus d'une fois,

Des rires infernaux et des bruits sataniques,
Tandis que s'agitaient les cierges effleurés
De quelque aile griffue à leurs flammes obliques…

Oui, malgré les répons repris et murmurés,
Ils ont senti, courbés[9], sous un souffle qui brûle,
S'inonder de sueur leurs crânes tonsurés,

Et, prodige qui fait que le plus saint recule,
Ils ont même cru voir le cadavre roidi
Soulever du cercueil son corps de jeune Hercule

Dont la chair – s'il en est ce que tout bas l'on dit[10] –
Porte marquée encor l'étreinte impitoyable

4 *Var.* : peu à peu (B)
5 *Var.* : un dernier verset courbe (V1)
6 *Var.* : terreur (V1)
7 *Var.* : jusqu'à s'en souvenir à leur heure dernière (B) ; à s'en ressouvenir à son heure dernière (V1)
8 *Var.* : sembla (V2)
9 *Var.* : trois fois (V1)
10 *Var.* : dont le poignet noirci saignait atrocement (B)

D'une main[11] vengeresse à son poignet maudit,

Car celui dont voici[12] la dépouille coupable
Ne s'est pas endormi dans le pardon[13] de Dieu,
Mais il a succombé dans le piège du Diable.

Sa scandaleuse[14] vie, en tout temps, en tout lieu,
Fut vouée au péché avec sollicitude ;
Il eût souillé la neige et corrompu[15] le feu !

Luxurieux, impie, orgueilleux, hardi[16], rude,
Il fut subtil aussi[17] comme l'est le serpent,
Et sa damnation est une certitude[18].

Fut-il jamais de ceux dont le cœur se repent ?
Fils irrespectueux, il n'eut[19] pour son vieux père,
En réponse à des pleurs qu'un rire impénitent[20] !

Et cependant il fut heureux, riche et prospère
Jusqu'à ce que sa voix invitât au festin,
Par un défi[21] nouveau, le Convive de pierre,

Et que, s'étant[22] assis à la table, hautain,
Et calme et souriant d'un sarcasme[23] suprême,
Il entendît sans peur venir le pas lointain…

Et ce fut là, qu'à l'aube[24] on le retrouva blême,

---

11 *Var.* : de la main (V1)
12 *Var.* : là gît (V2)
13 *Var.* : la maison (B); le repos (V1)
14 *Var.* : son exécrable (V1)
15 *Var.* : eût sali (B)
16 *Var.* : infâme, rude (B) ; arrogant, fourbe (V1)
17 *Var.* : souple et subtil (V1)
18 *Var.* : sans incertitude (V1)
19 *Var.* : il a trahi l'amour et n'eut (V1)
20 *Var.* : que son rire insultant (B)
21 *Var.* : en outrage (V2)
22 *Var.* : toujours (V1)
23 *Var.* : insolent et cynique en ce défi (V1)
24 *Var.* : et c'est pourquoi, un soir, (B)

Sans chaleur, sans regard, sans souffle[25], toujours beau,
Et la lèvre crispée en un dernier blasphème.

Aussi, depuis hier creuse-t-on[26] son tombeau,
Tandis que, devant son cadavre on prie encore
Dans la salle funèbre où fume le flambeau !

Mais la nuit est passée et fait place à l'aurore ;
Bientôt les pénitents et les meneurs de deuil
Vont venir le chercher par le couloir[27] sonore ;

Ils franchiront la porte ou, groupés sur le seuil,
S'arrêteront, pendant qu'à grands coups dans le chêne
Le marteau pour jamais fermera le cercueil ;

Puis quatre compagnons, l'empoignant avec peine,
Porteront le défunt[28] dans la cour où l'attend
Toute la parenté jusqu'à la plus lointaine[29],

Et qui va[30], puisqu'il est malgré tout de leur sang,
Le conduire avec ordre, en[31] la pompe prescrite,
À l'église où se dresse un catafalque ardent.

Et ce sera, derrière lui, toute une suite
D'hommes en manteaux noirs[32] et la golille au cou
Et qui feront la rue étroite et trop petite,

Et le piétinement[33] dans Séville debout,
D'un cortège, mêlant la toque à la cagoule,
Autour de la bannière où l'hérétique bout ;

---

25 *Var.* : sans souffle, sans regard, sans vie (V2)
26 *Var.* : on creuse (V1)
27 *Var.* : venir jusqu'ici par l'escalier (B)
28 *Var.* : le porteront ainsi (V1)
29 *Var.* : qu'elle contient à peine (V1)
30 *Var.* : veut (V1)
31 *Var.* : avec l'ordre et (V2)
32 *Var.* : en grands manteaux (B)
33 *Var.* : et toute la rumeur (V1)

Au parvis que le peuple encombre de sa houle[34]
Le convoi déploiera sa parade de mort[35]
Et passera le porche, aux regards de la foule[36] ;

Puis, dans la cathédrale, au branle sourd et fort
Des cloches – tandis que la Giralda vermeille
Dressera vers l'azur[37] son ange aux ailes d'or, –

Les prêtres, tour à tour, dont le rite appareille
Les voix, psalmodieront, en un chant alterné,
Le psaume à qui le Christ, d'en haut[38], prête l'oreille,

Car on a vu parfois le méchant pardonné ;
Mais celui-là qui gît, foudroyé dans sa faute[39],
Seigneur, n'est-il donc pas certainement damné ?…

Et les deux moines, les mains jointes, côte à côte,
Se sentent tout honteux d'avoir prié pour lui,
Pour lui, de qui le cœur eut le Malin pour hôte[40] !

Et pourquoi donc aussi ne pas avoir conduit
Sa dépouille maudite à quelque fosse immonde,
Comme on fait des sorciers[41] qu'on enterre, la nuit ?

C'est que ce vil pécheur en qui le vice abonde
Et que Satan, au bras, a marqué de son sceau,
Infime aux yeux de Dieu, fut[42] grand aux yeux du monde :

D'une race fameuse il est le noir rameau

34 *Var.* : sur les places où le peuple se signe et houle (V1)
35 *Var.* : Il déploiera sa pompe orgueilleuse en sa mort (V2)
36 *Var.* : aux regards éblouis et graves de la foule / et franchira la porte aux regards de la foule (V1)
37 *Var.* : dans le ciel (V1)
38 *Var.* : parfois (*La Revue de Paris*)
39 *Var.* : – Mais celui-là qui fut foudroyé dans sa faute, (*La Revue de Paris*) *Le tiret initial indique-t-il qu'il s'agit de la réflexion de l'un des moines ?*
40 *Var.* : Pour lui dont du Malin, le cœur fut toujours l'hôte (V2)
41 *Var.* : comme les mécréants (B)
42 *Var.* : est (V1)

Et sa racine plonge au plus vieux sol d'Espagne ;
D'un illustre blason s'ornera son tombeau.

Le renom des aïeux dans la mort l'accompagne :
Nul plus que lui n'aurait été l'un[43] de ceux-là
Qui sont dignes d'avoir la Gloire pour compagne.

La Nature l'avait paré du riche éclat
De ses dons les plus beaux et les plus magnifiques
Et Séville admirait ce fils de Maraña[44].

Qui savait[45], comme lui, dans les joutes publiques,
Courir la bague, souple, et prompt, et gracieux[46]
Parader au galop d'un étalon d'Afrique ?

Ou, dans le cirque rond, pour le régal des yeux,
D'un seul coup, au garot, de son épée agile
Agenouiller l'élan[47] du taureau furieux,

Ou[48] lire, mieux qu'un clerc, Théocrite ou Virgile
Et recueillir le miel aux lèvres de Platon,
Ou transcrire un sonnet sur le vélin fragile ?

Mais de cet or, hélas ! qu'en a-t-il fait ? Du plomb[49] !
Le mensonge habitait[50] sa parole incertaine
Et le sang a rougi sa main et son talon.

Brave comme[51] le Cid, il eût trompé Chimène !
Mais combien cependant tombèrent en ses lacs !
Et, d'un geste, il brisait la coupe encore pleine.

---

43 *Var.* : nul plus, de son vivant, ne fut un (V2)
44 *Var.* : et Séville eût pleuré, s'il n'eût pas été là (V1)
45 *Var.* : nul ne sut (V1)
46 *Var.* : et souple, hardi et gracieux (V1)
47 *Var.* : rompre le lourd élan (B) ; rompre l'élan brutal (V1)
48 *Var.* : ni (V2)
49 *Var.* : il en a fait du plomb (V1)
50 *Var.* : malheur à qui croyait (V1)
51 *Var.* : s'il eut été (V1)

Et toujours il allait insatiable et las ;
Le désir l'attirait vers[52] des lèvres nouvelles ;
Les mères avaient peur en le nommant tout bas.

Ô douleur[53] ! les plus amoureuses, les plus belles
Ne furent qu'un jouet pour sa méchanceté
Et, sans qu'il les aimât, il était aimé d'elles.

Et les moines, le cœur sourdement irrité,
Songeaient avec envie à[54] toutes ces amantes
Qui prosternaient, en vain, à ses pieds, leur beauté :

« N'est-il pas juste qu'à présent[55] tu te lamentes,
Funeste séducteur ? Et le spectre a bien fait
D'entr'ouvrir sous tes pas les géhennes fumantes !

Le Convive de pierre a puni ton forfait
Et si tu le frappas au défaut de l'armure
Il t'a rendu tes coups, et l'ordre est satisfait.

Maintenant tu n'es plus qu'une dépouille impure
Que les feux de l'enfer vont éternellement
Brûler et qui n'est plus déjà que[56] pourriture ;

Le crime, grâce au ciel, reçoit[57] son châtiment ! »
Et les moines soudain se courbent[58] avec rage
Pour contempler ce mort coupable au[59] jugement :

Les vers ont dû, déjà, baver sur son visage
Et, déjà le souillant de leurs anneaux visqueux,
Commencer en sa chair leur sinistre ravage…

52 *Var.* : toujours plus attiré vers (B) ; et sa bouche buvait à (V1)
53 *Var.* : les plus douces (B)
54 *Var.* : se répétaient les noms de (V1)
55 *Var.* : il est juste que maintenant (V2)
56 *Var.* : brûler en son horreur et en sa (V1)
57 *Var.* : trouve (V1)
58 *Var.* : se penchent (V2)
59 *Var.* : au seuil du (V1)

Mais, moines, quel spectacle apparaît à vos yeux[60] !
L'aurore, en éclairant[61] cette face damnée,
Sur elle fait[62] errer un fard mystérieux ;

La jeunesse fleurit sur sa peau satinée,
Sa lèvre est toujours rouge et sa joue est encor[63]
Fraîche comme au matin de la vingtième année ;

Un rayon de soleil allonge son trait d'or
Sur ce front radieux que le printemps couronne[64]
Et qui demeure pur, au souffle de la mort.

Alors !... il est donc vain[65] que Dieu condamne et tonne !
Et comment ce pécheur que Satan vint[66] saisir
Garde-t-il cet orgueil[67] dont le regard s'étonne ?

C'est que rien ne le put, ô moines, assouvir[68],
Et qu'il fut, par son âme anxieuse et mouvante[69],
Une incarnation de l'Éternel Désir.

C'est que, malgré la nuit de foudre et d'épouvante
Où le sombre invité du suprême festin[70]
Fit sous un doigt de feu crier la chair vivante,

Dans le sépulcre clos que scellera l'airain,
Lorsque l'on étendra, moines, malgré vos blâmes[71],
Au son de l'orgue grave et du psaume latin,

---

60 *Var.* : de quel spectacle vont se repaître leurs yeux (V1)
61 *Var.* : mais, ô surprise, sur (V2)
62 *Var.* : l'aurore fait (V2)
63 *Var.* : encore (V2)
64 *Var.* : radieux et fait pour la couronne (V1)
65 *Var.* : alors, c'est donc en vain (V1)
66 *Var.* : l'Enfer dut (V1)
67 *Var.* : aspect (V1)
68 *Var.* : C'est que ce Don Juan, qui ne put s'assouvir (B)
69 *Var.* : ô moines, incarna dans son âme mourante (B)
70 *Var.* : qui l'arracha du poing à son dernier festin (V1)
71 *Var.* : ô moines aux durs blâmes (V1)

Ce doux corps caressé par tant de[72] mains de femmes,
S'il est toujours ainsi voluptueux et beau
165 C'est qu'il fut plus brûlant, encore[73], que les flammes

Et que c'est toi, Don Juan[74], que l'on met au tombeau !

On dit que, vers le soir de la même journée,
À l'heure où le vent frais, né du Guadalquivir[75],
169 Effeuille aux chignons bruns la rose safranée[76],

Dans l'église où la nef commence à s'assombrir[77],
Trois femmes, toutes trois en longs voiles, et belles,
172 Se retrouvèrent là dans un commun désir[78] ;

Et, le chœur[79] étant vide, et vides les chapelles,
Toutes trois s'avançaient silencieusement ;
175 Et l'histoire rapporte aussi que l'une d'elles

Était Doña Elvire en deuil de son amant,
La seconde, Doña Anna, et la troisième,
178 La plus jeune, très pâle, encor presque une enfant.

Et toutes trois, sans se parler, cherchaient de même,
De pilier en pilier, un sépulcre récent
181 Afin de dire au mort aimé l'adieu suprême,

Et, l'ayant reconnu pour son[80] marbre plus blanc
Entouré d'une grille et dans une encoignure,
184 Elles se dirigeaient par là[81], d'un pas tremblant ;

72 *Var.* : mille (V1)
73 *Var.* : Sachez qu'il fut encore plus brûlant (V2)
74 *Var.* : Ce sera Don Juan (V1)
75 *Var.* : où le soleil ne fait plus resplendir (V1)
76 *Var.* : à travers les vitraux l'Eglise illuminée. (V1)
77 *Var.* : à l'ombre de la nef où le soir va venir (V1) ; dans l'église assombrie où la nuit va venir (V2)
78 *Var.* : en un commun désir (V1)
79 *Var.* : l'église (V1)
80 *Var.* : à un (B)
81 *Var.* : elles s'y dirigeaient toutes (V1)

Mais comme elles allaient pour ouvrir la serrure
Il leur sembla soudain[82], à travers les barreaux,
Apercevoir quelqu'un derrière[83] la clôture,

Qui, courbé vers le sol et leur tournant le dos,
À deux mains soulevait la pierre sépulcrale,
En l'ayant prise et la tirant par les anneaux,

Et toutes trois, Anna, Elvire et l'enfant pâle,
Virent qu'ayant enfin descellé le bloc lourd,
Debout, leur souriait[84], et le pied sur la dalle,

Un Ange aux ailes d'or et pareil à l'Amour !

82 *Var.* : Elles virent alors (V1)
83 *Var.* : Quelqu'un debout à l'intérieur de (V1)
84 *Var.* : les regarda (V1) ; leur souriant (V2)

ANNEXE II

Les *Mémoires* de Casanova (1931)

Le manuscrit du texte est daté du 29 mars 1931, et signé « Henri de Régnier, de l'Académie française ». Il est conservé à la Bibliothèque de l'Institut (Ms. 6305-4). Le texte pourrait servir d'introduction générale au récit de l'aventurier vénitien. S'agit-il d'un projet de commande qui n'a pas abouti ? Une étude approfondie de la correspondance de Régnier pourrait sans doute nous en apprendre davantage. Le texte n'a jamais été repris en volume et reste donc, a priori, *inédit. Les lectures incertaines sont indiquées entre crochets et les mots indéchiffrables sont rendus par les points de suspension entre crochets.*

Nous remercions ici chaleureusement la Commission des bibliothèques et archives de l'Institut de France et tout particulièrement son président, madame Hélène Carrère d'Encausse, secrétaire perpétuel de l'Académie française, ainsi que madame Françoise Bérard, directeur de la Bibliothèque de l'Institut, qui ont très aimablement autorisé la publication du texte qui suit.

Les *Mémoires* de Casanova

Ce n'est pas seulement le roman de sa vie que nous conte Casanova dans ses volumineux Mémoires, c'est sa vie même qu'il nous avoue en sa verve vivante et en son vivant cynisme, en ses aventures, en ses passions, en ses idées, la vie diverse et mouvante qu'ont vécue ses yeux et son cœur, ses sens et son cerveau, sa vie d'homme prodigieusement doué pour tout sentir et tout comprendre et qui est allé loin dans la connaissance de ses semblables et de soi-même. Pour nous peindre le tableau de son aventureuse existence et nous laisser le témoignage de sa vaste expérience, Casanova a fait appel à ses souvenirs. De là, au cours de son abondant récit, des déformations inévitables qui n'entachent d'aucune intention volontairement frauduleuse son souci d'être véridique. En livrant son image à la postérité, c'est un Casanova vrai qu'il s'est efforcé de nous représenter et c'est ce qu'il a fait autant que ce lui a été possible, fait à sa façon et dans la mesure où le lui permettaient son tempérament africain et son imagination italienne qui le rendent sujet à certains mirages et à de vaines illusions. S'il y a en lui du philosophe, il y a aussi du hâbleur et de ce dernier il tient le goût de l'exagération et de la vantardise. De l'un et de l'autre il a aussi la vanité, sans compter celle d'espèce assez particulière que lui donnent ses innombrables bonnes fortunes.

Sur ce point, d'ailleurs, il faut en rabattre, au moins sur la qualité. Lorsque Casanova nous dit d'une femme qu'elle est la plus belle du monde, n'en concluons pas par là de sa beauté parfaite, mais entendons qu'elle lui plaît et qu'il la désire. Qu'il s'agisse de ses exploits amoureux, admirons-les mais avec les réserves que nous suggère ce qu'ils ont d'excessif, sans toutefois les tenir pour mensongers et accordons la même confiance aux textes des *Mémoires*. Pour les bien goûter, il faut savoir les lire comme ils doivent être lus, c'est-à-dire en tenant compte des circonstances dans lesquelles ils ont été écrits. Casanova est un homme qui se souvient et quand on se souvient de soi-même, le souvenir qu'on en a est en rapport avec la nature et le caractère qui nous ont été attribués par le sort. Dans le recul du passé, les perspectives se faussent et la bonne foi la plus sincère ne suffit pas à corriger les pièges de cet involontaire jeu d'optique en vertu de quoi tous les Mémoires impliquent la nécessité d'être défalqués de tout ce qui se surajoute à leur vérité.

Les Mémoires de Jacques Casanova plus que d'autres exigent cette mise au point et comportent un examen critique, or, cet examen, ils l'ont subi victorieusement. Plusieurs états d'opinion se sont succédés à leur égard. Au moment de leur publication, ils suscitent une curiosité qui n'est pas du meilleur aloi. Ils exhalent une odeur pimentée et font figure de scandale. Les scènes scabreuses qui s'y étalent, les situations singulières où ils se complaisent, attirent surtout l'attention. On y voit un recueil d'aventures galantes et pires, narrées avec un cynisme sans vergogne. Tout cela semble composé à plaisir et on en vient à déclarer apocryphe cet évangile du libertinage et ce bréviaire d'érotisme. À qui l'attribuer ? Est-ce Stendhal qui a mis la main ou est-on en présence d'une entreprise de libraire ? Malgré ces suspicions, l'ouvrage fait son chemin, mais en chemin, il rencontre peu à peu des lecteurs plus attentifs qui y découvrent d'autres sortes d'intérêt. Il y a un homme et un temps sous cet aventurier et à travers ces aventures. Des esprits sérieux s'enquièrent de lui et une vaste et minutieuse information s'ouvre à son sujet et au sujet de ses *Mémoires.* Les archives du château de Dux en Bohème livrent de nombreux documents. On exhume des lettres, des papiers et ces recherches conduisent à un patient et fructueux examen critique qui restituent à Casanova sa véritable figure et à ses *Mémoires* leur véritable portée et leur valeur.

Ces divers travaux poussés avec ingéniosité et passion ont tourné au profit des *Mémoires* en établissant leur caractère de véracité. On peut constater par des rapprochements indirects l'exactitude de certains faits qui paraissaient suspects. On eut la preuve que tel ou tel épisode de l'épopée casanovienne était parfaitement conforme à la réalité. Peu à peu ces conformations se multiplièrent. Maints personnages que Casanova ne désignait que par des initiales furent identifiés. Maints passages obscurs ou obscurcis à dessein s'éclaircirent. Cette sorte d'interrogatoire qu'eut à subir son récit se poursuit et se poursuit encore à l'avantage du narrateur. Il n'en demeure pas moins que les *Mémoires* du Vénitien contiennent des erreurs de dates et des confusions de faits, des omissions volontaires et des déguisements tendancieux dont beaucoup sont explicables mais il en résulte aussi que dans l'ensemble de la confession qu'il a faite de sa vie Casanova a dit la vérité, qu'il l'a dite sur lui-même, sur ses amis, sur ses maîtresses et sur son temps. De romanesques qu'ils avaient pu paraître, ses *Mémoires* sont devenus documentaires. Ce ne sont plus les rêveries d'un érotomane vieilli et les racontars d'un aventurier sans scrupules. Ils sont le témoignage sur son époque d'un observateur qui a su voir, d'un esprit non sans étendue, d'un homme informé de tous, de tout et de soi-même. Ce récit de sa vie, Casanova ne le poussa pas jusqu'au bout et ne le mena que jusqu'à l'année 1774. Sans doute lui parut-il trop pénible de se remémorer la plume à la main le déclin de son orageuse fortune. Un Casanova hésite à avouer qu'il n'a obtenu de rentrer dans sa patrie que pour y devenir espion de police aux gages de la Sérénissime République, aussi lorsque réfugié en Bohème, au château de Dux, bibliothécaire du comte de Waldstein, lorsque accablé d'ennuis et harcelé de tracas, il entreprit pour s'en distraire et repasser le cours de sa longue existence, ne fut-ce que des temps heureux qu'il voulut se souvenir, sans négliger cependant les traverses qu'il eut à subir durant sa vagabonde carrière et où il ne fut pas toujours en posture avantageuse, car Casanova s'il ne manque pas de vanité ne manque pas non plus de franchise et s'il ne nous cache pas le bien qu'il pense de lui, il ne nous dissimule pas le mal qu'en pense autrui. C'est tout entier qu'il entend se donner à nous. Acceptons-le donc tel qu'il est. C'est à Venise que nous faisons sa connaissance. Il y naît et il est vite ce qu'il sera toujours. Cosmopolite il reste vénitien de cœur. C'est à Venise que dès son adolescence il prend le goût du plaisir, qui sera la passion de sa vie, qui fera de lui ce qu'il a été, un [tendre] et magnifique vivant. Vivre, en effet, ce fut pour Casanova la grande affaire, la seule, celle à laquelle il se donna de toute la force de son corps, de toute la force de son esprit, avec ses sens et son intelligence, avec toute la fougue de sa nature et toute l'ardeur de son tempérament. La vie n'a pour lui d'autre raison d'être que d'être vécue. Vivre, Casanova n'a pas d'autre but. Il n'a pas d'ambitions. Aucun dessein ne le mène ; il va à travers la vie au hasard des circonstances, à l'aventure, mais si hasardeux et si aventureux qu'il soit, il ne se perd jamais de vue et demeure parfaitement conscient de ce qu'il voit et de ce qu'il sent. Tout ce que la vie lui présente à vivre lui est bon. D'elle, il accepte tout avec une égale avidité, les risques et les dangers. Les réussites et les échecs, les déboires et les succès. Il fait accueil à tout. Tout l'attire. L'Europe qu'il parcourt en tous sens est son champ d'expérience ainsi que tous les rangs de la société. Il fréquente tous les milieux et ferait au besoin tous les métiers, mais le sien est d'être Casanova. Il est partout à l'aise. Il s'assied à la table des grands seigneurs comme à celle des tripots. Tour à tour petit abbé, violon d'orchestre, militaire, commerçant, tenancier de loterie, agent politique, écrivain pamphlétaire, cabaliste, il intrigue, agit, observe, note. Il sait tenir une banque de pharaon aussi bien que négocier un emprunt. Il a des relations en tous pays. Il connaît des escrocs et des ambassadeurs, des cardinaux et des ruffians, des hermaphrodites et des castrats, des lords anglais et des boyards russes, tous les échantillons d'humanité, des sénateurs de Venise et des grands d'Espagne, des ministres et des pêcheurs, car il a tâté de la prison. Son évasion des Plombs du palais ducal l'a rendu célèbre, comme plus tard son duel avec le comte Branicki. Tantôt il est accueilli et fêté, tantôt il est suspect et expulsé. Il se prête à toutes les chances. Son carrosse sillonne toutes les routes. Venise l'exile ; l'Italie ne le retient pas : le voilà en France, en Angleterre, en Allemagne, en Hollande, en Autriche, en Pologne, en Russie, en Suisse, en Espagne, en Turquie. Il est l'hôte des bonnes auberges et sans doute le délégué des Loges car il est affilié à la Franc-maçonnerie, ce qui lui ouvre bien des portes. Celles des mauvais lieux lui sont familières. Un jour ici, là demain, son itinéraire est un zig-zag, mais partout il trouve bon gîte et le reste. Dans le lit où il dort, il y a toujours une femme et quelque fois deux.

On ne peut pas dire cependant qu'il soit un séducteur. Il n'a du séducteur ni les scélératesses, ni les perversités. S'il est obligé pour en arriver à ses fins de recourir à des stratagèmes, ils ne sont pour lui que les moyens d'arriver à la satisfaction de son désir. Qu'on y cède et notre homme aimera, aimera autant ne pas avoir eu à forcer le consentement de sa belle partenaire. Casanova a fait peu de « victimes », s'il a fait beaucoup de « conquêtes ». En amour il [vise] surtout au physique sans dédaigner pour cela le sentiment. La nature l'a doué de moyens en rapport avec ses goûts, ce qui lui épargne de gênantes délicatesses. À peu près rien ne le rebute, aussi ne rencontre-t-il guère de cruelles. D'ailleurs il est généreux. S'il aime l'argent, c'est pour le dépenser en habits, en parures, en bijoux et en femmes. Il vide volontiers sa bourse, mais il n'a guère de scrupules pour la remplir. Il triche aux cartes et paye comptant au jeu d'amour, mais le plus souvent sa prestance, sa faconde suffisent à lui assurer le succès de ses entreprises. Cependant, elles n'ont pas toutes la même issue. Il y a dans sa vie des religieuses de Murano et aussi des Charpillon. Plus rarement, mais tout comme un autre[,] Casanova est parfois berné, mais il avait ses déconvenues. Et puis la passion des femmes n'est pas sa seule passion. Il en a d'autres. Ce vagabond qui parcourt à l'aventure tous les chemins de l'Europe a des plumes, un écritoire et des livres dans le coffre de sa voiture. Il [...] aux Belles Lettres et se tient au courant de toutes les productions de l'esprit, les juge et y mêle les siennes à l'occasion. Il critique, il discute, il réfute. Voltaire même ne lui en impose pas. N'est-il pas à sa façon comme le patriarche de Ferney un homme universel ? Il a des idées sur tout, sur la politique, sur la morale, sur l'histoire, sur les mathématiques. Il publie des brochures et rédige de nombreux ouvrages, qu'on a retrouvés dans ses papiers. Il a aussi ses « tablettes » où il a noté bien des choses qui lui serviront pour la composition de ses *Mémoires* qui furent la consolation de ses années [...] seulement il s'y fera revivre en la prodigieuse aventure de sa vie, mais il y tracera un tableau cosmopolite de la société de son temps, dont il nous donne des vues rapides, et singulièrement colorées, des vues souvent prises d'en bas et de biais, mais plus souvent encore prises face à la voûte. C'est ce don d'observateur qui, malgré les grossissements et les déformations, a assuré aux Mémoires de Jacques Casanova de Seingalt, Vénitien, la faveur dont ils jouissent et la portée qu'on a fini par leur reconnaître, c'est ce qui fait plus qu'ils ne paraissent. Ils ne sont pas que le récit de prouesses amoureuses. Ils sont un miroir qui nous conserve autour d'un vrai visage les images d'une vie et les reflets d'un temps.

ANNEXE III

Poèmes et proses érotiques inédits

Comme il a été signalé plus haut, le fonds Régnier de la bibliothèque de l'Institut de France regroupe sous la cote ms. 6307-1 un grand nombre de feuilles volantes, dont beaucoup offrent des poèmes et des proses érotiques inédits. Nous en offrons ici une sélection.

Nous remercions ici chaleureusement la Commission des bibliothèques et archives de l'Institut de France et tout particulièrement son président, madame Hélène Carrère d'Encausse, secrétaire perpétuel de l'Académie française, ainsi que madame Françoise Bérard, directeur de la Bibliothèque de l'Institut, qui ont très aimablement autorisé la publication des textes qui suivent.

Compain, je ne te comprends guère
Dis-moi, pourquoi dédaignes-tu
Ce plaisir vraiment peu vulgaire
Baiser à couilles que veux-tu ?

Je ne connais pas d'exercices
Plus cordial et plus charmant,
Compain, que d'écarter les cuisses
Pour la pine de son amant.

Voilà donc pourquoi je t'engage
À laisser quelque beau garçon
Tâter tes seins sur ton corsage
Et sortir de son caleçon

Un de ces durs vits pleins d'astuce
Qui sont toujours fermes et droits,
Qu'on les enconne ou qu'on les suce
Et qu'on les branle entre deux doigts.

Mlle DE FOUGÈRE

I

Près du lac où comme un fou j'erre
En la paix douce d'être là
Je ne rêve nul Angola
Que quelque Roi Salifou gère !

Ni palmier, ni pin, ni fougère
Et quelle forêt égala
L'ombre de votre falbala
Mademoiselle de Fougère.

Mais avec vous je quitterais
Ce pays pour d'autres moins frais
Thébaïdes ou Sainte Baume

Si tricotant des bas de laine
Vous vouliez honorer mon « home »
De vos cheveux de Magdeleine.

[II[1]]

Le citron pâle de son âme
Semble agacer ses dents où grince
Un sourire qui luit et pince
Comme un crabe vif sous la lame.

Porte exiguë et sans sésame
Et bref royaume sans province
Où l'instant d'être roi s'évince.
Et lampe où grésille une flamme

Bocal où le vinaigre acide
Macère[2] un fruit qui se vide

1 *Ces deux sonnets se trouvent sur deux feuillets qui ont été collés l'un à la suite de l'autre. Un manque important en haut du second suggère la présence effective du numéro, que je restitue.*

2 *Var. :* Racornit *barré.*

Homunculus, muliercula

Et vierge qu'il faudrait enfreindre
Pour être sûr que son cul a
Le pinceau de poil pour le peindre.

[EN RÉPONSE AUX SONNETS ÉROTIQUES DE PAUL ADAM]

LA FILLE DE DAFNÉ

La fille de Dafné, romaine et courtisane,
Est une douce enfant encore à son matin
Qui lance l'osselet et qui joue au jardin
À conduire sa chèvre et chevaucher son âne ;

La voici qui s'arrête au pied du vieux platane
Près de l'Hermès de marbre au geste masculin,
Et qu'elle presse, palpe et pétrit de la main
La gaine d'où surgit le triomphal organe

Mais sa langue, ô dépit, s'agace au dard sans miel
Et le Dieu lui sourit en sa barbe farouche.
Son phallus est trop gros pour sa petite bouche ;

Et la fillette songe au talent maternel,
Car Dafné tirerait, suceuse sans rivale,
D'une verge d'airain le sperme qu'elle avale[3] !

LES ENJEUX

Le miroir qui s'incline au plafond de la chambre
Reflète notre image et redouble nos jeux.

3 *En marge :* d'un mort la semence enfermée.

Et je vois, côte à côte, à nos corps orageux
Auprès de mon poil brun, brûler ta toison d'ambre.

Laisse passer mes bras sous ton dos qui se cambre
Et mon torse velu presser tes seins neigeux !
Renouvelons la lutte et posons nos enjeux
Que le rut, corps à corps, nous lie et membre à membre

Car si ton ventre doux offre à mon dur désir
Le refuge du spasme et l'abri du plaisir
Qui font frémir l'attente et mon doigt qui les touche,

Ne vois-tu pas surgir et se dresser en l'air
Prêt à goûter ta main, ton giron ou ta bouche,
L'outil de volupté dont jouira ta chair ?

J'aime une enfant aux sombres yeux
Et je ne sais si j'aime mieux
Son air si tendrement farouche
Sa fantaisie et son esprit
Ou sa jeunesse qui fleurit
Sur sa douce joue et sa bouche.

Car je l'adore et je suis fou
Et de la nuque et de son cou
Et de tout son jeune visage
Et de ses pieds et de ses mains
Aussi bien que de ses deux seins
Que la guimpe retient en cage ;

Elle est mon désir, mon amour
Et je connais chaque contour
De son épaule et de sa hanche
Et de son petit ventre étroit
Car j'ai baisé à chaque endroit
Tout son corps dont la peau est blanche

Mais ce que j'aime encore mieux
Ô mon enfant aux tendres yeux
C'est entre vos deux cuisses nues
La place obscure où j'ai trouvé,
Sous un chaud duvet soulevé,
Tant de délires inconnus.

DAFNÉ

Dafné, quand de vos seins j'aurai goûté la fleur
Et que de leur saveur ma langue sera lasse,
Je dirai, contemplant la rondeur et la grâce
Qui, de leur modelé, attisent la chaleur

De mes mains, de mon sexe et tentent ma langueur :
Oh ! que sans fin le fruit ne s'éloigne et ne passe !
Que ma suprême ardeur à la vôtre s'enlace
À jamais dans mes bras, et la joie dans mon cœur.

Nous serons tous les deux, blottis dans le désir
D'un enivrant parfum et d'un vibrant soupir,
Réunis pour aimer sans que rien nous sépare.

Et, tenté par ton corps et la flamme d'amour,
Je parcourrai, fébrile, et ardent sans détour,
La pâleur de ton ventre et le lys le plus rare.

———

J'aime cette boîte hypocrite
Dont le couvercle porte peint
Par un peintre sans grand mérite
Le sujet le plus anodin.

On y voit dans un pâturage
Paissant sur le bord d'un ruisseau
Une vache paisible et sage
Et qui n'attend rien du taureau.

De quelque vieux célibataire
À l'âme tendre et sans éclat[4]
Elle contient en grand mystère
Les pastilles de chocolat.

Et lorsqu'il dînait chez sa nièce
Rasé de frais et l'œil larron
Autour de la salle en liesse
En la faisant passer en rond.

Mais le bonhomme à voir les filles
Dans la boîte avec leurs doigts blancs
Prendre chacune des pastilles
En disait bien rire en dedans.

Car le fond, si tu le devines,
Présente au bas d'un ventre nu
Ouvert entre deux belles cuisses
Le plus beau con que l'on ait vu !

Ven. 1er Nov. 1901[?]

ADÈLE

Ce que j'aime dans Adèle, ce n'est pas son visage bien qu'il soit agréable et sain, que sa bouche soit rouge, son nez droit, ses joues fraîches et ses yeux beaux, mais c'est ailleurs que je cherche sa beauté. Je la trouve surtout dans sa nuque, dans son dos large et souple, dans ses reins qui se creusent, dans sa croupe qui bombe, dans ses fesses arrondies. C'est ainsi que je l'aime, quand, à genoux sur les draps, solide et nue, elle s'offre à moi, comme une jeune bête à peau douce.

D'abord, je m'approche d'elle en rampant. Je me glisse entre ses jambes repliées. Mes mains tâtent ses cuisses fermes, puis se posent sur chacune de ses fesses. Doucement je les écarte. Le sillon qui les sépare s'élargit et aboutit à son sexe. Il est caché dans un poil abondant et

4 *En marge* : compagne de son célibat.

soyeux. Il s'entrouvre tiède et rose… Mais j'aime ces jeux qui préludent au plaisir et je regarde la fissure voluptueuse où, une fois de plus, je me laisserai tout à l'heure prendre au piège.

Mais, mal m'en prend de ma curiosité ; soudain mon désir s'anime et s'impatiente… Quoi, déjà ! Non ! Me voici à cheval sur ses reins. Je presse ses flancs de mes genoux. Je la domine et la maintiens. Mes mains caressent son dos et reposent sur sa nuque baissée. Je la mords et je sens toute son échine qui frémit et que parcourt un frisson et la voici qui me désarçonne mais je l'assaille où il faut et je la pénètre de l'éperon.

Je la tiens. Un grand calme m'adoucit. Mon ardeur éparse en mes membres se concentre en elle. Je sens que la lui communique et la lui mesure par mouvements. C'est moi qui fais onduler son ventre doux, s'arquer ses cuisses, se creuser ses pieds. C'est moi qui fais haleter ses flancs ; c'est moi qui la dilate et l'échauffe. Elle est mon plaisir et je sens le sien. Tout son corps est le prolongement du mien et je suis sûr que maintenant son visage que je n'aimais pas me plairait, si je pouvais le voir car si ses joues brûlent, si ses dents mordent ses lèvres, si ses yeux sont clos, si toute sa face ruisselle de sueur, c'est parce que j'enfonce au bas de ses fesses dans son [con] humide la pointe adroite de mon désir.

JULIE

Ce soir, je ne confierai pas mon désir à tes mains. Elles sont pourtant souples et délicates et l'on dirait qu'elles caressent quelque fruit étrange dont la bouche voudrait goûter. Je ne confierai pas non plus mon désir à ta bouche. Tes lèvres cependant sont subtiles et puissantes. Elles savent aiguiser la volupté. Elles la retardent, elles l'interrompent et quand elle est achevée, elles la font durer encore comme si elle allait renaître de son propre souvenir.

C'est en vain néanmoins que tes mains se proposent à mon plaisir et que tes lèvres m'y appellent. C'est en vain qu'allongée sur le lit, les cuisses s'écartent l'une de l'autre car je sais bien qu'il y a en toi un lieu secret et chaud qui donne l'envie d'être un homme et que, quand on l'occupe, on te possède toute entière, d'où l'on se répand dans tout ton être mais aujourd'hui, je ne veux pas devenir ta propre chair, et je veux demeurer à moi seul.

Me voici. Mes joues sentent la caresse ferme de tes cuisses. Mes mains, sous tes fesses, jointes te soulèvent doucement. Mon nez respire ton parfum. Ma langue s'avance. Elle s'insinue, elle rôde. Elle cherche. Elle hésite et si parfois je la rentre dans ma bouche pour savourer le goût qu'elle t'a pris, elle en ressort plus avide et plus acharnée et cherche plus profondément le délice que tu recèles, pendant que mon ardeur solitaire regrette un peu l'aide de tes mains souples et de tes lèvres patientes.

Je suis patient aussi et voici que j'ai trouvé la racine même du plaisir. Ma langue s'enhardit et s'affirme. J'appuie et je contourne. Ma salive est devenue un baume où je te goûte toute entière. Mais je voudrais voir tes yeux. Ils doivent être beaux, tendres et farouches, car tu frémis, tes cuisses serrent mes joues et, au bas de moi, je sens grossir mon désir de toute ta satisfaction. Ah Julie !

Tu m'as repoussé et je suis renversé sur le dos et sur mon ventre haletant tombe ma semence chaude. Il ne m'a fallu ni tes mains, ni ta bouche. C'est la mienne qui s'est nourrie en toi de cette force qui s'est répandue dans tout mon corps, c'est toi qui as dressé ainsi l'organe de mon désir, qui l'as animé, qui l'as gonflé et c'est toi qu'il salue de l'hommage libre de mon spasme et de son offrande[5] solitaire.

---

5 *Var. :* de sa libation *barré.*

BIBLIOGRAPHIE

La bibliographie des œuvres d'Henri de Régnier ressemble à une jungle tropicale : un arbre dissimule des fleurs inédites, des insectes fourmillent sur des lianes inconnues. La plupart des poèmes, ou des cycles de poèmes, ainsi que les contes, ont fait l'objet d'une prépublication en revue, ou sous forme de plaquette. Les romans ont souvent été publiés en feuilletons dans des revues avant d'être repris en volume au Mercure de France. Nombre d'entre eux ont ensuite fait l'objet d'éditions de luxe richement illustrées. Les articles de critique littéraire rassemblés dans les volumes du Mercure de France forment une maigre sélection de son abondante production. Le feuilleton littéraire du *Figaro*, que Régnier a assuré pendant plusieurs décennies, n'a jamais fait l'objet de reprise de sa part. Une bibliographie établie par Pierre Lachasse, visant à l'exhaustivité, est disponible, et régulièrement mise à jour, sur le site de la Société des Lecteurs d'Henri de Régnier à l'adresse suivante : slhdr.hypotheses.org/bibliographie (consulté le 01/01/2020)

La liste des œuvres qui va suivre reste donc avant tout indicative, faisant office de corpus. Toutes les éditions originales sont mentionnées et la pagination indiquée dans le développement de l'ouvrage y renvoie, pour la plupart.

Les autres références sont classées de manière thématique.

ŒUVRES D'HENRI DE RÉGNIER

RÉGNIER, Henri de, *Les Lendemains*, Paris, Léon Vanier, 1885.

RÉGNIER, Henri de, *Apaisement*, Paris, Léon Vanier, 1886.

RÉGNIER, Henri de, *Sites*, Paris, Léon Vanier, 1887.

RÉGNIER, Henri de, *Épisodes*, Paris, Léon Vanier, 1888.

RÉGNIER, Henri de, *Poèmes anciens et romanesques*, Paris, Librairie de l'art indépendant, 1890.

RÉGNIER, Henri de, *Tel qu'en songe*, Paris, Librairie de l'art indépendant, 1892.

RÉGNIER, Henri de, *Contes à soi-même*, Paris, Librairie de l'art indépendant, 1893.

RÉGNIER, Henri de, *Le Bosquet de Psyché*, Bruxelles, Paul Lacomblez, 1894.
RÉGNIER, Henri de, *Le Trèfle noir*, Paris, Mercure de France, 1895.
RÉGNIER, Henri de, *Aréthuse*, Paris, Librairie de l'art indépendant, 1895.
RÉGNIER, Henri de, *Jeux rustiques et divins*, Paris, Mercure de France, 1897.
RÉGNIER, Henri de, *La Canne de Jaspe*, Paris, Mercure de France, 1897.
RÉGNIER, Henri de, *Le Trèfle blanc*, Paris, Mercure de France, 1899.
RÉGNIER, Henri de, *La Double Maîtresse*, Paris, Mercure de France, 1900.
RÉGNIER, Henri de, *Les Médailles d'argile*, Paris, Mercure de France, 1900.
RÉGNIER, Henri de, *Les Amants singuliers*, Paris, Mercure de France, 1901.
RÉGNIER, Henri de, *Figures et caractères*, Paris, Mercure de France, 1901.
RÉGNIER, Henri de, *Le Bon Plaisir*, Paris, Mercure de France, 1902.
RÉGNIER, Henri de, *La Cité des eaux*, Paris, Mercure de France, 1902.
RÉGNIER, Henri de, *Les Vacances d'un jeune homme sage*, Paris, Mercure de France, 1903.
RÉGNIER, Henri de, *Le Mariage de minuit*, Paris, Mercure de France, 1903.
RÉGNIER, Henri de, *Les Rencontres de M. de Bréot*, Paris, Mercure de France, 1904.
RÉGNIER, Henri de, *Le Passé vivant*, Paris, Mercure de France, 1905.
RÉGNIER, Henri de, *La Sandale ailée, 1903-1905*, Paris, Mercure de France, 1906.
RÉGNIER, Henri de, *Esquisses vénitiennes*, Paris, L'Art décoratif, 1906.
RÉGNIER, Henri de, *L'Amour et le plaisir, histoire galante*, Paris, Dauze, 1906.
RÉGNIER, Henri de, *Sujets et Paysages*, Paris, Mercure de France, 1906.
RÉGNIER, Henri de, *La Peur de l'amour*, Paris, Mercure de France, 1907.
RÉGNIER, Henri de, *Trois contes à soi-même*, miniatures de Maurice Ray, gravées par A. Bertrand, Paris, les Cent Bibliophiles, 1907.
RÉGNIER, Henri de, *Les Scrupules de Sganarelle*, Paris, Mercure de France, 1908.
RÉGNIER, Henri de, *Couleur du Temps*, Paris, Mercure de France, 1909.
RÉGNIER, Henri de, *La Flambée*, Paris, Mercure de France, 1909.
RÉGNIER, Henri de, *La Courte vie de Balthazar Aldramin, vénitien*, compositions de R. Deygas, gravées à l'eau forte par X. Lesueur, Paris, F. Ferroud, 1909.
RÉGNIER, Henri de, *Le Miroir des Heures*, Paris, Mercure de France, 1910.
RÉGNIER, Henri de, *Discours de Réception à l'Académie française prononcé le 18 janvier 1912* (Éloge de M. le Vicomte de Vogüe), Paris, Mercure de France, 1912.
RÉGNIER, Henri de, *Venise*, Paris, Société des amis du livre, 1912.
RÉGNIER, Henri de, *L'Amphisbène*, Paris, Mercure de France, 1912.
RÉGNIER, Henri de, *Contes de France et d'Italie*, Paris, G. Crès, 1912.
RÉGNIER, Henri de, *Images vénitiennes*, Paris, Fontemoing, 1912.
RÉGNIER, Henri de, *Le Plateau de Laque*, Paris, Mercure de France, 1913.
RÉGNIER, Henri de, *Portraits et Souvenirs*, Paris, Mercure de France, 1913.
RÉGNIER, Henri de, *Romaine Mirmault*, Paris, Mercure de France, 1914.

RÉGNIER, Henri de, *Le Coffret rouge*, Paris, Maison du Livre, 1916.
RÉGNIER, Henri de, *L'Illusion héroïque de Tito Bassi*, Paris, Mercure de France, 1916.
RÉGNIER, Henri de, *1914-1916 – Poésies*, Paris, Mercure de France, 1918.
RÉGNIER, Henri de, *Histoires incertaines*, Paris, Mercure de France, 1919.
RÉGNIER, Henri de, *La Pécheresse*, Paris, Mercure de France, 1920.
RÉGNIER, Henri de, *Vestigia flammae*, Paris, Mercure de France, 1921.
RÉGNIER, Henri de, *Les Scrupules de Miss Simpson*, Paris, Albin Michel, 1921.
RÉGNIER, Henri de, *Le Médaillier*, illustrations d'Adolphe Giraldon, Paris, Le Livre contemporain, 1923.
RÉGNIER, Henri de, *Les Bonheurs perdus*, Paris, Mercure de France, 1924.
RÉGNIER, Henri de, *Scènes mythologiques*, suivi de *Petites Fables modernes*, Paris, Grasset, 1924.
RÉGNIER, Henri de, *Le Divertissement provincial*, Paris, Albin Michel, 1925.
RÉGNIER, Henri de, *Contes pour chacun de nous*, Paris, Lapina, 1926.
RÉGNIER, Henri de, *L'Escapade*, Paris, Mercure de France, 1926.
RÉGNIER, Henri de, *Paray-le-Monial*, Paris, Émile-Paul Frères, 1926.
RÉGNIER, Henri de, *Le Veuvage de Schéhérazade*, Liège, À la lampe d'Aladdin, 1926.
RÉGNIER, Henri de, *« Donc »*, Paris, Kra, 1927.
RÉGNIER, Henri de, *Le miracle du fil*, seize sonnets, Paris, Kra, 1927.
RÉGNIER, Henri de, *Lui, les femmes et l'amour*, Paris, Kra, 1928.
RÉGNIER, Henri de, *L'Altana ou la vie vénitienne (1899-1924)*, Paris, Mercure de France, 1928.
RÉGNIER, Henri de, *Sept Médailles amoureuses*, Paris, La Centaine, 1928.
RÉGNIER, Henri de, *Flamma tenax, 1922-1928*, Paris, Mercure de France, 1928.
RÉGNIER, Henri de, *Lui, les femmes et l'amour*, suivi de *Donc…* et *Paray-le-Monial*, Paris, Mercure de France, 1929.
RÉGNIER, Henri de, *Casanova chez Voltaire*, Paris, Plon, 1929.
RÉGNIER, Henri de, *Jeux de plume*, Paris, Cahiers libres, 1929.
RÉGNIER, Henri de, *Le Parnasse, cent ans de vie*, Paris, Hachette, 1929.
RÉGNIER, Henri de, *Suppléments aux « lettres d'Italie » du Président de Brosses*, Paris, Éditions du Trianon, 1929.
RÉGNIER, Henri de, *Le Voyage d'amour ou l'initiation vénitienne*, Paris, Mercure de France, 1930.
RÉGNIER, Henri de, *Nos Rencontres*, Paris, Mercure de France, 1931.
RÉGNIER, Henri de, *Escales en Méditerranée*, Paris, Flammarion, 1931.
RÉGNIER, Henri de, *Faces et profils*, Paris, A. Bernard, 1931.
RÉGNIER, Henri de, *Choix de poèmes*, Paris, Mercure de France, 1932.
RÉGNIER, Henri de, *Airs pour l'écho*, Paris, Émile Chamontin, 1933.

RÉGNIER, Henri de, *Lettres diverses et curieuses, écrites à plusieurs et à l'un d'entre eux*, Paris, Mercure de France, 1933.
RÉGNIER, Henri de, *De mon temps*, Paris, Mercure de France, 1933.
RÉGNIER, Henri de, « Imitations imaginaires », *La Revue des Deux Mondes*, mars 1934.
RÉGNIER, Henri de, *Moi, elle et lui*, Paris, Mercure de France, 1935.
RÉGNIER, Henri de, *Madame Récamier*, Paris, Albin Michel, « Les grandes Pécheresses », 1936.

ÉDITIONS POSTHUMES

RÉGNIER, Henri de, *Le Paradis retrouvé, contes choisis*, Paris, Maurice d'Hartoy, « Les Maîtres du style », 1937.
RÉGNIER, Henri de, *La Vie vénitienne*, préface de Dominique Fernandez, Paris, Mercure de France, 1986.
RÉGNIER, Henri de, *Esquisses vénitiennes*, préface de Sophie Basch, Paris, éditions Complexe, « Le Regard littéraire », 1991.
RÉGNIER, Henri de, *Romans costumés*, préface d'André Guyaux, Paris, Mercure de France, « Mille pages », 1992. [*La Double Maîtresse*, *Les Rencontres de M. de Bréot*, *La Pécheresse*, *L'Escapade*]
RÉGNIER, Henri de, *Les Cahiers inédits 1887-1936*, édition établie par David J. Niederauer et François Broche, Paris, Pygmalion / Gérard Watelet, 2002.
RÉGNIER, Henri de, *Escales en Méditerranée* suivi de *Donc…*, préface de Marie de Laubier, Paris, Buchet-Chastel, 2007.
RÉGNIER, Henri de, *L'Altana ou la Vie vénitienne (1899-1924)*, édition établie par Patrick Besnier, Paris, Bartillat, 2009.
RÉGNIER, Henri de, *Contes symbolistes*, Volume II : *Histoires magiques* / Remy de Gourmont ; *La Canne de Jaspe* / Henri de Régnier, édition présentée par Bertrand Vibert, avec la collaboration de Marc Béghin et de Alexia Kalantzis, Grenoble, ELLUG, 2011.
RÉGNIER, Henri de, *Le Bon Plaisir*, édition de Franck Javourez, préface de Bertrand Vibert, Paris, Syren éditions, 2015.
RÉGNIER, Henri de, *L'égoïste est celui qui ne pense pas à moi*, présenté par Bernard Quiriny, Paris, Garnier-Flammarion, « GF », 2015. [Recueil d'aphorismes]
RÉGNIER, Henri de, *Histoires incertaines*, préface de Bernard Quiriny, Bordeaux, L'Éveilleur, 2017.

RÉGNIER, Henri de, *En Espagne*, préface Patrick Besnier, édition de Carlota Vicens-Pujol, Berne, Peter Lang, 2017.

RÉGNIER, Henri de, *Choses et autres Par-ci, par-là…* suivi de *Donc…* et de *Demi-Vérités*, édition de Bernard Roukhomovsky, Paris, Classiques Garnier, 2018.

RÉGNIER, Henri de, *L'Amour et le Plaisir*, présenté par Franck Javourez, Rennes, La Part commune, « La Petite Part », 2018.

RÉGNIER, Henri de, *Henri de Régnier, témoin de son temps, Anthologie*, textes de Henri de Régnier, choisis et édités par Christophe Imperiali, Paris, Classiques Garnier, « Bibliothèque du XXe siècle », 2019.

CORRESPONDANCES

DEBUSSY, Claude, *Correspondance 1872-1918*, édition établie par François Lesure et Denis Herlin, annotée par François Lesure, Denis Herlin et Georges Liébert, Paris, Gallimard, 2005.

GIDE, André, LOUŸS, Pierre, VALÉRY, Paul, *Correspondances à trois voix 1888-1920*, édition établie et annotée par Peter Fawcett et Pascal Mercier, préface de Pascal Mercier, Paris, Gallimard, 2004.

GIDE, André, RÉGNIER, Henri de, *Correspondance 1891-1911*, édition établie, présentée et annotée par David J. Niederauer et Heather Franklyn, Lyon, Presses universitaires de Lyon, 1997.

HEREDIA, José-Maria de, LOUŸS, Pierre, *Correspondance inédite (1890-1905)*, accompagnée de documents inédits et d'annexes, édition établie, présentée et annotée par Jean-Paul Goujon, Paris, Honoré Champion, 2006.

HOUVILLE, Gérard d', *Lettres à Henri Mondor : autour de Stéphane Mallarmé / Marie de Régnier*, édition établie, présentée et annotée par Patrick Besnier, Paris, éditions des Cendres, « Inédits de la bibliothèque littéraire Jacques Doucet », 2011.

JAMMES, Francis, RÉGNIER, Henri de, *Correspondance 1893-1936*, édition de Pierre Lachasse, Paris, Classiques Garnier, 2014.

JALOUX, Edmond, *Correspondance avec Henri et Marie de Régnier (1896-1939)*, édition de Pierre Lachasse, Paris, Classiques Garnier, 2019.

LOUŸS, Pierre, TINAN, Jean de, *Correspondance 1894-1898*, présentée et annotée par Jean-Paul Goujon, Paris, Éditions du Limon, 1995.

LOUŸS, Pierre, RÉGNIER, Henri de, *Correspondance 1890-1913*, édition établie, présentée et annotée par Jean-Paul Goujon, Paris, Bartillat, 2012.

MALLARMÉ, Stéphane, *Correspondance (1862-1898)*, tomes I-XI, édition de Henri Mondor et Lloyd James Austin, Paris, Gallimard, 1959-1985.

PROUST, Marcel, *Correspondance (1871-1922)*, volumes I-XXI, édition de Philip Kolb, Paris, Plon, 1970-1993.

RÉGNIER, Henri de, VIELÉ-GRIFFIN, Francis, *Correspondance 1883-1900*, édition de Pierre Lachasse, Paris, Honoré Champion, 2012.

TOULET, Paul-Jean, « Lettres à Henri de Régnier » dans *Œuvres complètes*, édition de Bernard Delvaille, Robert Laffont, Paris, 1986.

THÈSES UNIVERSITAIRES SUR RÉGNIER (PAR ORDRE CHRONOLOGIQUE)

PARMÉE, Douglas, *Classicisme et néoclacissisme dans l'œuvre d'Henri de Régnier*, Proses modernes, Paris, 1939.

MENGERS, Marie, *Henri de Régnier : the life of a poet*, Cambridge, Mass, 1955.

SADLER, M.-P., *The Symbolist short story, with special reference to Dujardin, Gourmont, Régnier, Samain, Proust*, Oxford, 1973.

SCHMIDT, Gerhard, *Henri de Régnier als Erzähler*, Meisenheim am Glan, A. Hain, 1976.

ESSAWY, Gehane, *Henri de Régnier romancier. Du psychologique au narratif : à la recherche d'un moi et d'un amour perdus*, Paris, Université Paris-Sorbonne, 2000.

LEGUY, Adeline, *Henri de Régnier et Venise*, Le Mans, Université du Maine, 2002.

KRASNOVA, Marina, *Les mondes parallèles dans l'œuvre d'Henri de Régnier (« Histoires incertaines »)*, Paris, Université de Paris-Nanterre, 2003.

BOUZID, Marie-Claire, *Entre décadence et modernité, écriture et vision du monde protéiformes d'Henri de Régnier de 1885 à 1905*, Limoges, Université de Limoges, 2005.

ROVERA, Silvia, *I rapporti tra la poesia e la pittura nell'opera di Henri de Régnier*, Paris-Turin, Université Paris-Est, Università degli studi, 2009.

JAVOUREZ, Franck, *Henri de Régnier – écriture et libertinage*, Paris, École des Hautes Études en Sciences Sociales, 2015.

DUFOUR, Élodie, *Comment peut-on être classique au tournant des XIXe et XXe siècles (Anatole France, Henri de Régnier, René Boylesve)*, Grenoble, Université Grenoble Alpes, 2017.

ESSAIS SUR OU AUTOUR DE RÉGNIER

BESNIER, Patrick, *Henri de Régnier. De Mallarmé à l'Art déco, biographie*, Paris, Fayard, 2015.

BUENZOD, Emmanuel, *Henri de Régnier, essai*, Avignon, Aubanel, 1966.

DAUDET, Léon, *L'entre-deux-guerres. Souvenirs des milieux littéraires, politiques, artistiques et médicaux de 1880 à 1905*, Paris, Nouvelle librairie nationale, 1915.

GOUJON, Jean-Paul, *Pierre Louÿs, une vie secrète* 1870-1925, Paris, Seghers, 1988.

GOURMONT, Jean de, *Henri de Régnier et son œuvre*, Paris, Mercure de France, 1908.

Histoires littéraires, vol. XVI, n° 62, « Dossier Henri de Régnier », avril-mai-juin 2015.

HONNERT, Robert, *Henri de Régnier, son œuvre*, Lausanne, E. Rouge, 1941.

JALOUX, Edmond, *Souvenirs sur Henri de Régnier*, Lausanne, éditions du Mois suisse, 1941.

LACRETELLE, Jacques de, « Centenaire de Henri de Régnier », Institut de France, Académie française, discours prononcés les 20 et 21 février 1965 à Paris à l'Institut de France, Firmin Didot, 1965.

LÉAUTAUD, Paul, *Henri de Régnier, biographie*, Paris, Sansot, 1904.

MAURIN, Mario, *Henri de Régnier, le labyrinthe et le double*, Québec, Les Presses de l'université de Montréal, 1972.

MOCKEL, Albert, *Propos de littérature*, Paris, Librairie de l'Art indépendant, 1894, réédition de Paul Gorceix, Paris, Honoré Champion, 2009. [Étude comparative sur l'œuvre de Régnier et de Vielé-Griffin]

QUIRINY, Bernard, *Monsieur Spleen, notes sur Henri de Régnier*, Paris, Seuil, 2013.

Revue d'études proustiennes, n° 11, 2020-1, « Régnier et Proust », sous la direction de Franck Javourez, Paris, Classiques Garnier, 2020.

TERDOPF-SIEKENBERGER, Thérèse, *Henri de Régnier als Lyriker*, Baden-Baden, Pfeiffer, 1912.

VIBERT, Bertrand, *Poète, même en prose*, Saint-Denis, Presses Universitaires de Vincennes, 2010. [Étude de *La Canne de Jaspe*]

VIBERT, Bertrand (dir.), *Henri de Régnier, tel qu'en lui-même enfin ?*, Paris, Classiques Garnier, 2014.

TEL QU'EN SONGE – CAHIERS HENRI DE RÉGNIER

Tel qu'en Songe n° 1, Cahiers Henri de Régnier, publiés par la Société des lecteurs d'Henri de Régnier, Paris, 2015. Dossier thématique : « Régnier, moderne antimoderne ? ».

Tel qu'en Songe n° 2, Cahiers Henri de Régnier, publiés par la Société des lecteurs d'Henri de Régnier, Paris, 2016. Dossier thématique : « La réception critique d'Henri de Régnier en son temps. »

Tel qu'en Songe n° 3, Cahiers Henri de Régnier, publiés par la Société des lecteurs d'Henri de Régnier, Paris, 2017. Dossier thématique : « *La Double Maîtresse* et *Le Passé vivant.* »

Tel qu'en Songe n° 4, Cahiers Henri de Régnier, publiés par la Société des lecteurs d'Henri de Régnier, Paris, 2018. Dossier thématique : « Henri de Régnier, lecteur de l'Histoire. »

Tel qu'en Songe n° 5, Cahiers Henri de Régnier, publiés par la Société des lecteurs d'Henri de Régnier, Paris, 2019. Dossier thématique : « À la lumière des *Cahiers.* »

ARTICLES SUR OU AUTOUR DE RÉGNIER

ADAM, Paul, « Le Génie latin », *Entretiens politiques et littéraires*, juill.-déc. 1895, vol. IV, n° 46-57, p. 481-490.

BACKÈS, Jean-Louis, « La pratique du symbole », dans *Littérature*, 40, décembre 1980, p. 3-17.

BACKÈS, Jean-Louis, « Henri de Régnier et le style Louis XV », dans *Le XVIIIe siècle 1900, Littérature et Nation*, n° 20, 1998, p. 49-60.

BACKÈS, Jean-Louis, « Ptyx ou l'homme et la sirène », dans *Bulletin des Études Valéryennes*, numéro spécial 81/82, « Mallarmé/Valéry : Poétiques » Montpellier, Université Paul Valéry, 1999, p. 143-158.

BACKÈS, Jean-Louis, dans « Henri de Régnier entre le romanesque et le roman », dans *Modèles, dialogues et invention, Mélanges offerts à Anne Chevalier*, Suzanne Guellouz et Gabrielle Chamarat-Malandain (dir.), Caen, Presses Universitaires de Caen, 2002.

Besnier, Patrick, « Régnier et ses éditeurs » dans *Histoires littéraires*, vol. XVI, n° 62, avril-mai-juin 2015, p. 37-45.

Dufour, Élodie, « Henri de Régnier : moderne, classique, moderne classique ? » dans *Changer de style – Écritures évolutives aux* XX*e* *et* XXI*e* *siècles*, sous la direction de Sophie Jollin-Bertocchi et Serge Linarès, Leiden, Brill Rodopi, « Faux Titre », volume 434, 2019, p. 217-243.

Dufour, Élodie, « Henri de Régnier, Français, mais pas nationaliste. Un autre investissement imaginaire du style classique » dans *Le Nationalisme en littérature : des idées au style (1870-1920)*, sous la direction de Stéphanie Bertrand et Sylvie Freyermuth, Bruxelles, Peter Lang, « Convergences », 2019, p. 209-220.

Gourmont, Remy de, « Henri de Régnier », dans *Le Livre des masques*, Paris, Mercure de France, 1896, p. 39-46.

Gourmont, Remy de, « La poésie d'Henri de Régnier » dans *Promenades littéraires*, Paris, Mercure de France, 1904, p. 207-215.

Gregh, Fernand, « M. Henri de Régnier critique », dans la *Revue Bleue*, 25 mai 1901, p. 641-644.

Javourez, Franck, « L'art d'Henri de Régnier : autour du *Bosquet de Psyché* » dans *Écrire en artistes des Goncourt à Proust*, textes rassemblés et présentés par Pierre-Jean Dufief et Gabrielle Melison-Hirchwald, Paris, Honoré Champion, 2016, p. 165-179.

Javourez, Franck, « Le Versailles d'Henri de Régnier – Du songe au souvenir » dans *Proust et Versailles*, sous la direction de Luc Fraisse, Paris, éditions Hermann, 2018, p. 175-189.

Javourez, Franck, « "Imaginer le visage absent de la déesse" Une visite au palais des choses d'Henri de Régnier » dans *Revue d'Histoire littéraire de la France* 3-2019, 119e année, n° 3, sous la direction de Jessica Desclaux, p. 553-565.

Lachasse, Pierre, « Les *Entretiens* d'Henri de Régnier » dans *Histoires littéraires*, vol. XVI, n° 62, avril-mai-juin 2015, p. 9-35.

Le Gall, Juliette, « L'écriture vénitienne chez Henri de Régnier et le "premier Marinetti". L'imaginaire de l'espace vénitien sous le signe du Symbolisme, prémices au Futurisme » dans *Il Campiello, Revue électronique jeunes chercheurs d'études vénitiennes*, Université Toulouse Jean Jaurès, 2016, n° 1.

Mignot-Ogliastri, Claude, « Francis Jammes et Henri de Régnier », *Francis Jammes poète, actes du colloque du centenaire*, textes réunis par Christine Andreucci et Yves-Alain Favre, Pau, J et D éditions, 1989.

Milly, Jean, « La Double Maîtresse ou Henri de Régnier à la lumière de Proust », *Bulletin Marcel Proust*, n° 49, 1999, p. 17-35.

Milly, Jean, « Proust et Henri de Régnier : modes proustiens de l'intertextualité », *Revue d'Histoire littéraire de la France*, 1, « Marcel Proust », 2000, p. 27-44.

MILLY, Jean, « [Henri de Régnier] », « Pastiche "L'affaire Lemoine par Henri de Régnier" », « Régnier (Henri de) » et « *Tel qu'en Songe* par Henri de Régnier » dans *Dictionnaire Marcel Proust*, publié sous la direction d'Annick Bouillaguet et Brian G. Rogers, Paris, Honoré Champion, 2004.

MORTELETTE, Yann, « Henri de Régnier portraitiste du Parnasse », *Les Journaux de la vie littéraire*, Pierre-Jean Dufief (dir.), Rennes, Presses Universitaires de Rennes, 2009, p. 63-92.

PERRIN, Jean-François, « La scène de réminiscence comme instrument compositionnel : La Double Maîtresse d'Henri de Régnier » dans *Revue d'Histoire littéraire de la France* 1-2019, 119e année, n° 1, p. 103-112.

ROUKHOMOVSKY, Bernard, « Régnier et la vogue de l'autographe : *Choses et autres* (1925) » dans *Histoires littéraires*, vol. XVI, n° 62, avril-mai-juin 2015, p. 47-59.

VIBERT, Bertrand, « Les histoires incertaines d'Henri de Régnier, des récits minimaux ? », dans *Le Récit minimal : entre inaction et non-événement*, Sabrinelle Bredane, Françoise Revaz et Michel Viegnes (dir.), Paris, Presses de la Sorbonne Nouvelle, 2010, p. 175-185.

VIBERT, Bertrand, « Les *Cahiers* d'Henri de Régnier, ou le laboratoire du songe », dans *Les journaux d'écrivains : enjeux génériques et éditoriaux*, Cécile Meynard (dir.), Berne, Peter Lang, 2012, p. 163-177.

VIBERT, Bertrand, « Roman moderne, qu'est-ce à dire ? Sur *Le Divertissement provincial* d'Henri de Régnier », *Roman 20-50*, n° 61 [Jean Cocteau], Lille3, Presses du Septentrion, juin 2016, p. 101-117.

SYMBOLISME(S) ET FIN DE SIÈCLE

BAUDELAIRE, Charles, *Œuvres complètes*, tomes I et II, édition de Claude Pichois, Paris, Gallimard, « Bibliothèque de la Pléiade », 1975-1976.

BARRE, André, *Le Symbolisme*, Paris, Jouve, 1911.

CITTI, Pierre, *La Mésintelligence. Essais d'histoire de l'intelligence du symbolisme de 1870 à 1914*, Saint-Étienne, Les Cahiers intempestifs, 2000.

DÉCAUDIN, Michel, *La Crise des valeurs symbolistes, Vingt ans de poésie française, 1895-1915*, Toulouse, Privat, 1960.

Fin de siècle et symbolisme en Belgique – Œuvres poétiques, édition de Paul Gorceix, Bruxelles, éditions Complexe, 1998.

GIDE, André, *Journal 1887-1925*, édition d'Éric Marty, Paris, Gallimard, « Bibliothèque de la Pléiade », 1996.

GIDE, André, *Essais critiques*, édition de Pierre Masson, Paris, Gallimard, « Bibliothèque de la Pléiade », 1999.

GIDE, André, *Souvenirs et voyages*, édition de Pierre Masson, Paris, Gallimard, « Bibliothèque de la Pléiade », 2001.

GOURMONT, Remy de, *Lettres d'un Satyre*, Paris Crès, 1913, réédition Rennes, UBACS, 1989.

GRAUBY, Françoise, *La Création mythique à l'époque du symbolisme. Histoire, analyse et interprétation des mythes fondamentaux du symbolisme*, Paris, Nizet, 1994.

HURET, Jules, *Enquête sur l'évolution littéraire*, Paris, Bibliothèque Charpentier, 1891.

HUYSMANS, Joris-Karl, *Romans*, I, édition de Pierre Brunel, Paris, Robert Laffont, 2005.

ILLOUZ, Jean-Nicolas, *Le Symbolisme*, Paris, Librairie Générale Française, 2004.

LOUŸS, Pierre, *Œuvre érotique*, édition de Jean-Paul Goujon, Paris, Robert Laffont, 2012.

MALLARMÉ, Stéphane, *Œuvres complètes*, tomes I et II, édition de Bertrand Marchal, Paris, Gallimard, « Bibliothèque de la Pléiade », 1998-2003.

MARCHAL, Bertrand, *La Religion de Mallarmé*, Paris, Corti, 1988.

MARCHAL, Bertrand, *Lire le Symbolisme*, Paris, Dunod, 1993.

MICHAUD, Guy, *Le Symbolisme tel qu'en lui-même*, Paris, Nizet, 1995.

MONTANDON, Alain (dir.), *Mythes de la décadence*, Clermont-Ferrand, Presses Universitaires Blaise-Pascal, 2001.

PALACIO, Jean de, *Les Perversions du merveilleux. Ma mère l'Oye au tournant du siècle*, Paris, Séguier, 1993.

PALACIO, Jean de, *Figures et formes de la décadence*, Biarritz, éditions Séguier, 1994.

PALACIO, Jean de, *Les Métamorphoses de Psyché, Essai sur la décadence d'un mythe*, Biarritz, éditions Séguier, 1999.

PALACIO, Jean de, *La Décadence, Le mot et la chose*, Paris, Les Belles Lettres, 2011.

POICTEVIN, Francis, *Songes*, Bruxelles, H. Kistemaeckers, 1884.

POICTEVIN, Francis, *Double*, Paris, A. Lemerre, 1889.

PROUST, Marcel, *Contre Sainte-Beuve*, édition de Pierre Clarac, Paris, Gallimard, « Bibliothèque de la Pléiade », 1971.

PROUST, Marcel, *À la recherche du temps perdu*, tomes I à IV, sous la direction de Jean-Yves Tadié, Paris, Gallimard, « Bibliothèque de la Pléiade », 1987-1989.

RAITT, Alan, *Villiers de l'Isle-Adam et le mouvement symboliste*, Paris, José Corti, 1965.

SAMAIN, Albert, *Contes*, Paris, Mercure de France, 1902, réédition dans *Œuvres III*, Paris, Mercure de France, 1921.

SCHURÉ, Édouard, *Les grands initiés, esquisse de l'histoire secrète des religions*, Paris, Librairie académique Perrin, 1919.

TAILHADE, Laurent, *Terre Latine*, Paris, A. Lemerre, 1898.

VASCHIDE, Nicolas, *Le Sommeil et les Rêves*, Paris, Flammarion, 1911.
VALÉRY, Paul, *Charmes*, Paris, Gallimard, 1926.
VALÉRY, Paul, *Œuvres*, tome I, édition de Jean Hytier, Paris, Gallimard, « Bibliothèque de la Pléiade », 1957.
VALÉRY, Paul, *Cahiers*, tome II, édition de Judith Robinson, Paris, Gallimard, « Bibliothèque de la Pléiade », 1974.
VIELÉ-GRIFFIN, Francis, *Poèmes et Poésies*, Paris, Mercure de France, 1895.
VISAN, Tancrède de, *Paysages introspectifs*, Paris, Henri Jouve, 1904.
VISAN, Tancrède de, *L'Attitude du lyrisme contemporain*, Paris, Mercure de France, 1911.

ANCIEN RÉGIME ET LIBERTINAGE

BRUNEL, Pierre (dir.), *Dictionnaire de Don Juan*, Paris, Robert Laffont, 1999.
CASANOVA, Giacomo, *Histoire de ma vie*, tomes I-III, édition de Gérard Lahouati et Marie-Françoise Luna, Paris, Gallimard, « Bibliothèque de la Pléiade », 2013-2015.
CAZENOBE, Colette, *Le système du libertinage de Crébillon à Laclos*, Oxford, The Voltaire Foundation, 1991.
CHODERLOS DE LACLOS, Pierre, *Œuvres complètes*, édition de Laurent Versini, Paris, Gallimard, « Bibliothèque de la Pléiade », 1979.
CUSSET, Catherine, *Les romanciers du plaisir*, Paris, Honoré Champion, 1998.
DELON, Michel, *L'Invention du boudoir*, Cadeilhan, Zulma, 1999.
DELON, Michel, *Le savoir-vivre libertin*, Paris, Hachette Littératures, 2000.
DELON, Michel, *Le principe de délicatesse, Libertinage et mélancolie au* XVIIIe *siècle*, Paris, Albin Michel, 2011.
DORNIER, Carole, *Le Discours de maîtrise du libertin, étude sur l'œuvre de Crébillon*, Paris, Klincksieck, 1994.
FRANCÈS, Cyril, *Casanova, La mémoire du désir*, Paris, Classiques Garnier, 2014.
GENAND, Stéphanie, *Le libertinage et l'histoire. Politique de la séduction à la fin de l'Ancien Régime*, Oxford, Voltaire Foundation, 2005.
GIRERD, Christophe, *La sagesse libertine*, Paris Grasset, 2007.
HÖLZE, Dominique, *Le roman libertin du* XVIIIe *siècle. Une esthétique de la séduction*, Oxford, Voltaire Foundation, 2012.
Laclos et le libertinage, 1782-1982. Actes du colloque du centenaire des Liaisons dangereuses, préface de René Pomeau, Paris, Presses Universitaires de France, 1983.

Le roman libertin et le roman érotique. Actes du colloque de Chaudfontaine, novembre 2002, Liège, éditions du Céfal, « Les Cahiers des paralittératures », no.9, 2005.

LUNA, Marie-Françoise (dir.), *Casanova Fin de siècle*, Actes du colloque international, Grenoble, 8-10 octobre 1998, Paris, Honoré Champion, 2002.

Mémoires de J. Casanova de Seingalt écrits par lui-même, tomes I-XII, édition de Raoul Vèze, Paris, La Sirène, 1924-1935.

Mémoires du duc de Saint-Simon, tomes I-XXI, publiés par Chéruel et Ad. Régnier, Paris, Hachette, 1881-1886.

MOLIÈRE, *Œuvres complètes*, tome I, édition de Georges Forestier, Paris, Gallimard, « Bibliothèque de la Pléiade », 2010.

MOUREAU, François, RIEU, Alain-Marc (dir.), *Éros philosophique. Discours libertins des Lumières*, Paris, Honoré Champion, 1984.

PERRIN, Jean-François, STEWART, Philip (dir.), *Du genre libertin au XVIIIe siècle*, Paris, éditions Desjonquières, 2004.

PRÉVOST, Marie-Laure, THOMAS, Chantal (dir.), *Casanova. La Passion de la liberté*, Paris, Bibliothèque nationale de France, Seuil, 2011.

RICHARDOT, Anne (dir.), *Femmes et libertinage au XVIIIe siècle ou Les Caprices de Cythère*, Rennes, Presses Universitaires de Rennes, 2003.

Romanciers libertins du XVIIIe siècle, édition de Raymond Trousson, Paris, Robert Laffont, 1993.

Romanciers libertins du XVIIIe siècle, tomes I et II, édition de Patrick Wald Lasowski, Paris, Gallimard, « Bibliothèque de la Pléiade », 2000-2005.

STURM, Ernest, *Crébillon fils ou La science du désir*, [1970], Paris, Nizet, 1995.

THOMAS, Catherine, *Le mythe du XVIIIe siècle au XIXe siècle (1830-1860)*, Paris, Honoré Champion, 2003.

THOMAS, Chantal, *Casanova. Un voyage libertin*, Paris, Denoël, 1985.

TROUSSON, Raymond, *Histoire de la libre pensée. Des origines à 1789*, Bruxelles, Centre d'action laïque, 1993.

VERSINI, Laurent, *Laclos et la tradition*, Paris, Klincksieck, 1968.

VERSINI, Laurent, *« Le roman le plus intelligent ». Les* Liaisons dangereuses *de Laclos*, Paris, Honoré Champion, 1998.

WALD-LASOWSKI, Patrick, *Libertines*, Paris, Gallimard, 1980.

WALD-LASOWSKI, Patrick, *Le Traité du transport amoureux*, Paris, Le Promeneur, 2004.

WALD-LASOWSKI, Patrick, *Le grand dérèglement. Le roman libertin du XVIIIe siècle*, Paris, Gallimard, 2008.

WALD-LASOWSKI, Patrick, *Dictionnaire libertin. La langue du plaisir au siècle des lumières*, Paris, Gallimard, 2011.

INDEX DES NOMS

INDEX DES ŒUVRES D'HENRI DE RÉGNIER

TABLE DES MATIÈRES

IMPRIM'VERT®

Achevé d'imprimer par Corlet Numéric,
Z.A. Charles Tellier, Condé-en-Normandie (Calvados), en décembre 2020
N° d'impression : 169875 - dépôt légal : décembre 2020
Imprimé en France